沙溪年鉴

SHAXI ALMANAC

2024

沙溪年鉴编纂委员会　编

广陵书社

图书在版编目（CIP）数据

沙溪年鉴. 2024 / 沙溪年鉴编纂委员会编. -- 扬州：广陵书社，2024.7. -- ISBN 978-7-5554-2348-5

Ⅰ. Z525.35

中国国家版本馆 CIP 数据核字第 20241AZ315 号

书　　名　沙溪年鉴 2024

编　　者　沙溪年鉴编纂委员会

责任编辑　苏亚丽

装帧设计　长　岛

出版发行　广陵书社

扬州市四望亭路 2-4 号　　邮编　225001

（0514）85228081（总编办）　　85228088（发行部）

http://www.yzglpub.com　　E-mail:yzglss@163.com

印　　刷　苏州市越洋印刷有限公司

开　　本　787 毫米 ×1092 毫米　1/16

印　　张　19.5

字　　数　460 千字

版　　次　2024 年 7 月第 1 版

印　　次　2024 年 7 月第 1 次印刷

标准书号　ISBN 978-7-5554-2348-5

定　　价　98.00 元

沙溪年鉴编纂委员会

名誉主任：王晓红

主　　任：王永伟

委　　员：秦建刚　郑　珑　季春芳　周丽清　王建宏
吕春燕　陈　承　吴　越　苏益初　马晓东
张宗庭　尹旸燕　钱　路

《沙溪年鉴 2024》编辑部

主　　编：龚文彬

学术指导：芮　萌　龚益峰　邢友来

执行编辑：徐解民　冯建良　周之帆

照片提供：《沙溪年鉴 2024》撰稿单位及沙溪镇宣传办

《沙溪年鉴 2024》审定单位

中共沙溪镇委员会　沙溪镇人民政府　太仓市史志办公室

编辑说明

一、《沙溪年鉴 2024》是由中共沙溪镇委员会、沙溪镇人民政府主办，沙溪年鉴编纂委员会编写的沙溪第三部综合年鉴。全书以马克思列宁主义、毛泽东思想、邓小平理论、“三个代表”重要思想、科学发展观、习近平新时代中国特色社会主义思想为指导，坚持辩证唯物主义的立场、观点和方法，客观、全面、系统、翔实地载录沙溪镇经济和社会发展情况，为社会各界人士了解和研究沙溪提供基本资料。

二、《沙溪年鉴 2024》上下限时间为 2023 年 1 月 1 日至 2023 年 12 月 31 日，部分内容适当上溯或下延。

三、《沙溪年鉴 2024》采用分类编辑法，主体内容分为类目、分目、条目 3 个层次。全书设特别报道、大事记、沙溪概貌、中共沙溪镇委员会、沙溪镇人大、沙溪镇人民政府、政协工委、纪检监察、群众团体、军事·法治、开放型经济、经济发展、全域旅游、综合经济管理、镇村建设、公用事业、教育科技、文化体育、卫生健康、社会民生、村·社区、荣誉、附录等类目 23 个，共有分目 132 个，条目 601 个，图表 3 张，随文图片 155 幅。

四、《沙溪年鉴 2024》卷首图片专题中，“年度便览”收录“沙溪镇 2023 年主要经济社会指标”和“年度重要荣誉”，“视觉沙溪”收录“沙溪风貌”“实事工程”“重大活动”“重要会议”“最美沙溪人”等内容。卷首图片专题选用图片 74 幅。

五、《沙溪年鉴 2024》中“荣誉”类目，一般收录获太仓市级及以上表彰的先进集体和先进个人（含企业）。

六、《沙溪年鉴 2024》中的资料均由各单位撰稿人提供，并经各单位领导审核确认。撰稿人姓名署名于其负责的条目之后，若一人多稿连续出现，则在最后一个条目下署名。同类数据若有出入，则以统计资料为准。部分表格数据因四舍五入原因，导致分项数与合计数不一致，不再一一说明。

《沙溪年鉴 2024》编辑部

2024 年 8 月

沙溪镇2023年主要经济社会指标

项　目	单　位	数　值	项　目	单　位	数　值
地区生产总值	亿元	152.26	出口创汇	亿美元	5.2
财政收入	亿元	22	三产增加值	亿元	75.55
耕地面积	公顷	5317.29	本乡镇公路里程数	公里	839
农业总产值	亿元	7.03	电话普及率	%	99
粮食总产量	万吨	4.24	科技领军人员	人	77
农机总动力	万千瓦	33082	中小学校	所	10
出栏生猪	万头	0.24	在校中小学生	人	12838
出栏家禽	万羽	0.939	在职教师	人	889
工业企业	家	2260	开通有线电视	户	42215
工业销售收入	亿元	301.8	医院	家	4
工业利税	亿元	18.2	卫生室	个	30
合同使用外资	万美元	18755.9	农民人均收入	元	46462
实际使用外资	万美元	6000	农民人均住房	平方米	64

年度重要荣誉

2024 年 2 月，中共苏州市委农村工作领导小组授予“2023 年度全市农业农村现代化先进集体”称号

2024年2月，中共太仓市委平安太仓建设领导小组办公室授予“2023年度平安太仓建设先进集体”称号

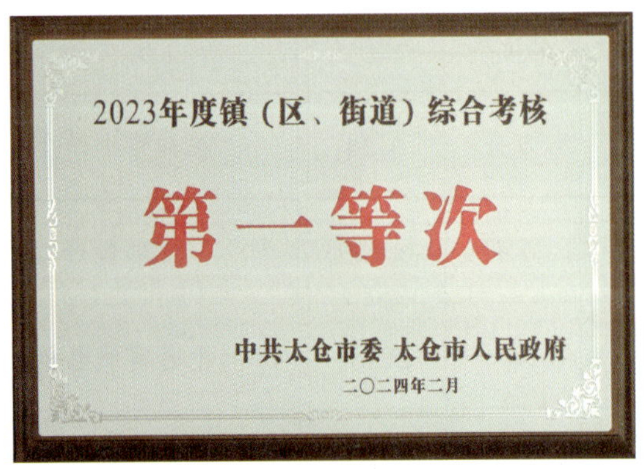

2024 年 2 月，中共太仓市委、太仓市人民政府授予“2023 年度镇（区、街道）综合考核第一等次”奖牌

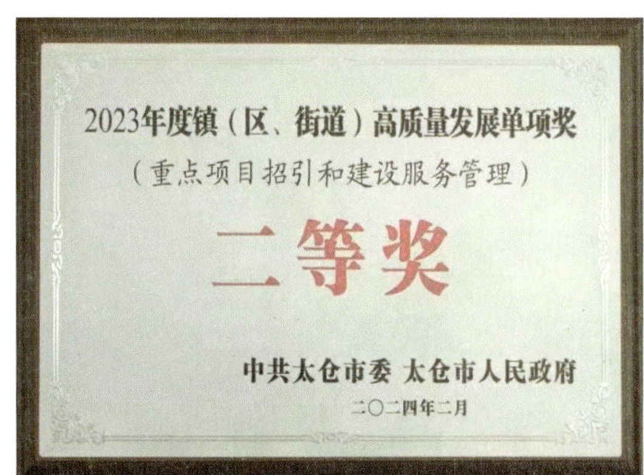

2024年2月，中共太仓市委、太仓市人民政府授予“2023年度镇（区、街道）高质量发展单项奖（重点项目招引和建设服务管理）二等奖”奖牌

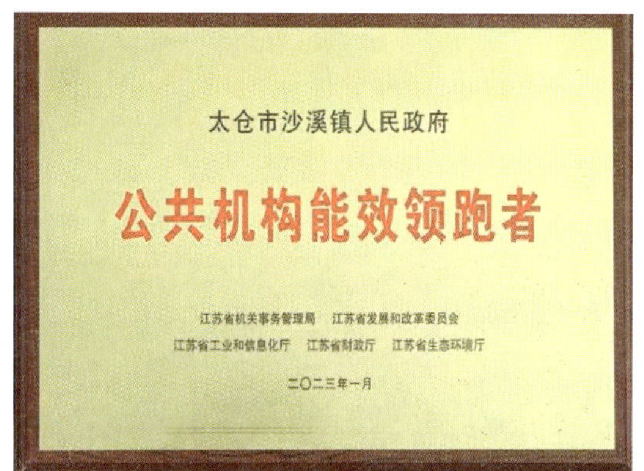

2023年1月，江苏省机关事务管理局、江苏省发展和改革委员会、江苏省工业和信息化厅、江苏省财政厅、江苏省生态环境厅授予太仓市沙溪镇人民政府“公共机构能效领跑者”称号

中共太仓市委员会、太仓市人民政府授予 2020—2022 年度“太仓市文明镇”称号

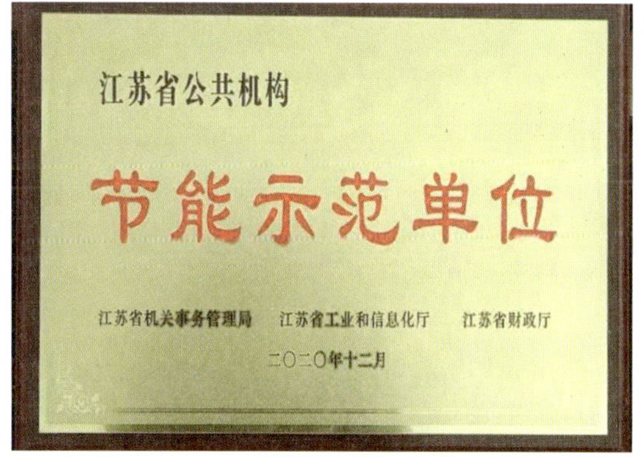

2020 年 12 月，江苏省机关事务管理局、江苏省工业和信息化厅、江苏省财政厅授予江苏省公共机构“节能示范单位”称号

沙溪古镇（宣传办供稿）

沙溪古镇夜景（田建平摄）

水乡情（杨希摄）

泛舟（赵燕摄）

古镇清晨（华晓忠摄）

沙溪镇南部新城（宣传办供稿）

沙溪镇南部新城安置小区（宣传办供稿）

沙溪镇行政中心（宣传办供稿）

南部新城小游园（宣传办供稿）

香塘村沪通铁路 1（宣传办供稿）

香塘村沪通铁路 2（宣传办供稿）

香塘村（宣传办供稿）

泰西村秋收场景（宣传办供稿）

中荷新村（宣传办供稿）

庄西村（宣传办供稿）

半泾村（宣传办供稿）

中荷村高标准农田改造提升建设项目（宣传办供稿）

橄榄岛风貌提升项目(二期)（建设局供稿）

生物医药产业园路网建设项目（建设局供稿）

河南街老小区改造项目(二期)(宣传办供稿)

危桥改造项目——陈四更桥(建设局供稿)

危桥改造项目——木横滨桥(建设局供稿)

危桥改造项目——水利安桥(建设局供稿)

洞星路提档升级项目(建设局供稿)

归庄幼儿园翻建项目——归庄幼儿园（宣传办供稿）

九年一贯制学校新建工程项目（宣传办供稿）

古镇亮化项目——中市街（宣传办供稿）

古镇亮化项目——中市街沿河（宣传办供稿）

乐荫园提升项目（宣传办供稿）

长寿路店招改造项目（宣传办供稿）

天然气入户项目（宣传办供稿）

乡村振兴人大代表行动基地(庄西村)（宣传办供稿）

街头改造更新项目（宣传办供稿）

沙溪镇农贸市场改造项目（宣传办供稿）

沙溪人民医院发热门诊楼项目（宣传办供稿）

新建社区卫生服务站（宣传办供稿）

国际卡丁车中心项目（宣传办供稿）

沙东市集（宣传办供稿）

2023 年 1 月 17 日，苏州市暨太仓市文化科技卫生“三下乡”——“志愿服务送关爱　文明实践树新风”志愿服务集中行动启动（宣传办供稿）

2023 年 2 月 12 日，沙溪镇春季重点项目集中签约仪式举办（宣传办供稿）

2023 年 3 月 9 日，太仓（深圳）生物医药产业合作交流会举行（宣传办供稿）

2023 年 3 月 20 日，太仓市撤县建市三十周年暨德企发展 30 年大会重点项目开工开业系列活动沙溪镇会场——苏州易真康生物制药有限公司奠基仪式举行（宣传办供稿）

2023 年 4 月 2 日，太仓市生物医药产业园第一家大院大所——苏州思萃免疫技术研究所有限公司开业（宣传办供稿）

2023 年 5 月 4 日，沙溪再添德企！凯尔斯玛丁医疗器械（江苏）有限公司开业（李謦钟摄）

2023 年 5 月 8 日，智能化农贸市场——沙东市集正式启用（宣传办供稿）

2023 年 6 月 21 日，第七届太仓乡村旅游节开幕式暨沙溪镇“夏日溪游季”启动仪式举行（宣传办供稿）

2023 年 7 月 13 日，苏州美迅医疗科技项目奠基仪式在太仓市生物医药产业园举行（宣传办供稿）

2023 年 8 月 22 日，七夕游园会在沙溪古镇举行（宣传办供稿）

2023 年 9 月 6 日，开展全方位深度合作，中铁一局牵手太仓！中铁一局集团有限公司与太仓印溪投资发展集团有限公司合作开发浦南商住项目签约仪式举行（宣传办供稿）

2023 年 9 月 15 日，第二届江苏产学研合作对接大会——太仓市生物医药产业专题对接会暨 2023 江苏—澳大利亚大健康技术创新合作对接会在沙溪举行（宣传办供稿）

2023 年 9 月 27 日，农民丰收节精彩上演！沙溪镇“七浦运河农文旅融合示范片区”正式发布（宣传办供稿）

2023 年 11 月 27 日，“金秋看沙溪”系列活动之东久新宜太仓芯溪产业园项目竣工仪式举行（宣传办供稿）

2023 年 11 月 27 日，沙溪镇“七浦水岸文旅商业街区”开工仪式举行（宣传办供稿）

2023 年 11 月 27 日，2023 年沙溪镇重点项目集中开竣工开业暨康容生物总部基地项目开业（宣传办供稿）

2023 年 1 月 18 日，中共沙溪镇第十四届委员会第三次全体(扩大)会议召开（宣传办供稿）

2023 年 1 月 29 日，沙溪镇第十九届人民代表大会第三次会议开幕（宣传办供稿）

2023 年 1 月 30 日，沙溪镇第十九届人民代表大会第三次会议闭幕（宣传办供稿）

2023 年 2 月 6 日，2023 年沙溪镇“春来抓落实”工作会议暨弘扬“四敢”精神作风效能建设大会召开（宣传办供稿）

2023 年 3 月 17 日，太仓市沙溪镇机关工会第十二届第一次会员代表大会召开（宣传办供稿）

2023 年 7 月 13 日，沙溪镇第十九届人民代表大会第四次会议开幕（宣传办供稿）

2023 年 7 月 14 日，沙溪镇第十九届人民代表大会第四次会议闭幕（宣传办供稿）

2023 年 12 月 29 日，沙溪镇召开主题教育工作汇报会暨 2023 年度抓基层党建述职会（宣传办供稿）

姜红芬

江苏好人、苏州时代新人、太仓好人

脑瘫养女“守护者”，独自撑起一个家

1988 年，姜红芬和丈夫领养了一名女婴，取名为王小红。小红一岁时被确诊为脑瘫，双腿即使做了手术，也无法自行站立。同龄的小朋友已经会走路了，小红还是站不直，只能摆出“剪刀形”的站姿。为了照顾小红，姜红芬辞去了纺织厂的工作，35 年来每天在家寸步不离地照顾小红，陪伴她从小女孩长成大姑娘。天有不测风云，2017 年，姜红芬丈夫突然中风，半身瘫痪，从此照顾家人的重任压在了姜红芬一个人身上。她没有抱怨生活的不公，反而用自己柔弱的肩膀扛起家庭的重担，每天把家里整理得干干净净。她积极向上的性格影响着丈夫和女儿：丈夫现在已经可以拄着拐棍缓慢行走了；女儿的性格也非常开朗，脸上始终挂着笑容。姜红芬用爱温暖着整个家庭，获得邻里盛赞。2023 年获评江苏好人、苏州时代新人、太仓好人。

邱蓉芬

苏州时代新人、太仓好人
退休教师苦练手语，把舞蹈带进“无声世界”

邱蓉芬，太仓市沙溪镇东市社区居民。沙溪镇上有一支由听障人士组成的舞蹈队，邱蓉芬是这支舞蹈队的指导老师。退休前，邱蓉芬是一名幼儿园教师，爱好文艺，热心公益。2013 年 6 月，“阳光乐园”舞蹈队刚成立，邱蓉芬担任起志愿指导跳舞的工作。将舞蹈带进“无声世界”不是一件容易的事，为更好地教学，邱蓉芬参加手语培训，经过刻苦学习，掌握了基础手语，与队员们越来越默契。10 年来，这支舞蹈队参加各类比赛和慰问演出 130 多场，曾获苏州市残联舞蹈比赛第一名等 15 项荣誉。2018 年，被查出脑梗后，邱蓉芬依然坚持带队排练演出。如今年过七旬的她，雷打不动地每周两次带领队员们排舞。舞蹈点亮了队员们心中的明灯，让大家有了直面生活、踏进社会的勇气。她曾获苏州市优秀助残志愿者等荣誉。2023 年获评苏州时代新人、太仓好人。

蔡蕙兰

苏州时代新人、太仓市精神文明建设“十佳新人”、太仓好人

姐弟情深，照顾残疾弟弟50余载

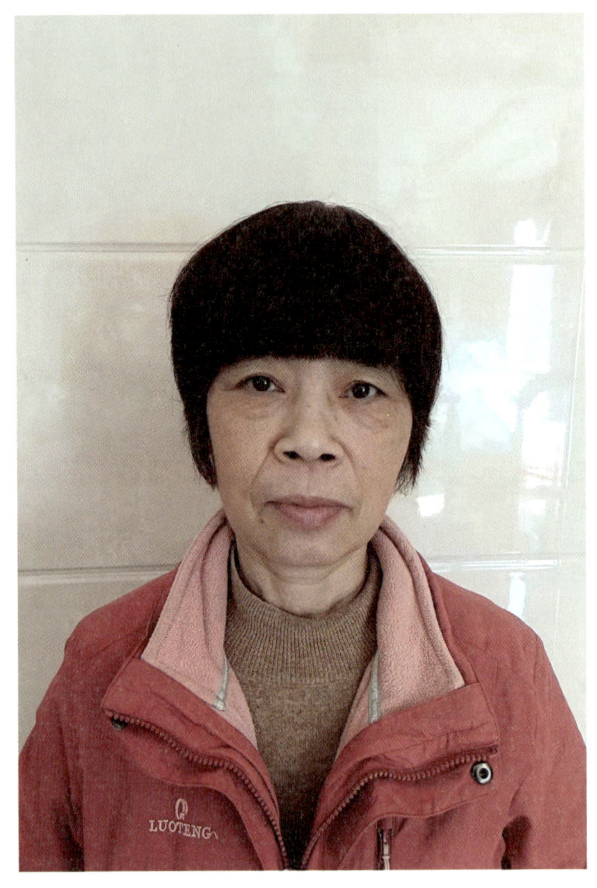

“照顾弟弟到老”是蔡蕙兰结婚的硬条件。1968年，她的弟弟龚惠清因高烧导致智力残疾，生活不能自理。自此，当时只有6岁的她就和父母共同照顾弟弟。1982年，她找到了志同道合的人结婚，两年后，生下了大女儿，夫妻俩开始了上有老人和弟弟、下有小孩的生活，忙得像陀螺一样。当怀上第二个孩子时，蔡蕙兰不顾家人反对，把孩子生了下来，并让孩子随母姓，将来让弟弟有依靠。如今，蔡惠兰的女儿和儿子都已经30多岁，在母亲的影响下，照顾舅舅早已成为他们的生活日常，女儿每周都会回来，为他剪指甲、刮胡子……50多年来的陪伴，姐弟感情最深。弟弟常有暴躁情绪，只有姐姐能安抚他。邻居们都知道，他只听姐姐的话，因为姐姐照顾得太多太好了。2023年获评苏州时代新人、太仓市精神文明建设“十佳新人”、太仓好人。

蒋群冰

太仓好人

不离不弃照顾瘫痪妹妹 72 年的好哥哥

蒋群冰，男，1940 年生，沙溪镇东市社区居民。他和妹妹蒋文亚同住在东市社区新北街的老商品房里。妹妹今年 76 岁，年幼时因高烧导致脑部受损，智力停留在 4 岁，后又查出患有软骨病，瘫痪在床，生活无法自理。父母在世时，他是照顾妹妹的主力；父母去世后，全部重担压在他的身上。蒋群冰陪伴在妹妹身边，寸步不离，一日三餐端到床边，一口一口地喂给她吃。他将妹妹照顾得无微不至，房间收拾得干净整齐，妹妹身上盖着的被褥永远干净整洁。蒋群冰终生未娶，无子无女，全身心照顾妹妹 72 年，用实际行动诠释了爱护亲人、无私奉献的优秀传统美德，用责任心为妹妹蒋文亚撑起了一片爱的天空。2023 年获评太仓好人。

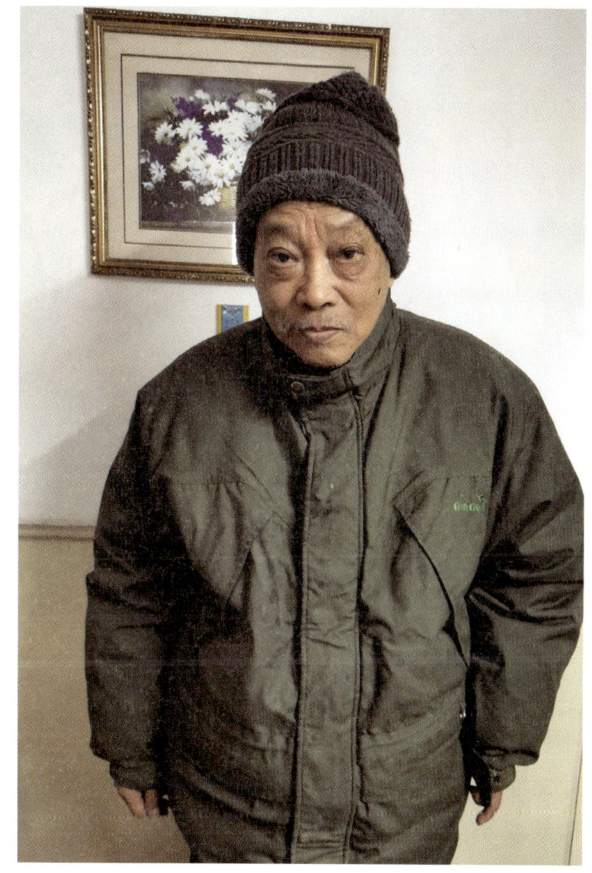

陶煜东

太仓好人

传递“梨想”，争做乡村振兴践行者

陶煜东，太仓福田家庭农场总经理。陶煜东生于农村，从小就对农业有深厚的兴趣，后考入了中国农业大学。2013 年，陶煜东响应国家一号文件，注册成为太仓最早一批“家庭农场主”。陶煜东是一个技术控，他对农场实施按标生产，增加绿色优质农产品供给，开展病虫害绿色防控试点试验示范，推动有机肥等投入品应用绿色化，不断推进农业品种培优、品质提升和品牌升级，先后向农民推广介绍新品种 8 个、栽培技术 5 项、果园机械化率方案 6 个、病虫害绿色综合防控技术 5 项，惠及周边 100 多户种植户，开展各类公益培训已覆盖观摩活动 6000 多人次。他创新采用果园数字化应用场景，打造农机农艺融合高标准应用的果品基地，实现了 3—5 人便可轻松高效管理上百亩的果园。他的农场先后承担 3 个省级项目，获评江苏省级示范家庭农场、江苏省级园艺作物标准园。所种的水果年年荣获省级金奖。个人先后荣获全国“双带”农村致富青年先进个人、江苏省乡土人才“三带”新秀，当选江苏省第十四届人大代表。2023 年获评太仓好人。

沙溪镇地图

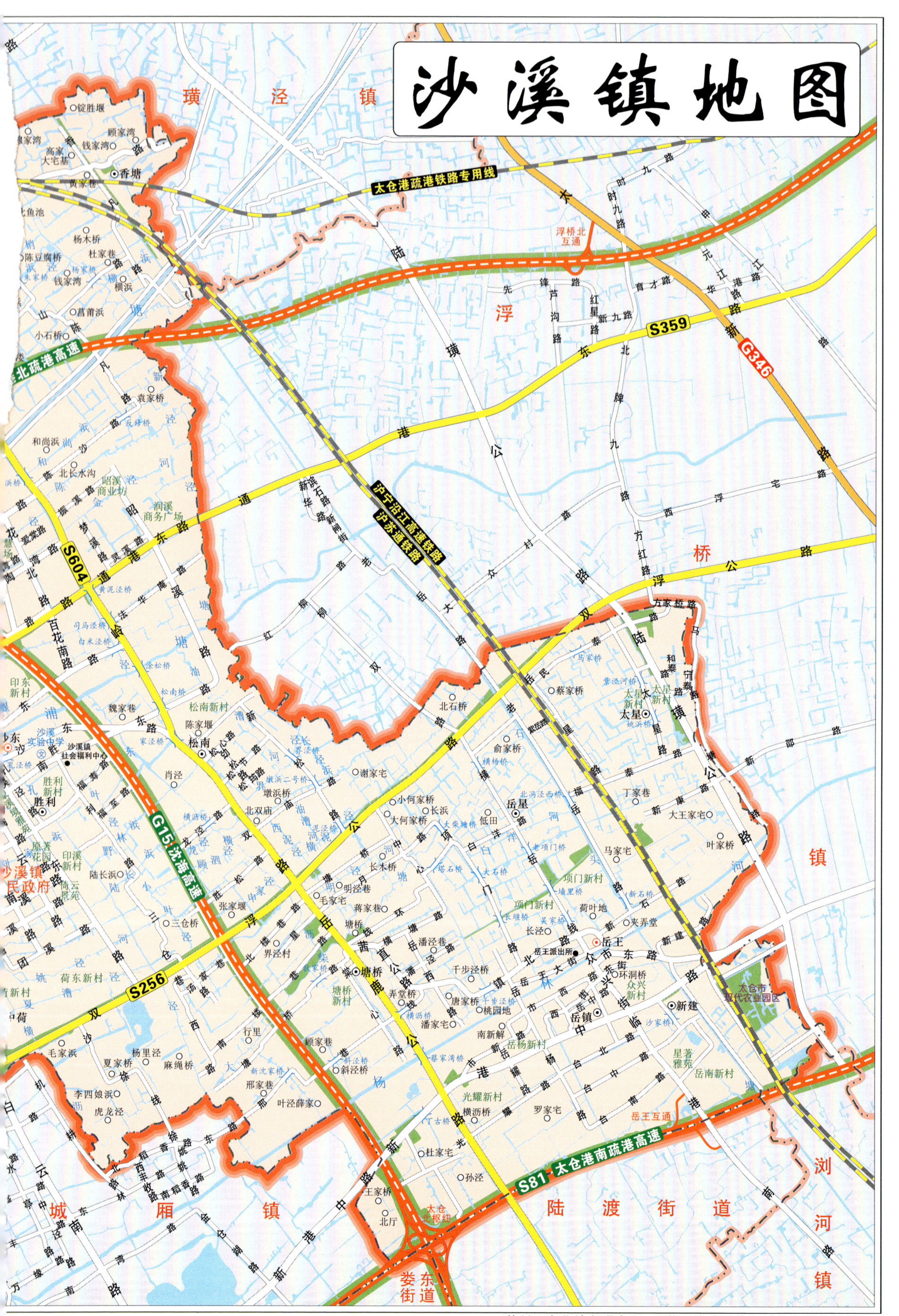

苏州吴文化地名研究所 江苏图博地理信息科技有限公司 编制

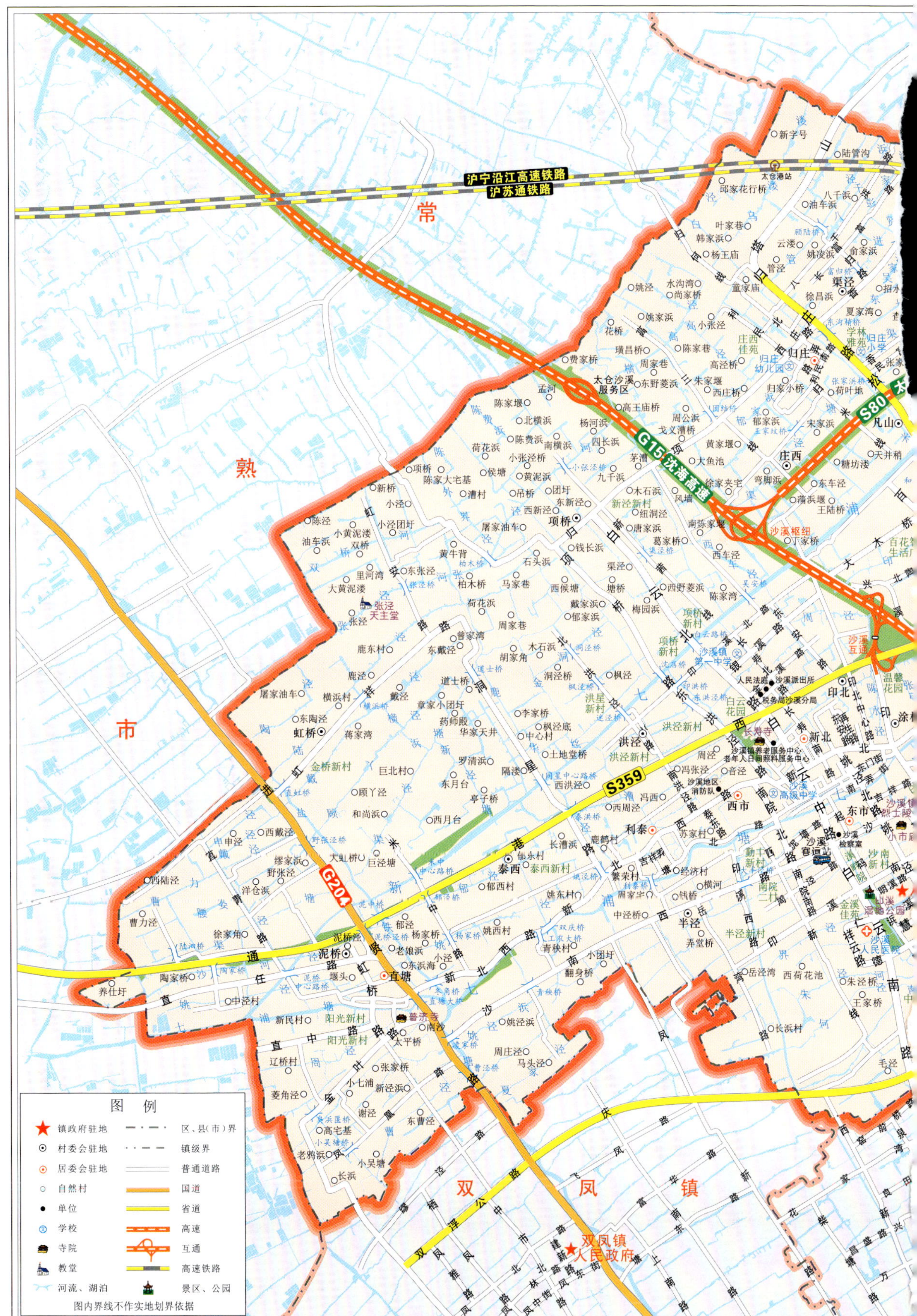

审图号：图苏E审（2024）025号

要　目

目录

中共沙溪镇委员会

沙溪镇人大

沙溪镇人民政府

政协工委

开放型经济

经济发展

全域旅游

综合经济管理

镇村建设

公用事业

教育科技

文化体育

卫生健康

社会民生

村·社区

荣 誉

附 录

特别报道

横向打破部门壁垒，纵向下沉企业一线
探访太仓首个镇级企业服务中心

“没想到这么快就办好了，既不影响老厂的生产，也确保新址备案、装修手续的顺利进行，太棒了！”说起沙溪镇企业服务中心的服务，太仓明江商金属制品科技有限公司总经理汪雨竖起了大拇指。

明江商公司落户沙溪镇近16年，今年9月因老厂房场地、设备等无法满足发展需求，需将产线搬至新厂。然而搬迁期间，公司面临老厂房停工、新厂房无法及时投用的情况，这让汪雨犯了难。于是他抱着试试看的心态，打通了沙溪镇企服中心的电话。工作人员获悉后迅速协调相关部门商议，并组织上门服务，通过“一证两址”，两个工作日就完成营业执照变更及生产项目备案，帮他解了围。

从“犯难”到“解围”，正是沙溪镇企业服务中心的工作日常。作为太仓首个在镇一级成立的综合性企业服务中心，该中心自今年6月成立以来，累计协调处理企业诉求161件，广受好评。这个成立仅半年的镇级企业服务中心有何不一样？记者前来一探究竟。

从沈海高速沙溪出口下高速，沿通港路往东不到3公里，就来到了太仓市生物医药产业园，沙溪镇企服中心正坐落于此。步入其中，却只见人社专窗、政策专窗等寥寥几个服务窗口。一般行政服务中心设有的活动区、会议室、咖啡吧等功能区虽有布局，占地也都不大。

记者很好奇，“这不像是一个办事服务大厅啊”。“不像就对了！因为我们要求工作人员主动上门服务，不是坐在这里等企业上门。”沙溪镇党委书记王晓红笑着说，企服中心把“窗口端坐”变为“直奔现场”，工作人员沉到基层，做到问题发现在一线、矛盾解决在一线、工作落实在一线。

然而发现问题不难，难的是如何高速、高效、高质地解决问题。沙溪镇企服中心将以往各部门“单打独斗”转为“联合作战”，整合了经发局、审批局、建设局、执法局、生药园管委会、农文旅有限公司等镇级单位的力量，统筹协调招商、审批、建设、经发、人社、执法等条线的涉企工作，消除部门壁垒，加强工作整体性、协同性，更好地为企业、人才和项目提供全链条、全天候、全生命周期的一站式服务。

为何沙溪率先成立镇级的企业服务中心？王晓红思路明确：沙溪是太仓的工业重镇，拥有大大小小的市场主体超万家，规模以上工业企业220多家。相比大企业大项目容易获得关注和资源，量大面广的小微企业在发展过程中遇到的“急难愁盼”问题，往往更需要细致便利的“贴身”服务。

比如，将企服中心建在产业园区内，就经过了缜密的研究考量。生物医药产业园拥有400多家企业，附近就是太仓市新材料产业园。中心设置在这里，可以辐射更多企业。此外，沙溪镇坚持“零距离”服务企业，把服务窗口“搬”到企业家门口，企业办事“只进一扇门、只找一个窗、最多跑一次”，打通企业服务最后一公里。

正是有了这样的“顶层设计”，企服中心横向打破部门壁垒，纵向下沉企业一线，不仅让企业走进中心这扇门，更让中心工作人员走进企业的门。企服中心通过“铁脚板＋大数据”，围绕“沙溪镇—3大服务片区—7大重点村、社区—22个重点产业载体—基层企业”的五级网络，深入实施“海棠花红、暖商护商”党建惠企服务先锋行动，开展企业走访、政策推送、辅助申报、需求收集、产/供应链对接、纾困帮扶等各类服务。

在企服中心大厅屏幕上，沙溪镇副镇长张宗庭为记者演示线上数据库，各个项目的名称、特点、投资额、产业类别、发展需求一目了然，随机点击一家企业，其用工人数、产值税收、发明专利等数据清晰可见。根据需要，可以随时生成柱状图、饼状图、趋势图等，非常便捷。

“开发这个系统花了不少钱吧？”“企业级会员费一年不到1万元，既经济实惠又确保数据安全，很有性价比。”张宗庭说，服务企业要做到更精细、更精准，前提是数据准确并及时更新。企服中心依托多部门协同的工作机制，在用好太仓市产业（项目）全生命周期管理平台的基础上，借助金山软件的成熟平台，充分利用国产WPS软件的功能，建立了一个简洁、安全、可操作性高的企业数据共享平台，打破各部门间的数据壁垒。

“那怎么确保数据的更新和准确？”记者追问。张宗庭介绍，联动数据库打通了镇经发局、行政审批局、建设局、执法局的数据资源，各部门可随时将企业相关数

据信息录入到各自的数据源表中，片区工作人员每周实时更新企业和项目的走访情况，利用函数关系建立起安全、高效、共享的沙溪企业画像。有了大数据，企服中心就可以梳理归纳出厂房载体、供应链、人才需求、基础设施等企业迫切的需求问题，形成了一张条理清晰的企业需求“体检报告单”，向决策者和办事员提供了精准的服务方向。

用心、用情、用力做好企业服务，用暖心服务换企业青睐。“正是看中了这里良好的基础设施、暖心的政务服务、优质的营商环境，我们公司才最终下定决心入驻这里。”江苏瀚诺馨生物科技有限公司董事长助理崔梅告诉记者,公司7月落户沙溪镇，10月底摘地，12月中旬即将全面开工建设，其间企服中心工作人员全程“陪跑”，帮助企业梳理分析项目审批过程中遇到的问题，逐一过堂、逐一落实，为项目建设扫清障碍，以最优的服务、最快的速度推进项目建设，预计将于2025年竣工投产。

沙溪镇企服中心的服务质效，也体现在经济发展的积极态势中。数据显示，1—11月，沙溪镇实现规模以上工业产值217.8亿元、一般公共预算收入11.3亿元，分别同比增长2.9%、31.5%；累计签约产业项目86个，总投资约144.3亿元；累计开工、竣工、开业重点项目共88个，总投资179.9亿元，预计全部达产后可实现年产值262.4亿元、税收17.2亿元。

（摘自2023年12月8日《新华日报·交汇点》，记者：潘朝晖、徐衡）

省市人大刊物持续关注沙溪人大创新工作

近日,《人民与权力》杂志、“苏州人大”微信公众号持续报道沙溪镇人大“代表e站”特色亮点工作。同时，沙溪镇人大报送的《“数字人大”理念融入基层代表履职建设的实践与思考》成功入选2023年度苏州市人大优秀调研成果三等奖。

今年以来，沙溪镇人大持续完善民主民意表达平台和载体，把“数字人大”理念融入代表履职建设中，探索打造线上服务平台“代表e站”，有效响应民声、广集民意、汇聚民智、服务于民。

利民之事，丝发必兴。倾听群众呼声，回应群众关切，是提升人大代表履职工作质效的重要举措。今年以来，沙溪镇人大积极探索全过程人民民主的实现形式和有效路径，围绕加强信息化建设，把“数字人大”理念融入代表履职建设中，探索打造线上服务平台“代表e站”，为代表履职提供强有力的数字支撑。

从“碎片化了解”到“全景式呈现”，让履职准备更充分

由于人大代表在各自不同的工作岗位，其履职更需要相关保障和服务。“代表 e 站”大数据平台是围绕代表履职的重点精心设计，在加强数据采集建设的基础上，嵌入年度重点工作、实事工程、创新项目、意见建议，以地图图层、影像、动态报表等可视化形式展现，为代表在闭会期间的履职提供更为完善的信息服务，提供系统性和综合性专业支撑，不仅能使代表履职更有针对性、更具穿透力，而且能有效提高代表履职的积极性、主动性。

从“粗放型查阅”到“精准化聚焦”，让履职方向更明确

人大代表在履行职务、开展工作中可通过大数据服务平台获取丰富的信息服务。“代表 e 站”大数据平台包含全镇行政区域图、人口数量、区域面积等，全面展现全镇 28 个村（社区）自画像，结合“联督问政”工作，平台整合内设勤廉监督、信访民意、联动民意、便民服务信息、图层管理模块内容展示，深度体现镇情、村情。围绕代表履职进网格要求，把全部代表编入全镇 43 个四级网格，实时连线网格员，便于人大代表直观了解村情民意，有针对性地制定履职计划。

从“手工型对比”到“自动化生成”，让履职质量更高效

平台整合了“网格化履职”和“代表微建议”，人大代表可借助平台来联系网格员、了解民意、集中民智，并实现代表建议的在线提交、查询、跟踪，将每年代表在大会期间的意见建议等集中分类，建立起代表履职档案的“数据仓库”，对代表履职大数据进行统计分析和履职评价管理。充分利用数字化载体和途径，以信息化技术助

推人大代表履职，帮助代表有的放矢开展实地走访，迅速推动解决群众身边烦心事、揪心事、操心事，达到事半功倍的效果。

利用信息化手段搭建“代表 e 站”履职平台，有效破解了代表履职的空间和场地限制，高效便捷了解群众期盼和诉求，既可以让百姓“少跑路”，也可以让人大代表更高效率地提炼汇总各类百姓意见，为决策提供依据，推动代表更好地服务社会经济发展。

（沙溪镇人大：陆李洁）

大事记

1 月

12 日　太仓市人大常委会主任王红星带队来沙溪调研乡镇人大工作，镇人大主席秦建刚陪同调研。

17 日　2023 年苏州市暨太仓市文化科技卫生“三下乡”——“志愿服务送关爱　文明实践树新风”志愿服务集中行动在沙溪举行，太仓市委常委、宣传部部长、统战部部长查焱，沙溪镇党委书记王晓红，沙溪镇党委副书记、镇长王永伟等出席活动。

18 日　中共沙溪镇第十四届委员会第三次全体（扩大）会议召开，镇党委书记王晓红代表中共沙溪镇委员会作工作报告，镇党委副书记、镇长王永伟主持会议，镇三套班子、退线领导，各村（社区）书记，局、办及有关单位负责人等参加会议。

29—30 日　沙溪镇第十九届人民代表大会第三次会议召开，大会听取了镇党委副书记、镇长王永伟代表镇人民政府作的工作报告，和镇人大主席秦建刚代表十九届人大主席团作的工作报告，选举通过马晓东同志为镇人民政府副镇长，票决产生 2023 年沙溪镇民生实事项目，表决通过了相关决议。镇党委书记王晓红发表了讲话。

---

2 月

6 日　2023 年沙溪镇“春来抓落实”工作会议暨弘扬“四敢”精神作风效能建设大会召开，通报 2022 年度工作情况及综合考核结果并进行了先进表彰。镇党委书记王晓红讲话，镇党委副书记、镇长王永伟主持会议，镇人大主席秦建刚等三套班子、退线领导，局、办负责人，群团组织负责人，村（社区）书记，条线单位负责人，受表彰的企业、先进单位及个人代表等参加会议。

12 日　2023 年沙溪镇春季重点项目集中签约仪式举行，揭牌项目 3 个，签约项目 26 个，总投资 119.5 亿元，覆盖了生物医药、智能制造、绿色能源等多个新兴产业领域。中国工程院院士江欢成，上海市生物医药研究院院长、上海市生物医药行业协会会长傅大煦，太仓市委常委、常务副市长吴敬宇，太仓市委常委、政法委书记许超震，太仓市副市长王莉萍，沙溪镇党委书记、太仓市生物医药产业园管委会主任王晓红，沙溪镇党委副书记、镇长王永伟等领导和嘉宾出席活动。

---

3 月

1 日　江苏省委统战部一级巡视员黄仕良来沙溪调研统战工作，太仓市副市长张展、沙溪镇党委书记王晓红陪同调研。

17 日　太仓市沙溪镇机关工会第十二届第一次会员代表大会召开，听取并审议了沙溪镇机关工会第十一届委员会工作报告和今后五年工作的主要任务，选举产生了沙溪镇机关工会新一届班子，沈建中当选为机关工会主席，曹静当选为经费审查委员会主任，同时协商产生了新一届机关女职工委员会，刘晶为主任。

20 日　太仓市撤县建市三十周年暨德企发展 30 年大会重点项目开工开业系列活动沙溪镇会场活动举办，举行了苏州易真康生物制药有限公司奠基仪式，集中展示了沙溪镇一季度开工开业项目 28 个，项目总投资 83.56 亿元。太仓市委常委、政法委书记许超震，沙溪镇党委书记王晓红出席活动。

24 日　河南杞县务工人员爱心驿站揭牌仪式暨江苏太仓金太人力资源有限公司开业仪式举行。杞县人民政府副县长娄高，沙溪镇党委副书记、镇长王永伟等出席活动。

29 日　市委书记汪香元会见来太的德国莱茵 TÜV 集团总裁兼首席执行官富笔博士一行，沙溪镇党委书记王晓红，镇党委副书记、镇长王永伟等参加会见。

---

4 月　2 日　太仓市生物医药产业园第一家大院大所——苏州思萃免疫技术研究所有限公司开业。太仓市副市长王莉萍发表讲话，沙溪镇党委书记王晓红致辞，苏州思萃免疫技术研究所所长苏冰教授等出席活动。

27 日　在上海国家会展中心举行的 2023 苏州（上海）文旅推介招商会上，沙溪古镇“七浦文脉”创新文旅业态提升项目作为太仓市唯一入选的项目签约。

29 日　2023 年“行走大运河”全民健身健步走活动在沙溪镇全民健身活动中心举行，活动由太仓市文体广电和旅游局、太仓市沙溪镇人民政府、太仓市水务局、太仓市体育总会主办，太仓市社会体育管理中心、太仓市沙溪镇社会事业局承办。

---

5 月　4 日　德国凯尔斯玛丁集团在沙溪镇投资设立的凯尔斯玛丁医疗器械（江苏）有限公司开业。沙溪镇党委书记王晓红出席开业仪式。

8 日　“人大代表聚焦一号议案助力农贸市场改造升级”沙东市集启用仪式举行。太仓市人大常委会副主任韩飚，沙溪镇党委副书记、镇长王永伟，镇人大主席秦建刚等出席活动。

16 日　太仓市社会救助宣传月启动仪式暨沙溪镇“融创‘溪’望”社会救助品牌发布仪式在沙溪镇半泾村举行。太仓市民政局党委书记、局长张跃忠，沙溪镇党委副书记、镇长王永伟出席活动。

19 日　苏州市第九届法治文化节工会劳动法治文艺公开课首发暨太仓市“普法惠企·法护职工”工作项目启动仪式在太仓市生物医药产业园举行，苏州市司法局副局长吴睿，苏州市总工会副主席俞靖，太仓市总工会主席、党组书记凌晓波等出席活动。

21 日　首届转化医学与新药研究论坛暨苏州思萃临床药理技术研究所开业仪式在太仓花园酒店举行。中国科学院院士、中国科学院上海药物研究所研究员岳建明，中国科学院院士、生命有机化学国家重点实验室主任马大为，太仓市副市长王莉萍，沙溪镇党委书记王晓红等出席活动。

22 日　苏州军分区政委张立军来沙溪镇调研基层武装正规化建设工作。太仓市委常委、市人武部政委王跃飞，沙溪镇党委书记王晓红等陪同调研。

23 日　全国双拥工作领导小组副组长兼办公室主任、退役军人事务部副部长钱锋一行来太仓调研，实地察看了沙溪镇退役军人服务站。省退役军人事务厅厅长、省双拥办副主任韩骅，苏州市副市长查颖冬，太仓市委书记汪香元，沙溪镇党委书记王晓红陪同调研。

---

6 月　21 日　第七届太仓乡村旅游节开幕式暨沙溪镇“夏日溪游季”启动仪式在沙溪古镇举行，现场评选出太仓首批十个乡村研学游基地，香塘村·香塘野邻 LINE FRIENDS 露营基地入选；公布了 3 个获奖项目，其中沙溪镇香塘村获评 2022 年苏州市乡村旅游重点村，太仓“布朗熊家族的甜蜜露营”亲子度假项目获评江苏省乡村旅游业态创新示范项目。市委副书记徐志强、副市长盛海峰，镇党委副书记、镇长王永伟等出席活动。

25 日　由德国耐驰集团投资建设的耐驰仪器（苏州）有限公司在沙溪镇开业。沙溪镇党委副书记、镇长王永伟出席开业仪式。

---

7 月　13—14 日　沙溪镇第十九届人民代表大会第四次会议召开，会议听取了镇党委副书记、镇长王永伟代表镇人民政府作的工作报告，选举了吕春燕同志为镇人民政府副镇长，通过了《沙溪镇上半年经济和社会发展情况报告》《沙溪镇生态文明建设和环境保护工作报告》《关于沙溪镇 2022 年镇级决算草案及 2023 年上半年预算执行情况的报告》《沙溪 2023 年度民生实事项目实施进展情况报告》。镇党委书记王晓红发表了讲话。

13 日　苏州美迅医疗科技项目奠基仪式在太仓市生物医药产业园举行。市委常委、政法委书记许超震出席活动并讲话，沙溪镇党委书记王晓红在活动上致欢迎辞。

24 日　太仓市镇、村级网络综合治理体系建设现场推进会在沙溪镇网络综合治理中心召开，全面部署推进太仓市镇级网络综合治理中心建设，创新探索基层网络治理中的“网络 + 网格”双网融合共治路径。市委常委、宣传部部长、统战部部长查焱出席会议并讲话。

---

8 月　8 日　沙溪人民医院和苏州斯丹德医学检验实验室共建联合实验室签约仪式在沙溪人民医院举行。沙溪镇党委副书记、镇长王永伟等出席活动。

16 日　苏州市委常委会专题调研太仓工作会议召开，会前，苏州市委常委会实地调研太仓经济社会发展情况，位于沙溪镇的 TÜV 莱茵长三角运营中心为现场点位之一。

22日　“夜太美　践文明”太仓市文明实践“夜模式”主题系列活动——相遇·沙溪古镇七夕游园会顺利举办，江苏卫视、荔枝新闻等平台同步直播。

30日　国台办法规局局长张万明来沙调研对台交流工作和台资企业生产经营状况，现场走访调研了沙溪古镇统战文化一条街、安佑生物科技集团股份有限公司，并倾听了企业的意见建议。苏州市台办副主任杨伍林，太仓市委常委、宣传部部长、统战部部长查焱，沙溪镇党委书记王晓红等陪同调研。

9月　6日　太仓市人民政府与中铁一局集团战略合作签约暨中铁一局集团江苏建设发展有限公司揭牌仪式在海运堤会议中心举行，中铁一局集团有限公司副总经理刘为帛，副市长陈磊，以及中铁一局集团相关负责人，市住建局、交运局、城投集团和沙溪镇相关领导参加活动。活动上举行了太仓市人民政府与中铁一局集团有限公司战略合作签约仪式、中铁一局集团有限公司与太仓印溪投资发展集团有限公司合作开发浦南商住项目签约仪式，进行了中铁一局集团江苏建设发展有限公司揭牌。

15日　第二届江苏产学研合作对接大会——太仓市生物医药产业专题对接会暨2023江苏—澳大利亚大健康技术创新合作对接会在太仓市生物医药产业园举行。活动举办前，太仓市委副书记、代市长徐华东会见了出席大会的澳大利亚驻上海总领事馆副总领事刘冰。澳大利亚驻上海总领事馆副总领事刘冰、太仓市副市长王莉萍出席活动并致辞，悉尼大学中国中心主任宓迈克、沙溪镇党委书记王晓红等领导和嘉宾出席活动。

26日　“创业中华侨力助企”2023生物医药产业侨商侨企座谈会在太仓市生物医药产业园召开，“太仓市生物医药产业百军委员工作室”现场揭牌。市政协主席赵建初出席会议并讲话，市委常委、宣传部部长、统战部部长查焱，副市长张展，市政协党组成员潘红忠，沙溪镇人大主席秦建刚等出席会议。

27日　2023太仓市“田蜜趣金秋　丰收我来野”农民丰收节系列活动暨全民健身运动会在沙溪镇香塘村举行，现场举行了沙溪镇“七浦运河农文旅融合示范片区”发布仪式，进行了“苏州乡村振兴公益推广大使陶煜东工作室”揭牌仪式、沙溪镇乡村振兴片区化发展先锋队授旗、香塘二期布朗农场项目推介、“乡村振兴青年先锋”故事分享及沙溪镇“乡贤帮带·汇新农”实践项目发布等。苏州市农业农村局副局长王卫江，太仓市农业农村局局长宣峰出席活动并致辞，沙溪镇党委副书记、镇长王永伟、人大主席秦建刚等出席活动。

28日　TÜV莱茵长三角运营中心二期项目的开工仪式在半谦现代产业园举行。太仓市副市长王莉萍出席活动并讲话，沙溪镇党委书记王晓红出席活动并致欢迎辞，镇党委副书记郑珑、副镇长张宗庭等领导和嘉宾出席活动。

10月 13日 太仓生物医药（上海）创新飞地开业启用仪式在上海浦东新区举行，上海市生物医药行业协会产业化办公室主任兰马、太仓市科技局副局长刘翔宇、太仓市沙溪镇党委委员王建宏等出席仪式。

23日 沙溪镇开展历任沙溪主要领导（退休）看沙溪活动，邀请1993年沙溪并镇以来的历任主要领导（退休）实地感受沙溪建设发展新变化、新成效，共话发展新方向。

11月 7日 由商务部投资促进事业局、太仓市人民政府主办，市商务局、市生物医药产业园管理委员会、市招商局、生命健康产业跨境合作委员会承办的健康中国——2023生命健康产业跨境合作“太仓对话500强”活动在上海举行，生命健康领域500强企业、投融资机构等各界代表齐聚一堂，探索太仓生物医药发展。商务局投资促进事业局医药化工产业部主任宋雷，中国健康产业投资基金首席战略官赵巍敏，太仓市委副书记、市长徐华东，副市长王莉萍等参加活动，沙溪镇党委书记王晓红作太仓市生物医药产业推介。活动现场进行了重点项目签约，总投资29.26亿元的6个优质项目签约落户太仓市生物医药产业园。

8日 德国曼胡默尔集团落户太仓沙溪，成为沙溪镇落户的第30家德企。太仓市副市长王莉萍，曼胡默尔集团全球总裁兼首席执行官Kurk M.Wilks，沙溪镇党委书记王晓红、党委副书记郑珑出席活动。

27日 “金秋看沙溪”系列活动——2023年沙溪镇重点项目集中开竣工开业暨康容生物总部基地项目开业仪式举行，现场总投资179.9亿元的88个开工、竣工、开业重点项目集中“亮相”，市委书记汪香元，副市长傅玖，市委办、市发展改革委、科技局、工信局、住建局、商务局、文体广旅局、行政审批局、市场监管局、金融监管局、招商局负责同志，镇党委书记王晓红、镇人大主席秦建刚等出席仪式。此外，还先后举行了“七浦水岸文旅商业街区”开工仪式、东久新宜太仓芯溪产业园项目竣工仪式两场分会场活动，副市长傅玖，市发展改革委、科技局、工信局、住建局、商务局、文体广旅局负责同志，镇党委书记王晓红、镇人大主席秦建刚等出席活动。

12月 20日 太仓市沙溪镇侨界联合大会暨第一次代表大会召开，审核通过了《太仓市沙溪镇侨界联合会筹备工作报告》《太仓市沙溪镇侨界联合会实施〈中国侨联章程〉细则（草案）》，选举产生了太仓市沙溪镇侨联第一届委员会，太仓市侨联主席顾晓春、沙溪镇党委副书记吴昊波等出席会议。

28日 苏州市档案馆馆长康岚一行来沙实地调研镇档案中心建设，太仓市档案馆馆长仇君、沙溪镇党委书记王晓红、沙溪镇党委副书记吴昊波等陪同调研。

（周之帆）

沙溪概貌

自然地理

【地理位置】 沙溪镇位于江苏省东南部，苏州市东部，太仓市中北部，中心位置为北纬32° 31′ 21″—31° 38′ 19″，东经120° 58′ 04″—121° 10′ 30″。东与浮桥镇、璜泾镇接壤，南与城厢镇、娄东街道办事处和双凤镇毗邻，西与常熟市支塘镇为邻。镇域总面积126.7平方千米，是太仓市的经济强镇、商贸重镇、千年古镇。

【地形地貌】 沙溪是长江中下游三角洲河海相冲积平原的一部分。镇区系第二巨型隆起带与秦岭东西向构造带东延的复合部位，属远古代形成的华南地带。地势平坦，大部分平均海拔在4.2—5.5米（吴淞高程）。沿七浦塘两岸由于开挖堆土，地势较高，最高处有10米以上，整个地势呈东高西低形态。盐铁塘以西为半高地圩区，地面高程为2.5—3.8米。沿铁塘以东的中部、西部为4米左右。地质构造为华夏。镇域内归庄原有小山一座，名穿山，又名凡山。《沙头里志》载：“高十七丈，周三百五十米。”1952年开凿，至1980年底夷为平地，现仅存山基。

【土壤】 土壤类型东部及东南部以沙夹垄为主，中北部以灰底沙夹垄为主，中南部以粉底沙夹垄为主，镇南及北部以老沙夹垄和灰底老沙夹垄为主，西部及西北部以灰底黄土和黄泥土为主。

【气候】 沙溪镇地处北亚热带海洋性季风气候，受季风环流支配，四季分明，雨量充沛。春季冷暖多变，时暖时寒，雨季较多；夏季炎热多雨，昼长夜短，前期有梅雨，中期常伴有高温天气，天气闷热潮湿，多东南季风，常有台风侵袭；秋季气温冷暖多变，干湿相间，有台风及龙卷风，后期秋高气爽；冬季昼短夜长，多刮西北风，天气多干燥寒冷，伴有雨雪天气，晴暖交替，时有寒潮、大风。

【水系】 沙溪地处长江三角洲平原，地势平坦，河流密布，水系发达，为典型的江南水乡。境内有盐铁塘、半泾、横沥、孔泾、石头塘纵贯南北，南有杨林塘，北有新老七浦塘横贯东西。镇域内有主干河道9条，大小河道934条，河塘总面积2276.63公顷。其中镇级河道22条，全长10.27万米；村级河道912条，全长53.03万米。区域性河道有七浦塘、杨林塘、盐铁塘、石头塘、吴塘。主干河道有半泾、横沥、孔泾、白米泾等。22条镇级河道为：柴长泾、张泾、千步泾、进贤泾、渠泾、茅漕塘、封张塘、直北圩、北横沥、南横沥、孔泾、马路塘、横沥（东）、鹿鹤泾、姚泾、郁泾、陆泾、周泾、金丝漕、叶泾、横沥河、陈泾。

（《沙溪镇志》）

建置区划

【建置沿革】 沙溪地为沿海冲积成陆地城，秦至西汉时属会稽郡。

东汉时为吴北境。东汉至南齐分属吴郡海虞县南沙乡。梁天监六年（507），分类县地，属信义郡。隋开皇九年（589）全境属苏州常熟县。宋政和三年（1113），分属常熟县双凤乡和昆山县湖州乡。元至正二十七年（1367）分属常熟州双凤乡和昆山州惠安乡。明洪武二年（1369），沙溪地分属常熟县、昆山县。明弘治十年（1497），太仓建州。沙溪全境分属太仓州镇洋县，隶苏州府。时沙头为镇，涂松、直塘、新市（即为岳王）为市，同隶太仓州，部分仍属常熟县。清雍正二年（1724），沙溪镇属太仓州，岳王世属镇洋县，归庄部分仍属常熟县。咸丰十年（1860），被划入太平天国苏福省太仓州。同治二年（1863），恢复清制，隶属不变。

1912 年，太仓州县合并，全境隶属太仓县，归庄部分隶属不变。1916 年沙溪属第五区。1918 年，撤第五区恢复镇公所。1935 年，推行保甲制度，沙溪仍属太仓县第五区，直塘属双凤区，归庄部分仍属常熟县。1937 年 11 月 28 日，沙溪镇沦陷，仍属第五区，直至 1945 年 8 月抗日战争胜利。1946 年 10 月，撤销第五区，将印东、印西两镇合并，称印溪镇。1947 年 3 月，沙溪（印溪）镇分属沙溪区署，下辖印溪镇、岳王、利泰乡仍属常熟县。1949 年 5 月 13 日，太仓解放，分别建印溪镇、岳王镇，同属沙溪区管辖，直塘镇属双凤区管辖，归庄部分仍属常熟县。同年 11 月，增设岳王区，沙溪镇分属沙溪、岳王、双凤三区管辖。是年 12 月废除保甲制度。

1952 年 8 月，镇地东北境归庄乡由常熟县划归太仓沙溪区管辖。1954 年 8 月印溪镇改县直属镇。同年 11 月，由江苏省人民政府恢复沙溪镇名。

1958 年 9 月，全境成立沙溪人民公社，直塘部分分属双凤人民公社和沙溪人民公社。同年 12 月，撤沙溪镇建置，并入沙溪人民公社，实行镇、社一体制，其余属地不变。1963 年 2 月，镇、社分设，恢复沙溪镇建置，成立镇人民委员会。1966 年 3 月，从沙溪人民公社、直塘人民公社各划出部分成立直塘人民公社。1968 年，分别先后成立沙溪镇、沙溪公社、岳王公社、归庄公社、直塘公社革命委员会，行使行政权力。1981 年撤销沙溪、岳王、归庄、直塘公社革命委员会，分别恢复人民公社代表大会制度，各公社改称管理委员会。1983 年体制改革，分别成立沙溪镇、沙溪乡、岳王乡、归庄乡、直塘乡人民政府。1986 年 12 月岳王撤乡建镇。1993 年 6 月 11 日撤沙溪乡，并入沙溪镇。同年 4 月，归庄撤乡建镇。2000 年 7 月撤直塘镇，并入沙溪镇。2003 年 8 月，岳王、归庄两镇并入沙溪镇，组成新的沙溪镇，2018 年镇人民政府驻沙溪镇明溪路 588 号。

【行政区划】 2019 年，沙溪镇辖岳王、归庄、直塘三个管理区，涂松村、印北村、洪泾村、半泾村、中荷村、松南村、胜利村、泰西村、泥桥村、虹桥村、太星村、岳新村、岳镇村、新建村、塘桥村、项桥村、庄西村、凡山村、香塘村、渠泾村等20个行政村，新北社区、东市社区、西市社区、沙东社区、利泰社区、岳王社区、直塘社区、归庄社区等8个社区居民委员会。

人文风俗

【人口】 2019年全镇人口82081人，其中男性39191，占47.75%；女性42890人，占52.25%。

【方言】 沙溪地区语言属吴语方言范畴，北部语言带有明显的常熟口音，东南部岳王地区则以沿江音为主，西部直塘地区则带有昆山音味。

【民族】 沙溪镇常住人口以汉族为主，仅有极少数少数民族人口。20世纪80年代以来，随着社会经济的发展，沙溪镇流动人口快速增加，婚嫁范围扩大，全镇有少数民族人口188人，主要有回族、苗族、壮族、满族、土家族等民族，占总人口的0.23%。

【宗教】 境内宗教中佛教传入最早，传播最广，次为道教。明清时期沙溪境内盛行佛教、道教，场所分别有寺、庙、庵、堂80多座。清末明初，基督教、天主教传入。20世纪80年代，又有伊斯兰教教徒迁入。90年代至2013年，政府准许民间正常的宗教活动，农家丧事做道场、念经做佛事等为常见。

名胜景点

【沙溪古镇】 沙溪古镇老街位于太仓市西北部，距现太仓市政府驻地14千米，七浦塘穿镇而过，沙溪古镇老街有文字记载的历史可追溯至唐高宗龙朔元年（661）。至元朝末年时，群雄割据，战乱频发，吴王张士诚在镇东涂松筑城、设义兵营，以防海盗。为避战乱，周边百姓纷纷西迁沙头（今沙溪古镇），人口激增，日渐兴盛成集镇，商业贸易日益繁荣，人们沿七浦塘岸造房起屋形成街道，成了十里八乡百姓聚集进行商品交易的场所。沙溪古镇老街历经千年迁居聚合，至今已有1.47平方千米的面积，并逐渐形成了“一河、二街、三岛”的格局。

一河　穿镇而过的七浦塘是沙溪老街人民的母亲河，又称“七浦”“七鸦河”“七丫河”。七浦塘西起阳澄湖，向东经常熟、昆山、太仓，在太仓七丫口入江，全长43.89千米。据史载，宋景祐二年（1035），苏州知府范仲淹为解决苏南农田排涝和灌溉问题，主持开浚了七浦塘。

二街　位于古镇七浦塘两岸，主要有两大街系，总长度约3千米：一是东西向老街，河北街和河南街街系；二是中华人民共和国成立后新建的东西向新北街。整个古镇的街景呈“川”字形格局。

三岛　即橄榄岛，该岛源于1956年为保障西部地区防洪排涝及扩大内河航运的需要，由苏州行署组织实施的七浦塘疏浚工程。在七浦塘疏浚中，为了避免在沙溪集镇区域发生大面积拆迁，就在距集镇区之南侧百余米处重新开挖了一段河道，新开的河道长度为1600米、宽35—40米，两端仍与原七浦塘汇通。这段新开河道被称为“新七浦塘”。新、老两段七浦塘在集镇区域形成两端尖、中间宽状，似橄榄形，俗称“概榄岛”。橄榄岛全长1350米，最宽处百余米，方圆约14.2万平方米。2000年在橄榄岛东端修建橄榄岛公园。

【沙溪龚氏雕花厅】　占地面积约1.8亩，建筑面积202平方米。位于沙溪古镇中市街60号，建于清乾隆年间。雕花厅坐北朝南，原有七进，现存五进。雕花厅为沙溪富商龚氏族人所建宅院的第三进“京兆余堂”，花厅开阔三间，梁木四面刻满了柔软美丽的缠枝花浮雕，梁架上布满了云纹仙鹤、云彩蝙蝠图案，四角机下对称刻着象、狮、虎、豹四兽，象征着主人驱邪避妖、平安吉庆的美好愿望。

【吴晓邦故居】　坐落在沙溪古镇西市街，东距白云路20米，是新中国一代舞蹈宗师吴晓邦的故居。建造于1927年，是一幢保存基本完好的欧式双层小洋楼。占地面积600多平方米。故居设计精巧，风格独特，卧室、储藏室、卫生间、用膳房、厨房、书房等一应俱全，功能齐备。故居内壁炉围饰、楼梯扶手、护栏雕刻工艺精湛，拼木地板毫无走样，院子中的拼花地砖色彩鲜艳。所有这些，虽经90余年风雨洗涤，至今仍保持原样。吴晓邦故居现为江苏省文物保护单位。

【陆京士故居】　坐落在沙溪橄榄岛东首的南弄街116-2号。故居占地面积1000余平方米，其中故居建筑面积500平方米。故居由清末、民国两体建筑组合而成。东部仅两进小屋，原是他父亲陆积山从他人手中购置的所居之所。故居西部是陆京士于抗日战争胜利之后的1946年，当选为国民党中央农工部副部长后委托其门生建造的三进平房。第一进为一座四面厅，广东款式，台基约有半米高，设檐下内走廊环绕一周，富丽堂皇，取名为“留耕堂”，以示承袭祖恩、祖德、祖荫之意。此厅高敞宏阔，面积广大，极具气派。最后的一进分左中右三间，中间为小客厅，旁为陆京士及其妻子李秀娟事务卧室，小巧精致，下铺木质地板，漆成红色，环境颇为雅致，在这三进房屋之间各有一个小型天井，间距都不大，设计紧凑，布局合理。

【乐荫园】　原名为乐隐园，位于沙溪镇白云中路168号。为元末隐士瞿孝祯所建。瞿孝祯绝意仕途，筑乐隐园于此隐居。明代诗人杨维桢造访该园后留下传世名篇《乐隐团溪记》，乐隐园得以名声远扬。明清时期众多名人如沈周、文徵明、王世贞、桑悦、陆世仪、吴梅村等都来此赋诗作画。后渐湮没为农田。1986 年沙溪镇政府启动在原址上重新修建工程，并更名为“乐荫园”，成为大众型人民公园。占地面积 22.5 亩，其中水域面积 4.95 亩。全园分中、东、西 3 个部分，以园中部“木杓浜”为中心，建筑物临池而建。主屋雕花厅居于园林下轴，前有琴台，四周环有假山、长廊、水榭、亭子，以小径相通，有通津桥横跨“木杓浜”。假山鱼池尽展山光水色，亭台楼阁更显俊雅风趣。

（《沙溪镇志》）

风俗习惯

【岁时节俗】 春节　农历正月初一称春节，为民间最隆重的节日，一般从年初一到年初十。年前人们要洗澡、理发、修指甲、着新衣，表示辞旧迎新。初一早上吃“百岁园”或馄饨（称兜财），开门放炮仗，小辈给长辈拜年，长辈给“压岁钱”。初二开始，走访亲友，互道拜年贺喜。初五夜接财神，家家摆祭桌、供品，焚香，点蜡烛，放炮仗，以求来年兴旺发达财源旺

元宵　正月十五为上元，称元宵节，家家吃团子或馄饨，在农村还有吃油墩子之俗，元宵夜小孩子有牵兔子灯、状元灯，玩滚灯、龙灯等之俗。家家户户举行“照田财”活动（以稻草沾油燃烧，像火把，举着它奔向自家田里，希望来年丰收）。

二月初二　吃“撑腰糕”，传说吃了“撑腰糕”，来年身板硬朗少生病。

二月十二　为“百花生日”，家家户户在宅前屋后的果树上系红绳或红布条，祈求少病无害，多开花结果，收成好。

清明节　清明节前后家家户户上祖坟祭奠亡故先人，往坟头添新土、除杂草、摆祭品、插纸花、烧帛纸钱、吃青团。中华人民共和国成立后，机关、学校、企业等单位还有组织祭扫烈士陵园、献花圈、向先烈致敬等活动，对青少年进行革命传统教育。人过世后第一个清明俗称新清明，有主要亲戚聚合吃清明酒的习俗。

立夏　表示夏季的开始，有“立夏日称人”的习惯，无论大人、小孩都要称一下体重。旧俗不许小孩子坐门槛，“有立夏坐门槛，疰夏困床榻”之说。还有吃咸鸭蛋习俗，意使一切病痛“滚蛋”。

端午节　农历五月初五，又称端阳节，相传为纪念爱国诗人屈原。沙溪镇有赛龙舟习俗，民国时期，镇上有黑、白、黄、青、蓝五条龙船，在老七浦塘相互争艳斗技。同时，家家要裹粽子吃，大门外挂菖蒲、蓬艾、蜀葵、大蒜，以避邪驱毒，用雄黄酒在小孩子头上写一“王”字，用苍术、白芷焚烧烟熏房间，还有的贴上道士画符。挂钟馗像以镇妖，现仅保留吃粽子，

挂菖蒲、蓬艾、蒜头等习俗。

夏至　为全年白天最长的一天，有“冬至日勿要望娘、夏至日勿要莳秧”之说。民间有吃“夏至粥”习惯，以糯米、玉米、黄豆、蚕豆、红枣、莲心等为原料，加白糖或冰糖煮成粥供全家食用。还有“夏至不吃粥，死了没人哭”的说法。

七夕　农历七月初七称“七夕节”，传说是天上牛郎、织女一年一度鹊桥相会的日子，晚上要吃“七巧”，即熏鱼、熏蛋、油汆麻叶（亦称“硬巧巧”）、油汆兰花豆、鲜藕、红菱、花红。姑娘们要在月光下以丝线穿过针孔，以求智巧，又用凤仙花加明矾一起捣烂染红指甲。现已废。

七月半　农历七月十五日，也称“中元节”“鬼节”，民间普遍进行祭祀活动。为避晦气，忌走亲访友，凡当年新丧家人，这天也要过“七月半”，邀请诸亲好友吃饭，以示纪念故人。

中秋节　农历八月十五日为中秋节，又称团圆节，寓意家人团圆。当晚皓月当空，家家户户在庭院或场上设供桌，点上蜡烛，供祭月饼、团子、西瓜、梨等，名为“斋月宫”，每家吃月饼、馄饨，庆贺团圆，边吃边赏月。此习延续至今。

重阳节　农历九月初九，二九相连称重阳节，又称“重九节”，民间有登高和佩戴茱萸的习俗，故又称“登高节”。这天民间大多吃“重阳糕”，有爬山登高的习俗。此节老年人尤为重视，1988 年被定为全国性的“老年节”和“敬老日”。

十月朝　农历十月初一为“十月朝”，每家每户要祭祖。当年新死人家走“十月朝”，去新坟扫墓，邀请亲朋聚会吃“十月朝”。现仍流行。

冬至　有“冬至大如年”的说法，是每年较重要的节日，要祭奠祖先，吃冬至年夜饭。寓意隆冬季节开始，有“连冬起九”之说。新死人家要过“新冬至”，邀请亲朋聚会吃饭以示缅怀故人。

二十四夜　农历十二月二十四，相传为灶君生日，家家要送灶，把常年供奉的“灶家老爷”（俗称灶公公）送上天庭，接着搞好灶头卫生，到除夕夜燃放爆竹，点烛焚香，在灶上供清茶一杯，以迎灶君上天为本家奏好事后下凡，俗称“接灶”。此俗至今仍流行。

除夕　农历十二月三十日，为农历最后一天，故称“除夕”，又称“大年夜”，是中华民族最隆重的传统节日，各家各户在这天晚上均要备上一桌丰盛的年夜饭，先祭祖宗，后全家团聚一堂边吃边谈，其乐融融。节前家家户户要贴春联、福字、财神像、年画，挂大红灯笼。旧时在农村，每家运用小蒲包装石灰粉末，在家门口及房屋四角扑打灰尘，象征来年白米满囤，还要“炒发绿”（花生、黄豆、蚕豆），还流行用芝麻秆、松柏枝、冬青扎成把，扎在房檐上，用两把甘蔗撑住大门，寓意节节高，一年比一年好。吃过年夜饭，红烛高烧，全家人围着一起吃瓜子、水果、豆类等食品，举家“守岁”，直至半夜零点以后，放关门炮仗，守岁终止。现在吃过年夜饭，大多数人家围坐于电视机前，观看一年一度的“新春联欢会”直至结束，才算度过了一个平安年。如今过春节时贴春联、炒发绿、放鞭炮、守岁等习俗仍传承流行。

（《沙溪镇志》）

沙溪土特产

【杨嘉振熟食】 杨嘉振熟食店位于新北街与水产弄交会处西，以料选精良、当天烧煮、当天售完和独特的配料而闻名，品种达30余种。尤以本地土鸡、闷烧红白猪头肉、卤猪头膏为最有名，深受广大消费者喜爱。

【鼎顺祥猪油米花糖】 清光绪年间开设于沙溪镇的老字号“鼎顺祥”糕饼店，制售经营桃片、麻糕、酒酿饼、肉饺等特色小吃。翌年，受爆米花技术启发，创造了猪油米花糖这一特色产品，以其香脆甜润而成沙溪一绝，备受顾客喜爱，成为自食及馈赠亲友的珍品。

【沙溪纪团饼】 沙溪地区历来就有制作糕团的习俗，每逢过年过节必蒸糕做团子，或自食，或馈赠亲友。制作糕花样繁多，普通的有红糖糕、白糖糕，花式的加上赤豆、核桃肉、红枣、糖桂花、猪油等。规格大的有15—17斤一蒸，小的4—8斤，一应俱全。尤其以小孩子庆周岁生日蒸的“纪团饼”（糕）最有名。

【孙记酒酿饼】 位于白云中路192号。主要经营大众时令点心，有酒酿饼、青团、草头饼、锅贴、萝卜丝饼、南瓜饼、油墩子等品种。尤以酒酿饼为其特色，分鲜肉馅和豆沙芯两种。

【塘桥陆家臭豆腐】 总店位于塘桥村。陆氏臭胚选用当年优质大豆作原料，经严格分选，去除杂质，经浸豆、磨豆浆、点卤，压榨成胚型，再入老卤充分浸泡后去除浮沫，最后切块而成。

土特名产

【沙溪老白酒】 酿造历史悠久，俗称靠壁酒，即藏之已久也。大文学家王世贞有《沙头吕氏酒》诗：“扫地人间色味铨，自将真趣媚丹田，从教扬子中泠品，不及沙头第一泉。”沙溪老白酒采用上等粮食为原料，用传统的发酵酿造工艺，经蒸煮、发酵、储藏等工序而成，酒味香醇，久享盛名。

【叶复隆黄酒】 产于归庄，位于东庄桥东堍，清光绪六年（1880），有个叫叶光的人开了一爿“叶光酒店”，后又办酿酒作坊，雇用酿酒师傅，采用进贤泾、白米泾交汇处的优质水源和上等粳米、糯米为原料，经精心酿制，生产出优质黄酒，初名“锡京庄”。为保证黄酒质量，规定当年新酿成的黄酒不上市，“要过一个黄梅，出一身汗”，以保证黄酒的味正、香醇、浓郁。1956年，叶复隆黄酒实行公私合营，后不久就并入太仓酒厂。1978 年后，归庄人民公社重建叶复隆酒厂，传承了叶复隆黄酒的酿造技艺，生产归庄“善酿酒”。20 世纪 80 年代中期，北京酒品展览会上，该厂生产的“善酿酒”荣获优质产品称号。该厂经营直至 20 世纪末企业转制。1996—2006 年，庄西村由太仓酿造厂下岗职工创办葛隆酒坊和正大酒坊，传承了归庄叶复隆黄酒的酿造技艺，生产归庄黄酒、玄恭牌黄酒、糯米黄酒和糟烧酒，采用传统发酵酿制工艺，选用地产优质粳米、糯米、杂粮生产黄酒，糟烧酒酒色透明、纯净，呈琥珀色，口味纯正、醇香、甘甜，口感绵柔，喝后不上头，不口干舌燥，营养丰富，是家宴、馈赠亲友的佳品。

【沙溪“玄恭”大米】 主产地庄西村，由庄西农场合作社于 2015 年开始自主生产，2018 年正式注册商标“玄恭牌”，玄恭大米选择优质粳稻“南粳 46”。

【沙溪“8424”西瓜】 20 世纪 80 年代中期，由沙溪乡农业服务公司种子站从新疆农科院育种基地引进，至今已有 30 余年种植历史。该品种纹理清晰，果大，皮厚，水分足且甜度高（中心糖分在 12°—13°），深受广大消费者青睐。

【老李庄糟油】 糟油是太仓著名传统特产，清代著名诗人袁枚《随园食单》记载：“糟油出太仓，愈陈愈佳。”1861 年由太仓商人李梧江开设酱园、酒坊，在米酒酿制过程中，加入新香料及其他佐料，封缸一年，成功新制出一种新的烹调食品——糟油，具有鲜香清醇的独特口味，后又经不断改进酿造工艺，糟油成为闻名遐迩的太仓地方特产，延续至今。

（《沙溪镇志》）

中共沙溪镇委员会

重要会议

【中共沙溪镇第十四届委员会第三次全体（扩大）会议】 2023年1月18日，中共沙溪镇第十四届委员会第三次全体（扩大）会议召开，镇党委书记王晓红代表中共沙溪镇委员会作工作报告。会议指出，2023年是全面贯彻落实党的二十大精神的开局之年，是“十四五”规划承上启下的关键之年，做好今年工作至关重要、意义重大。要聚力推进项目转化，加速做强优势集群，紧紧抓牢科技创新，持续优化营商环境，夯实“经济强镇”内核，要完善城镇功能，提质生态环境，增强乡村魅力，提升“最美古镇”品质；要持续增进民生福祉，强化基层治理，守牢安全底线，绘浓“幸福名镇”底色。镇党委副书记、镇长王永伟主持会议并部署当前重点工作。镇三套班子、退线领导，各村（社区）书记，局、办及有关单位负责人等参加会议。

【沙溪镇第十九届人民代表大会第三次会议】 2023年1月29—30日，沙溪镇第十九届人民代表大会第三次会议召开，大会听取了镇党委副书记、镇长王永伟代表镇人民政府作的工作报告和镇人大主席秦建刚代表十九届人大主席团作的工作报告，选举通过马晓东同志为镇人民政府副镇长，票决产生交通基础设施建设项目等8个2023年沙溪镇民生实事项目，表决通过了《关于沙溪镇人民政府工作报告的决议》《关于沙溪镇人民代表大会主席团工作报告的决议》《关于沙溪镇2022年预算执行情况与2023年预算的决议》《关于沙溪镇人民代表大会议事规则的决议》。镇党委书记王晓红发表了讲话。

【沙溪镇“春来抓落实”工作会议暨弘扬“四敢”精神作风效能建设大会】 2023年2月6日，2023年沙溪镇“春来抓落实”工作会议暨弘扬“四敢”精神作风效能建设大会召开，通报2022年度工作情况及综合考核结果并进行了先进表彰。镇党委书记王晓红讲话，镇党委副书记、镇长王永伟主持会议，镇人大主席秦建刚等三套班子、退线领导，局、办负责人，群团组织负责人，村（社区）书记，条线单位负责人，受表彰的企业、先进单位及个人代表等参加会议。

【沙溪镇机关工会第十二届第一次代表大会】 2023年3月17日，沙溪镇机关工会第十二届第一次代表大会召开，听取并审议了沙溪镇机关工会第十一届委员会工作报告和今后五年工作的主要任务，选举产生了沙溪镇机关工会新一届班子，沈建中当选为机关工会主席，曹静当选为经费审查委员会主任，同时协商产生了新一届机关女职工委员会，刘晶为主任。

【沙溪镇第十九届人民代表大会第四次会议】 2023年7月13—14日，沙溪镇第十九届人民代表大会第四次会议召开，沙溪镇党委副书记、镇长王永伟代表镇人民政府向大会报告工作，选举了吕春燕同志为镇人民政府副镇长，表决通过了《沙溪镇上半年经济和社会发展情况报告》《沙溪镇生态文明建设和环境保护工作报告》《关于沙溪镇 2022 年镇级决算草案及 2023 年上半年预算执行情况的报告》《沙溪 2023 年度民生实事项目实施进展情况报告》。镇党委书记王晓红发表了讲话。

【沙溪镇召开主题教育工作汇报会暨 2023 年度抓基层党建述职会】 2023 年 12 月 29 日，沙溪镇召开主题教育工作汇报会暨 2023 年度抓基层党建述职会，现场听取部分村（社区）党组织负责人主题教育工作汇报和 2023 年度抓基层党建述职。镇党委书记王晓红主持会议并讲话，太仓市委组织部副部长、党建办主任、两新工委书记何晓玲和市委组织部相关同志到会指导。会上，8 位村（社区）党组织负责人分别围绕主题教育开展情况和基层党建工作作口头述职，围绕落实意识形态工作责任制和党风廉政建设责任制情况进行书面述职；其他村（社区）、机关局办等基层党组织作书面述职。王晓红对每位同志履职情况逐一点评，在肯定成绩的同时有针对性地就下一步工作提出要求。镇党的建设领导小组全体成员、镇三套班子领导、机关局办党组织书记、村（社区）党组织书记以及部分两代表一委员等参加会议。会上还进行了现场评议。

（倪欢）

组织工作

【概况】 2023 年组织工作坚持以习近平新时代中国特色社会主义思想为指导，紧扣高质量发展的中心大局，把牢建设“经济强镇、最美古镇、幸福名镇”的“方向之舵”，不断深化“e 分子”党建体系内涵，系统推进高质量党建引领基层治理现代化“根系工程”，扎实开展学习贯彻习近平新时代中国特色社会主义思想主题教育，以完善组织体系建设为重点，以建设高素质专业化队伍为关键，全面推动基层党建提级跃升。全镇共有党组织 237 个，其中，党委 27 个，党总支 7 个，党支部 203 个。全镇在册党员 5199 人，其中，男性党员 3738 人，女性党员 1461 人；35 周岁以下党员 558 人，60 周岁及以上党员 3211 人；具有大专以上学历党员 1683 人。年内新发展党员 29 人。

【干部队伍建设】 2023 年，沙溪镇坚持以选贤任能为支撑点，以育才聚才为突破点，全面构建干部培养体系，聚焦新时代干部队伍建设新要求，打造“理论课堂”“实践课堂”“专业课堂”“三大课堂”，紧盯党员干部短板弱项，靶向开展“质量组工”“印溪青年讲坛”等主题实践活动，进一步提升沙溪高质量发展成色。大力实施“头雁领航”计划，完善村党组织带头人队伍建设，持续加强村社“两委”干部队伍建设，探索建立“源头储备、跟踪培养、动态考核”为一体的村（社区）党组织书记后备干部培育机制，动态储备56名太仓市村（社区）党组织书记优秀后备干部。持续强化压力传导，召开党建工作推进会5次，举办“质量组工”专题培训3次，开展“互学互比”6次，在“竞奔争先”中固强补弱。今年共调整干部87人次，新提拔干部29人次，提拔至正股职岗位9名，提拔至副股职岗位20名，其中90后干部18名，95后干部6名。

【年轻干部培养】 2023年，沙溪镇以选贤任能和育才聚才为突破点，全面构建年轻干部培养体系。围绕《沙溪镇加快发现培养选拔优秀年轻干部的实施意见》，加大年轻干部选拔培养力度，健全完善青年干部培养计划，动态储备95后后备干部24名。高质量办好“圆桌练兵”等系列培训，设置抽签、提问、抢答环节，考准考实年轻干部的真实表现。搭建“理论学习+实践历练”的平台，抓实年轻干部“墩苗”工程，有计划地选派优秀年轻干部奔赴问题复杂、矛盾突出的岗位淬炼磨砺，全方位提升年轻干部综合素质。2023年新提拔35周岁以下股职干部21名，占全年提拔干部总人数的72.4%。

【基层党组织建设】 2023年，沙溪镇深入推进高质量党建引领基层治理现代化“根系工程”，紧抓基层党组织规范提升、“印溪红韵”党建矩阵提质、党务干部提能三大行动，迭代升级“1+28+N”党群服务体系，全域建强83个网格行动支部，新建“溪上红杞”流动党员之家，在昭衍等重点企业新建“七星昭耀”党群服务站点2个，新增“红棠里”等一批村（社区）党群服务站。紧抓“头雁”队伍，压紧压实各基层党组织书记抓党建“第一责任人”职责，高质量推动28个村（社区）“书记项目”生花结果。启动“走看学做比党建”活动，推动各基层党组织和党员在学思践悟中对标找差，持续提升工作质效。全镇局、办及相关部门600余名党员干部全员下沉村（社区）进行“双报到”，集中力量攻坚久拖未决问题，累计走访居民群众万余人次，开展服务1000余次。

【“两新”工作】 2023年，沙溪镇紧紧围绕“党建强、人才聚、产业兴”，新建党组织4个，动态纳管流动党员23人，特色化开展“得贤引咖 e企同行”“党建强链 e企行 药攀新高向未来”“新新相溪 共绘‘蜂’景”等活动100余次。结合“海棠花红 暖商护商”党建惠企服务先锋行动，开展蹲点调研，建立“接诉即办”“跟踪督办”机制，以一流服务营造一流营商环境。实体化运作企业服务中心，建立任务跟踪、部门交办、疑难件联系会商机制，整合供应链/产业链信息超200余家，解决融资贷款等问题200余个。实施“党建引领人才公寓建设行动”，着力打造集绿色、现代、活力、科技于一体的宜居社区，建成七溪人才公寓183套、金溪服务型公寓350套，全力以赴打造人才“归谷”。

【党建人才工作】 深入实施“打造最一流‘太仓药谷’党建人才新地标”书记项目，

以聚焦提优人才生态环境为主线，不断深化“e分子”党建体系内涵，整合全域服务资源，全新打造“才聚沙溪”人才服务体系，充分激发人才敢首创的创新活力。实体化运作企业服务中心，组建“e企服务”专班，靠前服务，精准纾困，全面护航“企业敢干”。靶向开展“产业招商新锐赋能行动”，成立“招商引才”“聚才引智”等10个行动支部，赴北京、上海、深圳、杭州等全国重点城市开展系列引才活动，全年累计对接生物医药项目超900个，2023年新注册生物医药及相关项目154个，签约项目65个，总投资68.43亿元，落地院士项目2个。拓能升级生物医药产业园党群服务中心，新增“人才会客厅”“家门口就业服务站”功能，提供活动路演、学术沙龙等全方位服务，打造人才集聚的“强磁场”。

老干部工作

【概况】 2023年，沙溪镇共有离退休干部122名（包含财政退休干部16名）。沙溪镇深入贯彻落实习近平新时代中国特色社会主义思想，按照市委老干部局要求，认真开展离退休干部工作，创新工作方式方法，积极落实离退休干部政策和待遇，不断丰富离退休干部精神文化生活，全力推动老干部工作提质增效。

【日常工作】 2023年，沙溪镇党委持续推进新时代离退休干部党建工作，着力打造“溪阳正红”老干部党建品牌，聘请一批老干部担任“海棠先锋”，鼓励离退休干部充分发挥余热、积极建言献策，当好政策的宣讲员、社情民意的收集者，为沙溪高质量发展增添新动能。打造以金牌调解员“阿贾”“老班长”领衔的“印溪平安法治服务社”，培育调解骨干167名，全年化解物业纠纷、婚姻家庭等矛盾纠纷2000余起。常态化邀请离退休干部代表参加镇两会、“七一”大会、民主生活会征求意见座谈会等全镇重要会议活动。4月开展离退休干部“学习贯彻党的二十大精神”主题党日，10月开展“金秋重阳·感恩有你”历任沙溪镇主要领导（退休）看沙溪活动。

（倪欢）

宣传思想工作

【意识形态工作】 2023年，沙溪镇党委理论学习中心组开展专题学习12次，其中集体学习研讨9次。严格落实意识形态工作责任制，把意识形态工作纳入党委会议集中部署，督促班子成员落实“一岗双责”，切实形成党委统一领导、党政齐抓共管、宣传组织协调、多部门分工负责的工作格局。创建沙溪镇网络综合治理中心，将网格员、社区民警、辅警、局办工作人员、居民代表等力量统一纳入全要素组织体系，打造“网络 + 网格”线上线下联动的网络综合治理模式。开设学习贯彻党的二十大精神、“敢为、敢闯、敢干、敢首创”等专题专栏，提升“太仓沙溪”作为权威信息发布平台的首位度，2023 年共发布宣传信息 900 余条，阅读量超 75 万人次。

【党员干部思想道德建设】 2023 年，沙溪镇紧紧围绕学习宣传贯彻习近平新时代中国特色社会主义思想这一首要政治任务，重点做好党的二十大精神学习宣传贯彻工作，举办 3 期学习贯彻党的二十大精神苏州市委宣讲团宣讲报告会以及太仓市委宣讲团宣讲报告会，广泛发动全镇党员领导干部、基层党组织书记、先进典型深入基层一线，广泛开展“贯彻二十大　奋进新征程”专题宣讲，引导广大党员干部进一步筑牢信仰之基、补足精神之钙、把稳思想之舵。

（华若男）

统战工作

【概况】 2023 年，沙溪镇统战工作立足基层实际，以推动统战工作融入基层党建和社会治理体系为总目标，着力健全领导机制、做强队伍建设、做优平台载体、做亮品牌项目，为构建“大统战”工作格局全面夯实统战基层基础，书写新时代统战工作沙溪答卷。

【重点工作】 2023 年，沙溪镇统战召开镇统一战线工作领导小组专题会议，结合工作实践和发展趋势，深入研究统战工作中存在的重点难点问题，找准症结、落实措施。深入学习贯彻习近平新时代中国特色社会主义思想、党的二十大精神、习近平总书记关于做好新时代党的统一战线工作的重要思想等内容，组织开展党的二十大精神专题宣讲、“书香统战·同心筑梦”读书分享会、理论学习中心组专题学习等活动，巩固团结奋斗的思想政治基础。发挥党建考核“指挥棒”作用，将统战各项重点工作任务纳入村（社区）党的建设考核体系，细化重点责任清单和具体内容，确保工作开展目标明、对象清。紧盯中心大局，延伸统战工作触角，聚力服务高质量发展。围绕党委中心工作，以品牌化推动统战工作的整体思路，打造“聚沙汇溪”统战特色品牌，获评首批全市基层统战工作创新项目。开展“服务企业零距离大走访”“台企代表座谈会”等活动，走访民企 150 余家，依托镇企服中心探索打造“统战会客厅”，团结凝聚民营经济人士、新的社会阶层人士、海外侨胞等力量，共同构建生药园“引育用留”人才服务链，更好集聚高精尖、创新型人才，丰盈药谷“智囊团”。在园区内12家创新能力强、发展潜力大的规模民营企业建立党总支（党支部），充分发挥党建引领作用，融合生药园新时代文明实践点、党群服务中心等阵地资源，定期组织支部党员开展志愿服务和特色主题活动，营造团结和睦氛围。充分发挥统一战线在构建和谐社会中的“减压阀”作用。把基层商会作为创新基层共治的重要抓手，指导直塘和沙溪商会换届选举工作，指导民营企业家参与结对帮扶项目。渠泾村9位企业家参与乡村公益医疗互助项目，惠及2800多位村民。依托村（社区）民主协商议事平台，组织民主党派、无党派人士、政协委员聚焦群众“急难愁盼”问题进行协商议事、建言献策。

【民族团结】 2023年，沙溪镇统战坚持与时俱进，民族团结进步取得实效。紧扣“铸牢中华民族共同体意识”主线，围绕“中华民族一家亲、同心共筑中国梦”总目标，以创建“红石榴家园”为契机，打造社区特色阵地，开展“民族团结迎端午　传统文化润人心”文艺汇演、“同心话七巧　文化聚心行”“石榴红里话中秋　共谱民族团结曲”“浓浓统战情　岁岁暖重阳”等各类交往交流交融活动，密切联系广大各族同胞，画好民族团结“同心圆”。深入开展隐患大排查大整治，召开全镇宗教领域消防安全大排查大整治工作会议，明确整治对象和内容，对各村（社区）统战负责人和宗教场所负责人开展消防安全培训和应急演练。联合专业检查机构对镇域范围内9处固定宗教活动场所和37处民间信仰活动场所开展地毯式全覆盖督查检查，形成反馈问题清单，督促问题单位限期整改。发布《沙溪镇宗教领域安全专项治理行动方案》，进一步明确细化、补充完善重点整治内容和检查事项，推动统一战线领域防范化解风险隐患各项措施落到实处。充分发挥“省华侨华人创新创业服务中心”集聚、引导、服务作用，借用校友会和联谊活动的人脉资源，推动海外人才向沙溪集聚抱团发展。打造文化惠“侨”项目，开展亲情中华“侨文化灯谜秀”等特色文化活动，为海外华人华侨和国际友人了解中华优秀传统文化，促进中外文化交流提供了平台。

（华若男）

党校教育

【概况】 2023年，沙溪镇坚持以习近平新时代中国特色社会主义思想为指导，深入贯彻落实党的二十大精神，贯彻落实习近平总书记对江苏工作重要指示精神，坚持围绕中心、服务大局，坚持问题导向、效果导向，坚持与时俱进、守正创新，引导广大基层党员深刻领悟“两个确立”的决定性意义，增强“四个意识”、坚定“四个自信”、做到“两个维护”，自觉把思想和行动统一到党的二十大精神上来，更好地扛起新使命、谱写新篇章。

【党员冬训】 2023年沙溪镇年度基层党员冬训全镇92个党组织5300名党员参加。沙溪镇紧扣冬训五大主题，认真研究制定实施方案，明确学习内容、具体措施、推进计划等，全面提升冬训效果。持续擦亮“美德沙溪·好人说”理论宣讲品牌，围绕学习贯彻党的二十大精神等五大冬训主题，结合沙溪历史文化、社会发展、生态建设、凡人善举、最美故事等主题，打造紧扣时代脉搏、紧贴基层实际的宣讲课件11个，拍摄“冬训主讲人”宣讲视频6个，让冬训理论学习“接地气”“冒热气”。创新打造“理响柜台”党员冬训服务项目，在人流量大的新时代文明实践站点设立“理响柜台”，提供乡音收音机、理论学习书籍、“理论学习创意图册·盛世江南图”等学习设备和资料，方便广大党员群众精准学习、就近学习，切实打通党的创新理论在基层传播的“最后一公里”。

【党员干部教育学习】 2023年，沙溪镇坚持把学习贯彻习近平新时代中国特色社会主义思想和党的二十大精神作为首要政治任务，强化党委（党组）理论学习中心组制度化规范化建设，进一步提升理论学习中心组学习质效。开办基层党组织书记、“两委”班子成员学习贯彻党的二十大精神培训班，邀请有关专家作专题辅导，全面提升党员干部综合素质。

【“有理有剧”飞燕轻骑兵理论宣讲项目】 2023年，沙溪镇注重分类施教，推进“农场”“广场”“书场”“工厂”四“场”课堂，创新打造“有理有剧”飞燕轻骑兵理论宣讲项目，组建“飞燕轻骑兵”宣传队，携带容纳投影机、移动幕布、移动音响等设备的“宣讲行李箱”，深入田间地头、书场广场等地，随时随地开展理论宣讲，让党的声音活跃在基层一线。

（华若男）

档案管理

【概况】 2023年，沙溪镇根据江苏省档案局、江苏省档案馆《关于转发〈国家档案局关于全面推行机关档案分类方案、文件材料归档范围和档案保管期限表三合一制度的通知〉的通知》（苏档〔2022〕38号）文件精神，结合本镇实际，制定了《太仓市沙溪镇人民政府档案分类方案、文件材料归档范围和档案保管期限表三合一制度》。

【档案年度归档】 2023年，沙溪镇坚持“统一领导、定期移交、科学整理、规范立卷、集中保管”原则，做好各门类、载体档案材料收集、归档工作。全年接收文书档案2348件、实物档案15件，照片档案125张。

【档案查阅服务】 2023年，沙溪镇民生阅档窗口共接待档案查阅639人次，查阅内容主要涉及婚姻、独生子女、退伍军人、房屋拆迁、土地等档案资料，为利用者提供翔实的第一手资料。

（周之帆）

沙溪镇人大

重要会议

【沙溪镇第十九届人民代表大会第三次会议】 2023年1月29日至30日，沙溪镇召开第十九届人民代表大会第三次会议，110名人大代表出席会议。大会听取和审议了镇人民政府工作报告和镇人大主席团工作报告，审议和批准了沙溪镇2022年预算执行情况和2023年预算、沙溪镇人民代表大会议事规则，以无记名投票方式选举马晓东为镇人民政府副镇长，并对2023年民生实事项目进行了票决。会议通过了各项报告，明确了下一年全镇经济社会发展总体思路，确定了2023年改革发展的主要目标任务，体现了全镇人民的共同意志。会议期间，共收到人大代表各类书面意见建议24件。

【沙溪镇第十九届人民代表大会第四次会议】 2023年7月13日至14日，沙溪镇召开第十九届人民代表大会第四次会议，97名人大代表出席会议。会议听取和审议了《沙溪镇上半年经济和社会发展情况报告》《沙溪镇生态文明建设和环境保护工作报告》，以无记名投票的方式选举了吕春燕为镇人民政府副镇长，审查和批准了《沙溪镇2022年镇级决算草案及2023年上半年预算执行情况报告》《沙溪镇2023年度民生实事项目进展情况报告》。

【概况】 2023年，沙溪镇共召开人民代表大会2次、主席团会议5次，组织代表开展专题视察15次、工作评议1次，组织开展代表统一接待日2次、代表讲坛1期，听取和审议各类工作报告6次，督办镇代表建议、批评和意见24件，补选市人大代表1名。

依法监督

【全力助推经济健康平稳发展】 2023年，沙溪镇人大听取和审议政府工作报告、经济和社会发展情况报告以及财政预决算报告，并作出相关决议。市、镇两级人大代表主动融入“服务企业零距离”大走访活动，76名人大代表实地走访全镇214家规模以上企业，认真研究解决企业生产经营中遇到的各类诉求，积极宣传涉企项目申报及政策奖励，收集上报各类问题25个，以实际行动关心、支持和激励企业做大做强。

【全力助推乡村振兴走在前列】 2023年，沙溪镇人大组织动员人大代表围绕发展壮大村级集体经济、农村人居环境整治进行调研，开展“加快农产品销售升级”大讨论，打造古镇景区首个乡村振兴人大代表实践点——戚溪地沙溪镇特色产品展销馆。镇人大牵头开展古镇集体资产清查，清理排查承租面积共计38823.13平方米，入户排查801户次，排查率达99.5%，及时汇总并掌握古镇集体资产公房的物权现状、租赁关系等情况。组织开展上海企业家走进沙溪暨“临海汇溪”农文旅合作发展联盟成立活动，引进40多家上海金融、文旅、餐饮企业走进沙溪，赋能本镇农文旅发展，助力乡村振兴工作走在全市前列。

【全力助推生态文明再上台阶】 2023年，沙溪镇人大听取和审议沙溪镇生态文明建设和环境保护工作报告，督促政府牢固树立绿色发展理念，深入推进“1234”绿色工程，通过强化“绿色担当”、开展“绿色行动”、厚植“绿色底色”、提升“绿色水平”，坚决守住生态环境质量一条主线，突出抓好“两治一提升”和“散乱污专项整治”两项重点工作，全力打好气、水、土环境质量持续提升三大“战役”，实现生态环境高水平保护和经济高质量发展。

聚焦代表履职

【持续督办民生实事】 2023年，沙溪镇人大坚持把督促办好民生实事作为重点任务抓实抓好。在广泛征求代表选民意见的基础上，镇十九届人大三次会议全体代表票决交通基础设施建设项目、人居环境整治工程、教育文体提档工程等8项镇政府民生实事工程。项目实施过程中，镇人大全程跟踪督办，常态化组织代表开展视察、审议，督促政府按照时间节点抓好项目推进，以高质量的建设成果回应民生关切。

【建言献策传递民生】 2023年，沙溪镇人大积极发挥代表作用，找准代表工作的

2023年5月，沙东市集启用仪式举行（镇人大常委会办公室供稿）

切入点和结合点，针对性提出意见建议，做好党委的参谋助手。结合镇人大主席团制定的年度工作目标，围绕加快发展主题，聚民意、解民忧，用好用活人大代表广泛联系群众的桥梁纽带作用，组织代表深入村居，积极参与群众工作，及时排查化解各类矛盾纠纷，共收集上报“惠民生”工作意见建议 82 条。

【切实回应群众关切】 市、镇两级人大代表聚焦市十七届人大二次会议“一号议案”，多举措助力沙东市集、归庄菜场、岳王菜场等农贸市场改造升级。连续两年把如何推进归庄地区黄酒酿造产业高质量发展列入人大代表履职清单，与庄西村黄酒小作坊开展结对，建立提前介入、跟进服务制度，5 家黄酒小作坊均顺利拿到了太仓市第一批黄酒小作坊登记证，2023 年黄酒产量同比增长 30%，达 1085 吨，与上海餐饮企业签订归庄黄酒上海市场拓展协议，进一步做大做强黄酒产业。

【代表活动】 2023 年，沙溪镇人大持续开展“人大代表网格化履职”工作。153 名市、镇两级人大代表进入全镇 83 个网格中开展履职，组织开展市、镇人大代表统一接待日活动，139 名市、镇两级人大代表通过接待选民收集意见建议 61 条。做深做实“牢记嘱托　感恩奋进”学习实践活动，组织代表前往高新区、张家港，浙江宁波等地调研和视察，引导人大代表敬业奉献、勇挑重担。

【履职平台建设】 2023 年，沙溪镇人大持续完善民主民意表达平台和载体，新建全过程人民民主实践中心，在古镇街区、胜利村、岳镇村等地打造“人大代表驿站”，围绕乡村振兴建立人大代表行动阵地、人大代表实践点和示范点，同时加强信息化建设，把“数字人大”理念融入代表履职建设中，探索打造线上服务平台“代表 e 站”，通过采集、整合、分析、运用大数据，构建“线下 + 线上”的代表履职新格局。

【切实提高人大监督实效】 2023 年，沙溪镇人大主席团围绕全镇重点项目、重大

2023 年 5 月，举行人大代表接待选民日活动（镇人大常委会办公室供稿）

2023 年 10 月，举办市、镇两级人大代表述职活动（镇人大常委会办公室供稿）

事项和群众的“急难愁盼”问题，定期组织代表开展监督检查，把全镇28个村社的101名廉情监督员纳入“联督问政”队伍，全年先后对国土空间全域整治、人居环境整治工作、重点企业、信访维稳、乡村振兴片区化发展等专题工作开展督查，协调解决农房不动产证办理等热点难点问题，对8个民生实事在建工程、5个重点项目进行跟踪监督，既抓工作推进，又抓责任落实；既注重发现问题，又聚焦从严问责问效。

聚焦自身建设

【规范化建设】 2023年，沙溪镇人大坚持围绕中心、服务大局，镇人大按照《中华人民共和国地方各级人民代表大会和地方各级人民政府组织法》及相关法律法规和市人大的相关要求，制定和完善了全年人大工作的任务、目标，进一步明确了镇人大主席团成员的职责分工，主席团联系代表、代表联系选民制度等。镇人大主席在人代会上报告履职情况，55名人大代表向选区选民述职，在省、苏州、太仓人大网站，《人民与权利》《苏州人大》《苏州日报》等媒体发表文章50余篇，宣传沙溪人大工作、展示代表风采。

【高质高效抓好建议办理】 2023年，沙溪镇人大坚持“内容高质量，办理高质量”，推动代表建议办理由“答复型”向“落实型”转变。各级人大代表围绕原选区行政区域内的社情民意、群众诉求，深入调查研究，广泛听取意见，在认真研究、深入思考的基础上提出意见建议。镇十九届人大三次会议上，共收集代表意见建议24件，所有意见建议均按规定时限向代表作出书面答复，办复率达100%，代表满意率或基本满意率达100%，实现了问题解决率和代表群众满意率“双提升”。

【履职服务保障】 2023年，沙溪镇人大定期组织人大代表学习政治理论、法律和人大业务知识，组织人大代表对党的二十大精神、习近平总书记在中央人大会议上的讲话、习近平总书记考察江苏、苏州重要讲话重要指示精神，《中华人民共和国宪法》《中华人民共和国全国人民代表大会和地方各级人民代表大会代表法》《中华人民共和国全国人民代表大会和地方各级人民代表大会选举法》等内容进行学习，组织省人大代表陶煜东进行全省两会精神宣讲，开展“代表讲坛”活动，完善代表线上履职系统，常态化更新代表履职动态和活动信息，促进代表高效便捷履职。

（陆李洁）

沙溪镇人民政府

综 述

【综述】 2011年，沙溪镇入选江苏省首批经济发达镇行政管理体制改革试点镇，目前构建了“一办九局”职能机构，包括党政办公室、组织人事和社会保障局、社会治理局、经济发展局、财政和资产管理局、建设局、农村工作局、社会事业局、综合行政执法局、行政审批局。沙溪镇深化“便民服务一窗口”“集成指挥一中心”“综合执法一队伍”“镇村治理一张网”的“四个一”模式，提升基层治理效能，持续打造“沙溪最贴心”审批服务品牌，高效运行网格化社会治理联动机制。2023年，沙溪镇完成一般公共预算收入11.77亿元，其中税收收入10.44亿元，分别增长24.8%、23.3%；实现全社会固定资产投资59.96亿元，增长6.7%。位列中国镇域高质量发展百强第89位、中国乡镇综合竞争力百强第92位、全国千强镇第100位。

重要会议

【沙溪镇2023年全镇警示教育大会】 2023年1月18日下午，沙溪镇召开警示教育大会，深入学习贯彻党的二十大精神和习近平总书记在二十届中央纪委二次全会上的重要讲话精神，全面落实新时代党的建设总要求，通过集体观看警示教育片，以案说法、以案明纪、以案促改，教育引导全镇党员干部受警醒、明底线、知敬畏、存戒惧。沙溪镇党委书记王晓红出席会议并讲话，镇党委副书记、镇长王永伟主持会议，镇人大主席秦建刚等镇三套班子领导，退线领导，各村（社区）书记，局、办及有关单位负责人等参加会议。

【沙溪镇人大代表建议、批评和意见交办会】 为高质量推进代表建议办理工作，沙溪镇两次召开人大代表建议、批评和意见办理情况汇报会。沙溪镇十九届人大三次会议以来，共收到人大代表提出的建议、意见24件，内容涉及城镇管理、道路交通、农村小区规划、民生改善等，涉及10家主办单位。截至目前，所有建议、意见已全部按时限办理完毕并答复代表，从代表反馈情况来看，本次24件意见建议，代表满意率或基本满意率达100%。会上通报了代表建议、意见办理的总体情况，建设局、农工局、社会事业局等部门分管负责人分别交流了今年代表建议、意见办理情况。

【沙溪镇“百日行动”工作部署会】 2023年3月2日，为进一步打造“干净、整洁、卫生、有序”的城乡环境，根据全市统一部署要求，沙溪镇结合国家卫生镇复审迎查工作，开展了城乡环境卫生整治提升“百日行动”，集中整治各类环境卫生问题，进一步提升沙溪镇城乡环境卫生品质和形象。沙溪镇副镇长尹旸艳主持召开“百日行动”工作部署会，相关责任单位、各村（社区）参加会议。会上，镇社会事业局、综合行政执法局、农村工作局、环卫所四个职能部门代表分别交流发言，分析了沙溪城乡环境卫生存在的突出问题和薄弱环节以及“百日行动”工作任务要求。

【沙溪镇农村工作会议】 2023年3月17日上午，沙溪镇农村工作会议召开，动员全镇上下以“敢为、敢闯、敢干、敢首创”的担当作为，聚焦沙溪特色，突出引领示范，精准部署重点任务，齐心协力朝着高水平率先基本实现农业农村现代化迈进，奋力推动“三农”工作取得新成效。镇党委书记王晓红出席会议并讲话，党委副书记、镇长王永伟主持会议，镇人大主席秦建刚、党委委员吕春燕对全镇“三农”工作分别作了总结部署。镇各局、办主要负责人，各村党组织书记、农业分管负责人等参加了会议。

【沙溪镇科学技术协会第十次代表大会】 2023年8月25日下午，沙溪镇科学技术协会第十次代表大会胜利召开。太仓市科协党组书记、主席顾技峰，副主席严子祥，沙溪镇党委副书记吴昊波，副镇长苏益初出席会议。苏益初代表科协第九届委员会作了题为《着力科技人才推动科普创新 为努力开创科协工作新局面而奋斗》的工作报告。大会审议并通过了沙溪镇科协第九届委员会工作报告，选举产生了新一届领导机构，沙溪镇医院、学校、农技、科技型企业等科技科普相关单位的77名代表参加了会议。

【沙溪镇“双招双引”工作推进会】 2023年7月19日下午，为深化“双招双引”机制，加大“双招双引”力度，沙溪镇召开“双招双引”工作推进会，镇党委副书记郑珑主持会议，镇党委委员王建宏、副镇长张宗庭出席会议。鼓励全镇各招商小组要锚定高质量发展方向，进一步明确“双招双引”目标和任务，全面提升“双招双引”质量和水平，形成周更新、月汇总的招商数据体系，以更加饱满的热情、更加昂扬的斗志、更加务实的作风，横下一条心，拧成一股绳，全力以赴完成好今年“双招双引”和项目建设各项目标任务，为沙溪镇高质量发展提供坚实支撑。

【沙溪镇工业厂房专项排查整治工作部署会】 2023年11月1日下午，沙溪镇召开工业厂房专项排查整治工作部署会，镇党委副书记、镇长王永伟，镇党委委员、副镇长吕春燕，副镇长张宗庭出席会议。会议分析了近期沙溪镇安全生产和消防安全形势；部署了沙溪镇工业厂房专项排查整治工作方案。依据《沙溪镇工业厂房出租管理方法》，各部门对照职责清单履行各自职责，建立一个“当下改”与“长久立”相结合的长效工作机制。在推进工业厂房专项整治中，要将风险辨识管控、安全标准化建设等工作统筹结合、同步推进，将除隐患、保平安、促转型有机结合起来，通过部门联合推进，切实提升安全管理水平。

【沙溪镇重大事故隐患专项排查整治宣讲会】 2023年11月22日，为进一步树牢安全发展理念，全面强化落实企业安全生产主体责任，促进全镇安全生产形势平稳向好，沙溪镇开展重大事故隐患专项排查整治宣讲会。沙溪镇党委副书记、镇长王永伟参加会议。宣讲会上，王永伟从深入学习贯彻习近平总书记关于安全生产重要论述、准确把握新修订的《江苏省安全生产条例》重点内容、全面推进重大事故隐患专项排查整治行动等三个方面，通过剖析近期安全事故案例，深入研判当前全镇安全生产形势，并就全面抓好安全生产工作提出具体要求。

【沙溪镇疑难案件研判会】 2023年5月11日上午，为进一步提升案件办理质量，提高案件处置效率，沙溪镇召开未办结疑难案件研判会。沙溪镇党委副书记、镇长王永伟，副镇长苏益初，镇建设局、农工局、执法局、环保办、物管办及部分村（社区）负责人参加会议。会上，相关案件处置部门分别就未办结疑难案件逐一进行汇报，分析存在的困难及原因。与会领导针对个案的“难点、痛点、堵点”进行了分析研判、把脉会诊，与处置部门共同商讨解决方法，一案一策，明确下一步办理思路，给出指导意见，并预计结案时间。

民生实事项目

【概况】 2023年，沙溪镇安排民生实事项目8项，涵盖交通基础设施、人居环境、教育文体、便民服务等方面，总投资7.3亿元。至2024年1月，8项民生实事项目全面完成年度任务。

【交通基础设施建设项目】 2023年，沙溪镇投资1.1亿元，包括4个子项目。一是洞星路提档升级。计划投资2000万元，改造路段2.5公里。该项目已基本完工。二是德溪路东延新建。计划投资519万元，新建路段250米。该项目已完成第五层灰土填筑和雨水管道铺设。三是危桥改造。计划投资400万元，拆除重建陈四更桥、水利安桥，改造提档木横滨桥。该项目已完工。四是生物医药产业园路网建设。总投资8348万元，新建道路8条共3.4公里、桥梁1座。该项目经一路、经二路南延已完工，生药园启动区路网实现通车。

【人居环境整治工程】 2023年沙溪镇投资1930万元，包括2个子项目。一是河南街老小区改造（二期）。计划投资180万元，对小区绿化景观、市政及公用设施进行改造。该项目已完工。二是橄榄岛风貌提升（二期）。计划投资1750万元，对张家园小区基础设施、停车场、绿化景观等进行改造修缮。该项目已基本完工。

【教育文体提档工程】 2023年，沙溪镇投资5亿元，包括4个子项目。一是培远实验学校新建。计划投资4.45亿元，建设小学、初中部综合教学楼及配套设施。该项目已全面封顶，其中初中部总体完成60%，正在进行精装修及安装工程；小学部总体完成40%，正在进行二次结构施工。二是沙三小食堂及风雨操场新建。计划投资3000万元，新建教学楼1幢，配套建设室外操场及其他公共设施。该项目图纸已报审，正在编标中。三是归庄幼儿园翻建。计划投资1300万元，新建教学楼1幢并配套活动场地。该项目已完工。四是中小学教室空调安装。计划投资964万元，对6所公办学校教室装配空调429台。该项目已完工。

【医疗卫生服务项目】 2023年，沙溪镇投资1800万元，包括2个子项目。一是沙溪医院发热门诊新建。计划投资1600万元，新建发热门诊楼一幢。该项目总体完成90%，正在进行室外海绵城市施工，室内吊顶工程及空气检测。二是社区卫生服务站。计划投资200万元，配备门诊、药房等功能区。该项目新建社区卫生服务站已投入使用，项桥社区卫生服务站正在装修中。

【便民服务提升工程】 2023年，沙溪镇投资1030万元，包括3个子项目。一是归庄残疾人之家新建。计划投资200万元，建设集日托、康复等服务于一体的残疾人综合服务平台。该项目已完成内部装修。二是人大阵地建设。计划投资530万元，建设人大代表之家、乡村振兴人大代表行动基地。该项目西市桥人大代表之家土建完工，市政工程施工中；庄西村乡村振兴人大代表行动基地土建完工，场地及绿化施工中。三是天然气入户。计划投资300万元，对1250户居民实施天然气入户工程。该项目已完成张家园、新北公寓、印溪新村、中荷新村（二期）通气，完成部分老小区及政府规划小区零星散户通气，半泾新村内部低压管道建设已竣工。

【公共服务和配套改造项目】 2023年，沙溪镇投资1150万元，包括3个子项目。一是归庄菜场改造。计划投资500万元，对菜场外立面、室内摊位等进行改造。该项目已完工。二是岳王菜场改造。计划投资400万元，对菜场外立面、室内摊位等进行改造。该项目总体完成70%，计划春节前完工。三是街头绿化微更新。计划投资350万元，新建南院路口袋公园。该项目已完工。

【古镇提升工程】 2023年，沙溪镇投资1320万元，包括3个子项目。一是乐荫园提升。计划投资1000万元，修缮改造房屋2栋，并对园林绿化、道路进行提档升级。该项目基本完工，正在进行收尾保洁工作。二是古镇亮化。计划投资170万元，实施横沥河、西市街和中市街亮化工程。该项目已完工。三是长寿路店招改造。计划投资150万元，对长寿路（新北街至中市街段）进行店招改造。该项目已完工。

【高标准农田建设项目】 2023年，沙溪镇投资4810万元，实施项桥村、中荷村高标准农田改造提升。该项目已完工。

安全生产

【概况】 2023年，沙溪镇有1121家工业生产型企业，以纺织机械、新材料、生物医药企业及小微企业为主。其中，危险化学品生产企业2家，经营带储存企业2家，粉尘涉爆企业131家，金属冶炼企业6家，有限空间企业125家。

【落实监督责任】 2023年，沙溪镇召开镇党委会17次、镇长办公会13次、镇安委会安全生产专题会议8次，研究安全生产重大问题、重要事项，协调存在的突出矛盾，解决整治重大的安全隐患，部署组织重点时段节点安全生产大检查。将安全生产主题列为党委中心组学习和各类干部培训重点内容，2月24日和7月31日沙溪镇召开安全生产工作会议，深入推动安全生产消防工作推进部署。

【安全监管】 2023年，沙溪镇安监办联合各有关部门、村(社区)，以出租厂房、冶金涉爆粉尘、有限空间作业等行业企业为重点，网格员每两个月巡查一次，安监办每季度对有较大风险企业进行巡查，提出并要求企业整改隐患10000余处，始终保持从严执法的高压态势，加大行政处罚力度，强化执法权威，提高执法威慑力。2023年，沙溪镇加大了对企业的事前处罚力度，共查处安全生产违法违规行为21次。

【宣传教育】 2023年，在“太仓沙溪”微信公众号的安全生产信息专栏，积极推送安全生产信息共102条。在加强微信公众号集中推送力度的基础上，在高速路口、镇区主要道路悬挂公益广告，在人员密集场所和4A级旅游景点悬挂横幅、海报。

【知识培训】 2023年，沙溪镇举办18期企业安全生产培训班，2744人次参加，通过安全生产法律法规、典型事故案例的教育和标准化建设辅导，提高企业安全监管能力和防范意识。沙溪镇领导干部和部门积极开展安全生产宣讲，通过安全生产法律法规和典型事故案例的教育，使企业进一步提高安全防范意识。

【应急救援】 2023年，沙溪镇在平谦产业园举行了火灾应急救援演练。通过火灾应急预案演练，企业员工熟知火灾应急救援预案内容、熟悉火灾应急救援流程、熟练掌握火灾应急救援技能，不断提高火灾应急救援的反应能力，促进生产活动安全、稳定。

【重大事故隐患整改督办】 2023年，沙溪镇以重点行业、重点单位、事故单位为监管重点，通过政府监管、网格员巡查、企业自查相结合，全力督促企业落实隐患排查治理制度的方式，对发现的一时难以整改完成的重大隐患，报三级政府进行挂牌督办，有42家群租厂房挂牌督办，已全部整改完成。

【重点行业领域专项整治】 2023年，沙溪镇按照重点行业领域安全生产风险专项整治巩固提升年行动要求，聚焦易发生事故的重点领域、重要环节，持续深化推进安全生产专项整治，制定安全生产11个方面、15项重点整治方案，多次召开镇党委会、镇长办公会议、专项整治行动领导小组会议深化部署、细化举措，围绕燃气、消防、建筑施工等重点行业领域检查发现隐患已基本完成整改。

机关事务

【概况】 2023年，沙溪镇机关事务管理强化制度建设，做好机关后勤保障工作。完成党代会、人代会、党员冬训动员会、党建工作暨作风效能建设会议等大型会议（100人以上）保障工作31场。保证机关食堂用餐13万余人次。强化安保，严格登记进出政府大院人员、车辆等，做好后勤保障工作，提高机关事务服务水平。

【机关办公用房】 2023年，沙溪镇规范机关办公用房使用、调整和监督，建立健全日常管理体制，对每间办公用房进行登记造册，严格审核办公用房调整使用。加强办公用房使用监督检查，提高办公用房利用率。

【公务用车管理】 2023年，沙溪镇严格落实公车改革后公务用车配备使用各项规定，进一步强化公务用车使用管理，确保公务用车使用合纪合规。全镇机关保留公务用车2辆，执行公务用车使用管理台账政策，均安装GPS定位系统，如实记录公务用车使用管理信息。加强公务用车日常保养保洁，强化驾驶员内部管理，为提高公务用车服务满意度提供了制度保障。

【公共机构节能和垃圾分类】 2023年，沙溪镇行政中心坚决落实上级垃圾分类工作部署和工作要求，切实抓好源头管控、分类投放、规范处置等环节，推进公共机构垃圾分类走前列、作示范。全镇上下牢固树立“过紧日子”思想，把推动节约型机关建设当作完善内部管理、提高管理水平的中心工作来抓，通过完善机制，着力落实，坚持厉行节约、控制支出、合理消费、充分利用，坚决制止各种铺张浪费行为，降低行政成本支出，实现了能源支出规模持续下降，管理效能稳步提升的预期目标。获得江苏省“公共机构能效领跑者”称号。

【概况】 2023年，沙溪镇不断完善政府信息公开制度，加强政府信息发布、解读及回应工作，通过太仓市人民政府官网公开各类发文40件、区镇动态信息220条，“太仓沙溪”微信公众号公开发布政府信息1186条，内容涵盖沙溪镇特色亮点工作、民生实事工程等多个领域。

【政务公开机制】 2023年，沙溪镇政府严格落实《太仓市2023年政务公开工作要点》，完善信息公开化制度，由沙溪镇镇长主抓、镇党委副书记分管、镇党政办负责具体政务公开工作。将政务公开工作纳入年度考核，按照公开标准化、规范化要求推进工作，严格规范信息上报、审核、发布等流程，不断增强信息公开的主动性和时效性。

（周之帆）

行政审批

【概况】 沙溪镇行政审批局（以下简称：审批局）聚焦企业群众获得感、幸福感和安全感，对标一流勇创新、刀刃向内抓改革，充分调动“敢”和“干”的劲头，激发“闯”和“创”的精神，持续推进政务服务标准化、规范化、便利化，擦亮“沙溪最贴心”服务“金字招牌”，推动政务服务改革创新，实现多点突破。

审批局承接22个市级部门下放的361项经济社会管理事项，协调公安、税务等驻镇机构入驻政务大厅，开设与群众生产生活密切相关的水、燃气等便民服务窗口，入驻单位达20家，进驻事项共计158项。2023年大厅总办件量约为20万件，办结率100%，累计“好差评”评价总数495176条，好评率99.99%。

【窗口服务】 2023年，审批局总面积约5000平方米，共分上下两层，一楼为自然人专区、二楼为法人专区，开设60个窗

太仓市沙溪镇行政审批局外貌

太仓市沙溪镇行政审批局政务大厅（胡宇威摄）

太仓市沙溪镇行政审批局窗口服务（胡宇威摄）

口。政务大厅设置窗口服务区、咨询引导区、等候区、多媒体服务区等，配备母婴室、安康驿站、学雷锋志愿服务站等，软硬件设施齐全；工作人员统一着装，佩戴工作牌，亮明党团身份，窗口服务严格执行“十要十严禁”，认真落实各项服务规范；出台82项审批服务制度，从规章制度层面对工作人员进行监督考核；定期开展服务礼仪培训，提升服务水平，实行“自查＋督查＋第三方暗访”机制，及时对窗口服务过程中的问题进行反馈与改正；设置“办不成事反映窗口”“敬老专窗”“潮汐窗口”等特色窗口，解决群众“急难愁盼”的问题；全面落实行政执法“三项制度”，进一步规范行政执法行为，以依法履职促进政务服务标准化、规范化、便利化，不断提升企业群众的获得感和满意度。

【改革创新】 2023年，审批局持续深化商事登记便利化改革，全年实现全镇企业开办各环节累计8小时内办结率100%，新办企业电子营业执照下载率96%；打造全市首批“个体工商户社区集中登记服务点”，发出全市首张民宿业综合许可证及首张通过“云踏勘”流转的《户外广告设置许可证》；深耕“助企服务专窗”建设，提供“法人类全生命周期”全流程全覆盖的“咨询辅导”“帮办代办”等服务，创活营商环境新格局；项目建设审批采用“容缺受理＋模拟审批”极速模式，实现“拿地即开工”；公共资源交易实现“数字化”转型，全面实行“不见面”交易服务；深入推进“15分钟政务服务圈”建设，打造服务标准规范统一的村（社区）便民服务站，实现事项向便民服务站集中；规范政务服务事项清单管理制度，完成《生物医药企业全生命周期审批服务手册》《农

沙溪镇行政审批局通过个体工商户集中登记模式，为流动摊位经营者颁发营业执照（胡宇威摄）

文旅市场主体全生命周期审批服务手册》及《太仓市沙溪镇政务服务地图》的编制，做到类型齐、事项全、运用广。

【审批模式】 一是极速审批模式。围绕重点项目实施全过程、产业发展全链条、企业全生命全周期，重塑项目审批应用场景，集成优化项目审批服务流程，通过“提前介入＋容缺受理＋模拟审批”，实现“拿地即开工”。二是极致服务模式。聚焦民生服务领域，设立咨询引导专区，实行“领办帮办代办”服务，“一对一”为办事群众提供政策咨询、填表辅导、网上申报等贴心服务。三是极简办事模式。持续深化商事登记便利化改革，实行“企业开办一件事”“三对一”全流程跟踪辅导。推行“1+N”注销常态化，实现注销一次办结，整体退出。创新实行“云踏勘”“一业一证”“证照联办”等工作，集成优化准入准营服务体验。

沙溪镇行政审批局工作人员为办事群众提供“企业开办”网上申报指导（胡宇威摄）

（徐蔓诗）

综合行政执法

【概况】 沙溪镇综合行政执法局位于沙溪镇沙南西路119号，目前共承接综合行政处罚权限共计1378项，涉及水务、自然资源和规划、城市管理等11个领域。按照“分片不分类”原则建立3支执法中队，持续释放柔性执法信号，落实“教科书式”执法，强化过程记录，推行“区块链＋公证”全过程记录模式。2023年共查处行政执法案件3474起，其中简易程序3151起，一般程序323起。

【市容管理】 2023年，沙溪镇综合行政执法局建成3条“城商协作”道路，覆盖沿街商户400余家。开展“城乡环境卫生整治提升百日行动”和毗邻区域重点道路沿线问题排查整治行动，处置占道经营、乱堆放782处，拆除各类不规范户外广告206处，清除乱张贴3200余处，拆除违章搭建4处、3620平方米。协助完成沙东农贸市场搬迁，大力维护市场周边秩序。

【违建治理】 2023年累计拆除违建图斑656块，拆除面积144556平方米，拆违总量全市第二。重大挂牌督办项目天盛纺织拆除完成，拆除面积6777平方米。沙东社区成功打造无违村（社区），已拆除违建图斑21个，拆除面积6944平方米。

【违停整治】 2023年，沙溪镇综合行政执法局发挥“城警联动”优势，联合沙溪交警中队开展交通秩序联合执法整治行动，对镇区主次干道机动车、非机动车违法违规行为进行综合治理。坚持以人为本、“教育+处罚”相结合的原则，采取疏堵结合、整治与教育融合方式，2023年共文明劝离机动车600余辆，拖移违停机动车146辆、非机动车2002辆，张贴违停告知单231张。

（施慧琳）

政协工委

综　述

【概况】 2023年，沙溪镇政协工委组织开展调研视察活动1次、民主监督活动1次、专题协商议事8次，收集社情民意30条。太仓市生物医药产业百军委员工作室获评2022—2023年度苏州市优秀委员工作室，《建强临床药理服务链，助力太仓药谷蓄势腾飞》获评2023年度太仓市协商议事优秀典型案例。

【调研视察】 2023年，沙溪镇政协工委开展调研视察活动1次。调研香塘露营村项目。听取香塘村文旅发展情况介绍，实地察看香塘二期布朗农场建设情况，开展座谈讨论，与有关项目负责同志交换意见，以精准的意见建议助推党委、政府决策部署贯彻落实。

【民主监督】 2023年，沙溪镇政协工委开展民主监督活动1次。监督参观高质量发展成果，涵盖重点产业、文旅产业、载体配套、民生事业等领域，整合监督力量、放大聚合效应、靶向精准发力，协助党委发现问题、增进团结、凝心聚力。

【委员工作】 2023年，重点打造太仓市生物医药产业百军委员工作室。充分发挥李百军委员专长和太仓市生物医药产业发展优势，丰富活动载体，打造有特色、有亮点的委员工作室，发挥“助推生物医药产业发展”的核心作用，聚焦“招得来”“留得住”“发展好”要求，建立起“134E”工作架构。“1”即一个工作总目标，推动太仓生物医药产业高质量发展。

太仓市生物医药产业百军委员工作室揭牌仪式（镇宣传办供稿）

协商议政

【专题协商】 2023年，沙溪镇政协工委围绕党委、政府中心工作共开展8次“有事好商量”协商议事活动（“建强临床药理服务链　助力太仓药谷蓄势腾飞”“橄榄岛二期提档升级”“不误农时，抓好春耕备耕”“打造网红市集，提升群众幸福指数”“聚焦农文旅发展，助推乡村振兴”“保护活化沙溪古镇、古村、老街，助推打响‘江南文化’品牌”“传承中华优秀传统文化　活化‘老底子’地方文化资源”“文化‘软实力’赋能生物医药产业发展‘硬实力’”），发挥好“有事好商量”协商议事平台作为党和政府联系服务群众的桥梁纽带作用，唱响沙溪政协“好声音”。

【社情民意】 2023年，沙溪镇政协工委报送了《救命药短缺频发背后原料垄断问题亟待重视》《“走线”话题走热的背后，不良影响值得警惕》《警惕养殖场动物园成为野生动物盗猎“洗白”场所》等社情民意稿件30篇。

（华若男）

纪检监察

扛牢压实管党治党政治责任

【落实落细主体责任】 2023年，沙溪镇纪委协助镇党委召开党风廉政建设专题会议，制定党风廉政建设年度工作任务，完善四份责任清单，有力推动主体责任落实。组织基层党组织按要求向镇党委汇报党风廉政建设主体责任落实情况。严格执行廉洁从政各项规定，按要求填报防止利益冲突报告35份。

【全力配合巡视巡察】 2023年，沙溪镇纪委协助镇党委抓好苏州市委第四联动巡察组关于为民办实事项目的落实，立足解决问题，助推中荷新村（二期）天然气入户项目顺利推进实施，完成通气98户。

【服务优化营商环境】 2023年，沙溪镇纪委深入推进营商环境专项监督“十大行动”，建立涉企监督岗、营商环境监测点，推动构建企业廉洁生态圈，引导企业签订廉洁承诺书39份。常态化推广运用营商环境监督平台，帮助企业解决“急难愁盼”问题122个。

凝心聚力持续释放监督效能

【常抓不懈推动作风建设】 2023年，沙溪镇纪委紧盯关键节点，联合多部门开展公车管理使用、节礼标价销售、单位费用报支等专项督查，坚持问题导向“查死角”，全年共发出“廉情抄告”8份，反馈问题意见22个。

【靶向发力严肃监督执纪】 2023年，沙溪镇纪委充分发挥“室组地”联动优势，深入开展基层保洁一体化领域、安全生产第三方服务领域、公益性岗位补贴申领等专项督查，靠前监督保障民生民利。全年查结信访3件，处置问题线索14件，运用第一种形态批评教育和帮助11人。深化运用三项机制，完成容错纠错1件，澄清正名1件，风险报备4件。严格把好党风廉政意见回复关，统筹用好廉政档案，全年回复党风廉政意见39份。

【贯通协同提升监督合力】 2023年，沙溪镇纪委围绕重点项目推进、信访案件办理、乡村振兴片区化发展等方面，联合镇人大开展“联督问政”专项督查6次，有力推动职能部门履职尽责。探索推进基层网格廉情监督模式，通过整合监督力量、细化监督事项、健全考核机制等“三举措”，推进基层监督提质增效。

多措并举全面筑牢廉洁防线

【坚持以案促改】 2023年，沙溪镇通过组织召开全镇警示教育大会、镇党委会通报典型案例、“太仓沙溪”微信公众号“印溪廉话”专栏推送等，教育引导广大党员干部进一步提高拒腐防变和抵御风险意识，为廉洁从业打好“预防针”。

【坚持以文化人】 2023年，沙溪镇纪委充分拓展“一村一品”清廉村居文化阵地，建设“清风驿站”“勤廉小游园”等廉洁阵地，开展“廉洁故事朗读会”“清风润童心亲子活动”“润初心清廉剪纸”“墨香颂廉洁”等廉洁活动。组织参与太仓市“廉砖我爱廉”宣教系列活动，获微型勤廉党课三等奖，完成“清风为伴　振翅高飞”主题廉洁视频拍摄2个，其中《当好乡村振兴“廉”络人》获得优秀奖。政德教育基地项目建设持续推进。

【坚持以学铸魂】 2023年，沙溪镇纪委坚持把主题教育和教育整顿与全年纪检监察工作结合起来，严格贯彻落实“第一议题”学习制度，跟进传达学习习近平总书记重要讲话和重要指示批示精神专题会7次，并通过开展自查自纠、集中学习研讨、撰写党性分析报告、开展专题学习调研、书记作廉政教育报告等，持续深入开展理论学习，从严从实进行检视整治，切实推动主题教育和教育整顿同向发力。

（高扬）

群众团体

工 会

【学习宣传】 2023年沙溪镇总工会组织6名工会干部参加中国工会十八大精神宣讲学习。组织昭衍新药、沪试试剂厂9名职工参加太仓市总工会党员冬训市级样板课堂活动。在“沪试试剂”厂开展全市“思政教师进企业”宣讲第一课。组织2个职工读书站开展活动2场次。报送信息35篇，录用14篇。

【“数字工会”提质增效】 2023年沙溪镇总工会有独立工会227家（联合会28家），覆盖单位1521家，工会会员29811多人。全面完成数据采集工作，采集率100%；村（社区）联合会覆盖小组991家，采集率达100%。

【产业园区工会联合会组建】 2023年10月成功组建太仓市生物医药产业园工会联合会，昭衍、赛业、信立泰等43家企业加入工会联合会。覆盖工会组织21家，会员总数3200多人。

【“普法惠企·法护职工”】 2023年沙溪镇总工会协助承办5月19日苏州市第九届法治文化节工会劳动法治文艺公开课首发暨太仓市“普法惠企 法护职工”工作项目启动仪式，承担该项目试点任务。在生物医药产业园广场，工会公益法律服务现场普法暨“美好生活 法典相伴”现场法治宣传，新设职工法律援助站1个，提供政策咨询、法律援助、信访接待等服务。2023年呈报法律援助1件，接受法律咨询50余次，化解矛盾纠纷5次。开展法治云讲堂、法律讲座10场。

【产业工人队伍建设】 2023年沙溪镇总工会助推技术革新、发明创造、合理化建议等群众性创新活动蓬勃开展，营造支持“群众敢首创”的浓厚氛围。在“建功‘十四五’奋进新征程”职工岗位创新竞赛中，有10个职工作品参赛。成功举办太仓市生物医药产业园“工会杯”首届知识技能竞赛等劳动竞赛三场，有254人参加。组织职工形象礼仪素质专题培训、手工技艺培训、线上班组长培训等活动，开展操作技能竞赛27场次，有20多家企业3000多名职工参加。完成《推进太仓市生物医药产业园“产改工作”的实践与思考》调研报告1篇。

【安全生产教育】 2023年沙溪镇总工会开展安全生产月活动，安全宣传咨询日现场活动10场（次），组织报送“安全隐患随手拍”参赛作品32个。劳动保护技能、电焊工等危险作业人员安全培训2场次。组织3家企业参加“讲安全 重保护 会应急”2023全市安全生产和劳动保护技能竞赛，宏达制酶企业获二等奖。

【职工服务关爱工作】 2023年沙溪镇总工会组织80名一线职工到溧阳天目湖进行疗休养活动。向快递员、外卖小哥、货车司机等新业态新就业群体发放暖心保温杯410份。元旦、春节期间工会总计走访慰问职工2500多人。开展“清凉送一线　聚力新征程”慰问活动，慰问企事业单位职工1300多名。对接市总工会平台发布8家企业49个就业岗位234名用工需求。

（谭梦婷）

共青团

【概况】 2023年，沙溪镇团委坚持以习近平新时代中国特色社会主义思想为指导，聚焦根本任务、政治责任和工作主线，推动沙溪共青团事业高质量发展。2023年共有直属团总支2个、团支部195个、团员2099人。新发展团员97人。获评太仓市共青团工作先进单位标兵。

【青年学习】 2023年，沙溪镇团委紧抓青年思想引领，深入开展团员和青年主题教育，组织基层团支部开展“思想旗帜”“坚强核心”“强国复兴”“挺膺担当”等专题学习，“青年大学习”主题团课平均参学人数超1600人，平均参学率位居全市前列，获评太仓市“青年大学习”专项行动标兵单位。依托青年学习社及线路做好党的创新理论的青年化阐释，“青力执笔　古镇新卷”最美古镇青年学习社线路获评苏州市市级“青年学习社”线路。在村（社区）、生物医药厂等重点场所、领域，以专题教学、主题团日、示范宣讲等形式常态化开展青年学习活动，组织“青春向党学思想　感恩奋进建新功”等线下主题宣讲超60场，覆盖团员和青年超1000人次。

【青年风采】 2023年，沙溪镇团委强化青年担当作为，主动服务中心大局，开展“青春攻关行动”，重点围绕经济建设、科技创新、民生保障、乡村振兴等领域组建青年突击队20支，在“挑大梁、当标兵”中展现青春作为。深化共青团基层组织改革，承办太仓市产业团工委联盟成立仪式，全力推进太仓市青年发展型县域建设省级试点。积极培育选树先进典型，沙溪镇综合执法局市容管理分队获评“苏州市三星青年文明号”，南沿江城际铁路项目部获评“太仓市青年文明号”，苏州百因诺生物科技有限公司获评“太仓市青年安全生产示范岗集体”，魏俐敏获评江苏省优秀共青团员，白云幼教中心团支部获评太仓市五四红旗团支部。

【青年公益】 2023年，沙溪镇团委擦亮青春志愿品牌，围绕学雷锋、“河小青”、义务植树、环保低碳等主题开展各类志愿服务活动，承办“志愿同行　手绘乡村”太仓青年志愿服务助力乡村振兴行动启动仪式。实施“社区有我　青春报到”行动，启动大学生志愿服务乡村振兴计划，开展大学生暑期社会实践活动，搭建服务平台，

2023 年 5 月 29 日，承办“志愿同行　手绘乡村”太仓市青年志愿服务助力乡村振兴行动启动仪式（镇团委供稿）

沙溪镇团委与太仓市行政审批局签署“青春承诺　结对共建”合作协议（镇团委供稿）

创造实践机会。2 处“青年人才驿站”常态化运行，360 青年之家全面提档升级，“联青服务站”链接多方资源。

【青少年成长】 2023 年，沙溪镇团委聚力青少年权益维护，与市直属团组织、高校团组织开展结对共建，优化“共青团 + 网格化”机制，构建“核心主题 + 微网格”工作模式，针对性开展“暖冬行动”关爱项目，实现沙三小微心愿 38 个，开展“梦想改造 +”4 名，获评太仓市“梦想改造 +”关爱计划优秀组织。深化打造“印溪学堂”青少年品牌，开设市级站点和镇级站点 4 个，全年服务家庭 120 户。

（施梦雅）

妇　联

【概况】 2023 年，沙溪镇妇联坚持以习近平新时代中国特色社会主义思想为指导，紧紧围绕上级要求及镇党委政府的中心工作，不断深化“溪上花开”品牌，积极发挥妇联组织作用，助推全镇妇联儿童事业高质量发展，成功创建苏州市儿童友好社区、江苏省美丽家园省级示范点等。2023 年下辖村（社区）妇联组织 28 个、新兴领域妇联组织 10 个。

【关爱帮扶活动】 2023 年，沙溪镇妇联全力服务好重点人员和弱势群体，31 名镇级执委、433 名村级执委聚焦群众“急难愁盼”问题，“全部下沉、主动领办”，重点开展婚姻家庭矛盾纠纷排查化解、妇女儿童合法权益维护服务活动，真正把服务延伸到女性的“家门口”。持续开展“幸福港湾”项目，开展“童”言同语、“童”成长、“童”传承等多场活动，让儿童从心理上和生活习惯上提高归属感、提升幸福感，顺利融入社会。

【美丽庭院建设】 2023年，沙溪镇妇联坚持以“美丽庭院让乡村生活更美好”为主题，团结引领广大妇女和家庭积极参与“美丽庭院”建设，以庭院“小美”汇聚乡村“大美”，不断擦亮乡村振兴最美底色。2023年成功孵化苏州市美丽庭院精品户3户、苏州市美丽庭院97户，太仓市美丽庭院示范户34户、太仓市美丽庭院66户。

【家庭文明建设】 2023年，沙溪镇认真贯彻落实习近平总书记关于注重家庭家教家风建设等重要论述，以强化家庭教育、凝聚家庭力量、传承优良家风为抓手，推动社会主义核心价值观在家庭落地生根，为沙溪高质量发展注入强劲动能。获评苏州市健康家庭2户、太仓市健康家庭10户，苏州市最美家庭1户、太仓市最美家庭1户。半泾村、东市社区获评首批苏州市级“三全”家庭教育指导服务示范点。评选沙溪镇文明家庭50户、沙溪镇文明家庭标兵10户。

（刘晶）

残联

【概况】 2023年沙溪镇有残疾人2155人，其中肢体残疾1116人、视力残疾193人、智力残疾232人、精神残疾284人、听力残疾193人、言语障碍8人、多重残疾129人。除听力、语言外，一二级重度残疾人777人，精神智力三四级残疾人253人。按年龄统计，就业年龄段各类残疾人787人，60周岁以上残疾人数1236人。

【就业保障】 2023年，沙溪镇就业年龄段有劳动能力残疾人787人，采取多种形式促进残疾人就业，通过落实政策，稳定残疾人集中就业，同时积极推进残疾人分散就业和自主创业。有劳动能力的残疾人就业率达95%。做好鼓励和扶持本镇企业吸纳残疾人就业工作，落实超比例安置残疾人就业的奖励政策。

【社会保障】 2023年沙溪镇残联依据市发放的低保保障标准，以及重残人员进低保边缘给予生活保障标准，在全镇范围内依法保障残疾人的保障权益，在生活和工作中给予照顾和安排，在政治、精神上给予关心、关爱。①低保保障：全镇共有低保、低保边缘户143户，残疾人家庭进低保有85户，无固定收入重残人员生活补助308人。残疾人家庭约占低保户的59%。②普惠补助：春节期间根据市委办、市残联对无固定收入重残、精神智力三四级残疾人实行普惠制慰问，年龄段内无固定重残308人、精神智力三四级41户，每户补助1000元，2023年沙溪镇发放慰问金34.9万元。

沙溪镇运动会残疾人组比赛

残疾人之家新春剪纸活动

【文化体育】 2023年，沙溪镇残联成立残疾人阳光乐园队，吸引到了40多名全镇具有一定文化体育特长的残疾人爱好者参与其中，并在阳光乐园的引领下，下设肢残人桥牌队、聋人哑剧队、聋人舞蹈队、残疾人棋牌爱好者（围棋、象棋）残疾人书法、绘画、戏曲乐器、摄影等，同时有肢残、聋人乒乓、篮球、游泳以及田径等优秀运动爱好者参与其中，在沙溪镇举办的全民运动会上，组织残疾人参加了飞镖、桥牌、飞行棋等适合残疾人参加的体育运动，鼓励动员30多名肢体、听力及视力残疾人参加运动项目，促进残疾人平等参与社会活动。

（王晓玲）

商会

【岳王商会】 岳王商会有会员企业51家。2023年组织会员企业开展消防、安全业务知识培训，组织会员赴外考察、体检，拓宽视野、保障健康。定期召开会长会议、会员座谈会，听取会员的意见和建议，促进会员间的友好交往，进行强强联合，谋求共同发展之路。做好政企沟通工作，发挥桥梁作用，反映会员的意见和要求，促进企业发展。2023年，岳王商会积极参与慈善事业和扶贫事业。与岳王学校开展结对共建活动，资助学校8万元，建设学生劳动实践基地，培养提高学生动手能力。被太仓市工商联评为“四好商会”。

（赵小丰）

【沙溪商会】 2023年，沙溪商会召开了首次会长会议，邀请了沙溪税务局领导出席，税务局领导讲了降税减费的新政策，解答了相关的税费问题。政府领导和企业家们在会上也作了充分的交流，探讨和交流了有关企业和政府之间的问题，政企关系更加融洽。组织了部分会员及家属健康体检。2023 年，沙溪商会走访几个本地区的中小学校的贫困生家庭，给予生活上、精神上的帮助。继续做好沙溪商会对西安周至县哑柏镇昌东村的帮困扶贫工作。

（杨介昌）

【沙溪镇直塘商会】 2023 年，直塘商会召开第六届换届选举工作会议，选举产生了新的秘书长和理事会，增设了监事。新增会员单位 17 个。2023 年，直塘商会组织爱心活动 4 次，为“爱润童心”项目捐款 18000 元，教师节发放慰问品。帮困扶贫捐款 23000 元。党员活动常态化、多样化，培养吸收一名会员企业中层干部加入党组织。

（刘建中）

关工委

【概况】 2023 年，沙溪镇关工委完成新一届关工委的换届工作，产生了以吴昊波为主任、龚小青为常务副主任的新一届镇关工委领导集体。召开了“以学促行、以行践学”奋力谱写关心下一代工作会议。

【硬件建设】 2023 年，沙溪镇关工委完成辅导总站的搬迁布置工作，沙一小农业实践基地 10 月揭牌，该基地被苏州市关工委认定为“苏州市关工委农业实践基地”。

【组织活动】 2023 年，沙溪镇关工委组织“五老进校园、共学二十大”主题活动，主办“老少心向党、奋斗新征程”老少同台演讲赛，组织参加“我是强国小主人”主题征文活动，获评省关工委最佳组织奖。

（龚雪明）

军事·法治

人民武装

【组织整顿工作】 2023年，沙溪镇武装部坚持把国防动员和后备力量建设纳入党委政府议事日程，严格落实议军会制度，定期召开镇党委议军会议，听取武装工作情况汇报，研究部署推进国防动员建设、深化民兵调整改革等工作。高标准、高质量完成年度征兵、潜力调查、民兵整组、军事训练等重大任务。完成了国防大学省部级读书班过境沙溪服务区保障任务、苏州军分区“军娃夏令营”在沙溪香塘的活动配合。沙溪镇武装部获评全市唯一“省级基层达标建设先进单位”。

【军事训练工作】 2023年，沙溪镇武装部组织参加市级训练59人次、镇本级训练培训136人次。4月结合党委班子军事日活动，组织镇党委班子成员、基干民兵、政法条线以及铁路系统人员开展了12公里护路行动，让战备与经济社会发展具体工作实现协同。出动基干民兵28人次完成省沙高、健雄学院军训任务，获得好评。

【兵员征集工作】 2023年，沙溪镇完成246名适龄青年兵役登记工作，紧紧围绕“五率”量化标准和“三无一完成”目标，选送17名优秀青年参军入伍（含女兵1人），其中大学生占比94.1%，且未出现退兵、换兵情况，实现廉洁征兵零投诉。

【日常战备工作】 2023年，沙溪镇严格落实民兵“平时服务、急时应急、战时应战”要求，立足于“拉得出、用得上”的总原则，制定详细战备方案，落实平时战备训练13次，“红樱突击队”服务保障67人次。全年共参加了上级9类集训和3次战备拉动，落实参训329人次。镇本级落实战备教育，战备物资更迭有序，确保民兵应急应战不打折扣。

【国防教育工作】 2023年，沙溪镇利用八一、全民国防教育日等特殊节日时机，以进村、进社区、进公司的形式开展国防教育活动，采取组织授课、定点宣传、志愿服务、战备演练等多种方法进行有组织、有针对、有方向的国防教育活动。与退役部门形成衔接机制，利用新兵入伍、老兵退伍等关键节点，有针对性地组织国防教育活动4次，印发国防宣传品近万份，开设国防教育讲座2次，取得了较好社会成效。

（陈健）

司法行政

【概况】 沙溪司法所为中型司法所，拥有工作人员10人，其中政法专编3人，辅助人员7人。沙溪司法所坚持以党建带所建、以党务促业务，打造具有司法行政特色的党建品牌“溪法印红”，2023年建成第二批“高标准司法所”，在全市司法行政工作2023年度综合考评中获得第一等次。

【公共法律服务】 2023年，沙溪镇司法所开启远程公证新业务，以数字赋能智慧司法所建设。镇公共法律服务站实现法律援助、法律咨询、人民调解等各项服务“一窗”受理，每周二、周四律师值班答疑解惑，全年共办理法律援助案件44件。积极推动公共法律服务全面延伸，建设完成太仓市生物医药产业园职工法律援助站，畅通园区内企业职工法律援助获取渠道，不断提升服务效能。深入推进“产业链＋法律服务”供需对接，统筹法院、公安、律所以及政府各部门合力，全面升级打造生物医药产业园法治服务集聚区。发布《生物医药企业全生命周期法律服务指引》手册、《太仓市生物医药产业园公共法律服务项目清单》，涵盖法治体检、知识产权保护、司法行政业务指引等共计3大类17项公共法律服务项目。全年为园区企业提供法治体检10次、法律咨询50余次，化解矛盾纠纷3次，开展法治沙龙等共计6场。

【法治宣传教育】 2023年，沙溪镇司法所结合普法重要节点，陆续开展“法润印溪”大讲堂、普法进乡村、“家住长江畔　共守一江水”法治主题户外拓展等普法宣传活动60余场次。深入推进村（社区）“两委”班子成员法治素养提升行动，发布“强基”助力普法清单、“聚沙成塔”法治强基特色行动、“甜野说法”特色品牌等，先后举行“强基工程”民法典案例发布会、国家宪法日、网络知识竞赛、法治文艺汇演等各类“强基工程”创新活动20余场次。2023年建设完成沙一中青春法学院——非遗竹编文化法治阵地，拓展法治阵地覆盖面。依托印溪平安法治艺术团创作法治评弹《我为你护航》，拍摄《人民调解》《民法典》等主题快剪作品4个、组织强基实训、长江保护法主题快闪等法治实践活动，以“场景＋情景＋体验”的方式辐射带动各类普法重点人群。“法润印溪”荣获太仓市2023年度“最受群众关注的普法特色品牌”。

【人民调解工作】 2023年，沙溪镇扎实推进基层调解组织建设，加强与派出所、法庭、信访等多部门对接机制，选优配强调解员队伍，全镇有太仓市三级人民调解员2人、四级人民调解员37人，全镇28个家事调解室全覆盖。举办全镇村（社区）人民调解员技能提升训练营，邀请资深法官和律师开展调解员“线上＋线下”业务知识培训等，积极提升基层多元化解纠纷能力。依托镇矛盾调处分中心，擦亮调解特色品牌，成立企业调委会——太仓逸枫化纤有限公司人民调解委员会，深化“溪上杞红——乡音调解室”“阿贾调解工作室”“老班长调解室”“546调解工作室”等品牌作用。全年镇村两级累计调解各类矛盾纠纷3073起，充分践行新时代“枫桥经验”，将矛盾“化解在早”。

【社区矫正工作】 2023年，沙溪镇司法所对社区矫正人员全面严格落实“六查六看”，及时发现不稳定苗头和倾向性问题，做到重点管控、重点帮教。累计警告5人、训诫4人、终止矫正2人。引入太仓市启新社会工作服务社、太仓市城厢镇光辉志愿者之家2家社会组织，开展“一路同行　与你相伴”社区矫正专项教育帮扶，组织专题法治教育讲座10次，开展实地走访120次。成立社区矫正对象教育矫正基地和公益服务基地，以基地建设为契机，充分发挥教育、转化和塑造功能。开展困难特殊人群专项帮扶，其中金秋助业助学慰问2人次，春节前慰问4人次。

【法治沙溪建设】 2023年，沙溪镇司法所协同推进依法治镇，落实司法所长列席党政办公会议制度，发挥法律顾问“智囊团”作用，为乡镇重要事项把好法治关。扎实履行合法性审核职责，包括重大行政决策、规范性文件、政府合同、重大事项合法性审查；扎实开展立法民意征集工作，为4件法律法规征集意见建议，承办《苏州市基层法治建设条例》立法起草调研座谈会；强化行政执法监督，切实履行行政执法协调、监督、保障职能，共参与重大行政执法事项会商33次，组织6件行政处罚案件的听证工作。沙溪镇获评首批“苏州市法治政府建设示范地区”，参与苏州基层法治建设考察调研并作经验交流。法治赋能乡村建设，部署推进法治小区“十百千万”提升工程，组织硬件设施强、法治氛围好的10家小区开展法治小区示范创建工作，中荷新村法治小区建设成果获得苏州肯定。组织村（社区）完成省级民主法治示范村复核工作、法律明白人的动态调整和培训指导工作，将“援法议事”融入特色田园乡村建设。打造“沙溪镇法治素养提升实训基地”，与沙溪法庭共建“一缕阳光云法庭”香塘文旅路线实训基地等，建设绿水青山中的“田园法学课堂”。

（龚蕾）

综合治理

【概况】 2023年，沙溪镇深入贯彻落实习近平总书记对江苏提出的要在强化基层治理和民生保障上走在前的重要指示精神，坚持和发展新时代“枫桥经验”，紧紧围绕建设“平安沙溪”总目标，坚决维护国家政治安全，以务实的举措、实干的作风，为维护全镇经济社会良好发展奠定了坚实基础。2023年4月，省级市域社会治理现代化试点工作（2020—2022年），沙溪镇作为太仓市唯一抽查乡镇，顺利通过省级调研组验收。

【创新治理举措】 2023年，沙溪镇深化“大数据+网格化+铁脚板”治理模式，定期组织开展镇村两级排查，做到底数清、情况明。持续提升镇级“矛调中心”、村级“矛调工作站”运行实效，壮大“矛调”合力。2023年，沙溪镇累计调处矛盾纠纷2728件，调处成功2694件，调处成功率98.75%。实施生物医药产业园核心片区的社会治安重点地区整治，完成太仓市生物医药产业园“平安驿站”迁建，新站点集合司法、派出所、交警、律师等多部门力量，为企服务、助企解忧的水平进一步提升。化解涉企纠纷36起，提供法律咨询150余次，举办法治讲座30余次。积极推进平安村（社区）、平安学校等创建项目，组织开展新时代“枫桥经验”主题纪念活动等宣传活动，群众安全感测评在全市位居前列。

【加强常态长效】 2023年，沙溪镇常态化开展扫黑除恶斗争工作，将学习贯彻《中华人民共和国反有组织犯罪法》作为推进扫黑除恶斗争的重要任务抓牢抓实。常态化开展爱路护路工作，加大爱路护路宣传和巡查整治力度，确保辖区铁路通道安全畅通。常态化防范电信网络诈骗，陆续开展企业财会人员防范宣传、刷单返利类诈骗宣传、电信诈骗“百日行动”等攻坚行动，掀起全民反诈大热潮。依托镇级“关爱之家”等宣教阵地开展反邪教宣传教育活动。利用“太仓沙溪”公众号、“法润印溪”微信群等新媒体媒介推送反间谍知识，结合“6.1全民禁毒宣传月”开展“五进”活动，实现禁毒宣传全覆盖。

【聚焦关键重点】 2023年，沙溪镇认真落实严重精神障碍患者监护以奖代补政策，统筹做好人员的管理、申报及补贴发放工作，完成季度补贴4次，累计发放2335人次78万元。结合“平安学校”创建组织落实防范未成年违法犯罪工作，协调开展多轮全镇中小学校园安全大检查，同时科学合理部署勤务站好“护学岗”，结合校方需求及六一儿童节、开学季等重要节点开展各类普法宣传。

（龚蕾）

人民信访

【概况】 沙溪镇人民来访接待中心位于行政中心3号楼，有6名成员，接访大厅面积140.92平方米。接访大厅内设有候访区、登记区、领导接访室、视频接访室、信访矛盾调处室、信访代理站等功能区。

【受理信访案件】 2023年，沙溪镇共受理群众来信来访560批件，同比2022年

2023年7月11日，沙溪镇“乡信力”议事团矛盾化解推进会

2023年11月29日，沙溪镇风险研判工作专题会议

520批件增长7.7%。其中转办沙溪的来信来访277件，接待来镇上访283批。其中社会保障（社保待遇和拖欠农民工资）、城乡建设、农村农业板块的信访量较大。信访和社会稳定形势总体平稳可控。

【“乡信力”议事团】 沙溪镇“乡信力”议事团于2023年4月成立，“乡信力”议事团由7人组成，其中包括人大代表、太仓好人、公检法专业、村民小组长等政治站位高、专业素养好的退休人士。“乡信力”议事团针对信访疑难案件进行评议，站在公众的角度评判解决方案的合理性，并提出处理意见协助解决，从而做到“大事不出镇、小事不出村、矛盾不上交”。

【风险研判】 2023年，沙溪镇为推进镇、村两级风险研判工作体系建设，进一步加强涉稳风险周研判工作，于每周三上午召开风险研判工作专题会。2023年共召开9次风险研判专题会，将近阶段突出矛盾协调处置的情况以专报、月报形式汇总，有效化解10余件疑难复杂信访案件。通过召开风险研判会，以信访办为支点，各部门上下联动，有效发现各类风险问题，协力化解各类矛盾纠纷。

（龚蕾）

公共安全

【概况】 沙溪派出所地处沙溪镇北，管辖面积100多平方公里，户籍人口7.2万人，暂住人口近6万人，辖3个街道、15个行政村、7个居委会。2023年，沙溪派出所在沙溪镇党委、政府和上级公安机关的领导下，以习近平法治思想为引领，不断深化改革，持续推动高质量发展，结合辖区实际，深入开展一系列专项整治，为辖区

获评苏州市公安局“2023 年度全市公安机关标杆派出所”

无人机在空中巡逻

荣立集体三等功

网格巡逻

创造了安定有序的社会环境，被苏州市公安局授予“2023 年度全市公安机关标杆派出所”“2023 年度全市公安装备现代化建设示范所队”“全市公安机关‘四强’党支部”“优秀蓝盾志愿者团队”等荣誉称号，被太仓市公安局授予集体三等功，还先后获评太仓市公安机关“十佳质量型党支部”、太仓市基层党建示范点（三星级示范点）。

【治安防控】 2023 年，沙溪派出所升级构筑“动态基础层、静态叠加层、重点震慑层、系统支持层”的巡防工作体系，切实承担起保一方安宁的职责使命。依托网格巡逻开展全天候防控；屯兵警务站强化见警管事；铁骑、巡逻警车进行重点巡逻；多平台精准导防，助力“135”快速反应，实现高效巡防勤务。同时，创新立体侦查新模式，依托辖区监控点位以及警用无人机等资源，开展“空中巡防”，实现监巡对接和警力精准投放，全面提升打防管控实战技能。全年，巡区治安防控水平提升显著，可防性案件发案率压降 27%。

【创新服务机制】 2023 年，沙溪派出所持续深化“警网融合”，推动构建“社区民警 + 网格员 + 辅警 + 网格志愿者”力量体系，对辖区矛盾纠纷展开全面梳理，积极

“吃讲茶”化解纠纷

普法宣传

创新社会治理模式，加强与法院、司法所等部门深度协同合作，建立“警法融合、三所共治”矛盾调解机制。同时，结合上级要求的党员政法干警到村（社区）报到活动，开展“双报到、双服务”，利用古镇资源优势，在茶楼中创新设置“吃讲茶”矛盾调解点，以边喝茶边聊天的形式解决纠纷，用心用情为矛盾双方提供纠纷化解新平台。全年，排查化解各类矛盾纠纷400余起，切实将矛盾纠纷解决在基层、化解在萌芽阶段。“吃讲茶”成功化解10余起民间矛盾纠纷。

【护航未成年人成长】 2023年，沙溪派出所推动完善了以镇关工委、职责部门分工协作、社会各界共同参与的未成年人违法犯罪干预预防机制，积极打造“知心相伴、向阳而生”未成年人服务品牌，从“预防、干预、净源”三大环节入手，构建起一个派出所、一个家庭、多种力量参加的“1+1+X”联合模式，打好法治宣传、责任督促和感化帮扶组合拳，形成公安吹哨、部门联动、社会参与的基层社会治理格局。同时，以“少年警校”“法治副校长”为纽带，以专题讲座、情景演练、绘画比赛等形式深入推进主题普法宣传，引导学生增强自我保护能力。全年，累计组织开展各类校园法治宣传活动36场次，覆盖辖区中小学生1.1万人。

【打击刑事犯罪】 2023年，沙溪派出所全面铺开“打、防、管、控”四条战线，始终保持高压态势，集中开展反诈“减量控大”、打击整治娼赌违法犯罪、打击未成年人侵财犯罪、“夏季攻势打击破案攻坚”等一系列专项行动，向各类违法犯罪行为发起凌厉攻势，开展线上线下巡察，以“情指勤舆”一体化作战机制为牵引，发挥派出所主防功能，持续加大对影响

打击“黄赌毒”

人民群众安全感、群众反映强烈的“盗抢骗”“黄赌毒”等突出违法犯罪的打击力度。全年，“三逃”人员抓获数同比增长3.6倍，刑事案件破案数同比增长22%，“黄赌毒”案件办理数同比上升50%。

【禁毒工作】 2023年，沙溪派出所以校园为重点阵地加强对青少年的毒品预防教育，深入各类公共场所、企业、居民小区，以现场宣传、摆放展板、发放宣传资料等形式向全社会开展识毒、防毒、禁毒宣传，因受新冠病毒影响，全年共举办禁毒知识专题讲座16次，共张贴禁毒宣传标语45条、进行展板宣传14次、发放资料700余份。同时，对辖区涉毒人员全面落实“四位一体”跟踪帮教工作，不断加强对在册的本地籍吸毒人员的管控，加大禁种铲毒力度及毒品违法犯罪打击力度，2023年，破获贩卖毒品案件2起。

【联动共治】 秉持“警力有限、民力无穷”理念，牵头发动、基层社会组织紧密联动、广大群众参与互动的“十户联防”守护机制，探索社会面巡防联勤工作新模式。在镇区商圈组织发动百余家沿街商铺业主积极参与，在节假日牵头“十户联防”成员，穿上“十户联防”红马甲、佩戴红袖标，常态化开展联勤联防工作，着力帮扶求助咨询的群众、化解现场发现的纠纷、震慑可能出现的犯罪，逐步形成公安巡防、保安联防、邻里互防、技术补防的整体防范格局，共筑边界平安防线。

校园禁毒宣传

【反诈宣传】 深入辖区企业、学校、银行、社区等地开展全方位、广覆盖的反诈宣传，着力形成“全民反诈”的良好社会氛围，同时创新反诈形式，开展“全民反诈，你我同行”志愿骑行活动、开展“反诈摊位”摆进网红夜市等，将传统反诈宣传方式转

“十户联防”蓝盾志愿者活动启动仪式

“全民反诈，你我同行”志愿骑行

化成为大众所喜闻乐见的互动形式，构建多维度接地气的反诈宣传新格局，累计宣传覆盖7万余人次，多篇宣传经验文章被省公安厅、省级媒体录用发表，反诈视频在央视播出。

（朱彦）

岳王派出所

【概况】 岳王派出所有民警14人，配置所领导4人、综合指挥室2人、社区民警6人，办案民警1人、内勤民警1人。辅警51人，其中110接处警8人、内勤5人、窗口4人、综合指挥室8人、专职协管员9人、巡防17人。辖区总面积27.99平方公里，下辖5个村（新建村、太星村、岳星村、塘桥村、岳镇村）、1个社区居委会（岳王居委会），设有6个警务室。辖区常住人口12121人，流动人口12250人，私房出租户2654家。各类企事业单位258家，其中台资工业园聚集外资企业45家。

【勤务模式】 2023年，岳王派出所落实“市县主战、派出所主防”职能定位，构建以综合勤务指挥室为支撑，案件办理队、社区警务队为战斗实体的新型工作模式，依托“情指行”一体化作战平台，发挥派出所综合指挥室“大脑”作用，全时空分析研判辖区治安形势、发案特点、风险隐患和不稳定要素，科学调度各种资源，精准下达防控指令，形成了“一室支撑两队、两队高效运转”的工作格局。

【警务处理】 2023年，岳王派出所聚焦自身主责主业，以夏季治安打击整治行动、电信网络诈骗“减量控大”等专项行动为有力抓手，对各项突出违法犯罪发起凌厉攻势，侦破了夏季系列盗窃水泵、街面盗窃商铺香烟等一批民生类案件。刑事发案率也较上年下降29%，社会秩序得到有效维护。同时，根据辖区特点，坚持以防为主，打防结合，整合社区协管员和巡防力量，织密巡逻网格，提升见警率和管事率，辖区年内未发生重大案事件，盗窃警情、娼赌类警情持续低位运行，人民群众安全感、执法工作满意度全面提升。

【基础工作】 2023年，岳王派出所全面落实“敢为、敢闯、敢干、敢首创”要求，主动融入经济社会发展大局，立足职能优势，做细做实便民、便企服务各项举措，聚焦群众和企业的新需求、新期盼，开展综合窗口车驾管、出入境等服务事项，进一步提升“一窗通办”的水平、整合公安警种及派出所资源、细化为民服务举措，切实通过“一站式”的公安综合服务，打通便民服务的“最后一公里”。2023年共办理居住证212张、电动车上牌408张、驾驶证换证3人、办理身份证1129张、各类户籍变动业务809件次。

【安全监管】 2023年，岳王派出所深入推进“网格化+铁脚板”融合机制，充分发挥社区民警、专职协管员力量，深入辖区紧盯关键领域、关键环节，严格落实重点要素全覆盖摸排、全流程监管，对辖区12家危化品易制爆易制毒单位、13个重点部位、310户群租房、1处集宿区开展消防安全集中治理，指导企事业单位加强内部安全，彻底整改相关安全隐患，严防发生重特大事故。针对辖区1家网吧、22家足浴店、6家旅馆和5家寄递物流业等场所开展检查工作，持续强化辖区公共场所的安全监管工作和人员密集的“九小场所”，持续开展治安消防安全检查和风险排查，推动各类安全风险和事故隐患“清场归零”。

【安保维稳】 2023年，岳王派出所为巩固平安建设良好局面，牢固树立“靠前一步、主动作为”的警务理念，以防范化解影响安全稳定的重大风险为主线，聚焦重大活动安保维稳任务，强化使命担当和责任意识，加强治安基础要素管控，聚焦重点人、事、物、行业等领域，深入开展矛盾纠纷和风险隐患排查整治，切实把问题风险化解在当地，把重点人员稳控在当地。加强重点要害部位巡逻防控，切实提高见警率、管事率，全力维护辖区社会平安稳定。

（高天一）

社会治理

【概况】 沙溪镇社会治理现代化指挥中心（原沙溪镇社会综合治理联动指挥中心）于2018年1月8日成立，中心共配备工作人员88名，包括督察员3名、平台坐席员4名、网格办4名、网格巡查员77名。按照“一张网络联动治理、一支队伍巡查采集、一个平台高位协调、一个号码服务社会、一个App管理城市”构建思想体现社会治理工作格局。

【网格管理】 2023年，网格巡查工作情况：巡查违建、黑作坊等点位1511处；走访重点人员共248人，包含刑满释放人员155人、肇事肇祸等严重精神障碍患者30人、重点青少年43人、空巢老人7人、妇女权益保障13人；走访重点场所点位1638处，采集房屋信息共60973条。网格志愿队伍建设：群众参与方式组建网格志愿者队伍，公安综治联动牵头，聚集社会志愿者并发动网格内村（居）民小组长、楼栋长等辅助力量参与，利用社会资源形成全民参与的社会综合治理格局。网格行动支部建设：将支部建在网格上，形成“党建引领，多元共治，全民参与”的社会治理格局。沙溪镇以网格为基础，在全镇77个网格建立网格行动支部，将村干部、在职流动党员、热心公益的先进群众、村（社区）网格员、社工、社保协理员等纳入网格行动支部。警网融合平安建设：调整警务模式警力向网格延伸；整合基层服务管理资源；通过警网融合实现“资源在网格整合、要素在网格集中、服务在网格进行、问题在网格解决”，以网格平安保障社会稳定。

【联动机制建设】 2023年，网格工作站进行规范化建设，沙溪镇设有网格工作站28个。网格长、网格员、“三官一律”、外来人口协管员、楼栋长已融入网格，网格公示牌更新完成。网格化联动机制考评办法细化调整，出台《沙溪镇网格分类考核办法》，推进专属网格管理模式。以团队的形式，让各片区在业务等方面进行评比，设立流动红旗，提升竞争意识，增强团队凝聚力和业务能力。完善镇级《网格巡查员队伍规范化管理细则》。

【联动受理案件情况】 2023年，沙溪镇承办部门处置效率统计应处置数43129件、受理数44846件、处置数43129件、按时处置数42369件、超期未处置0件、超期处置数757件、按时处置率98.24%、处置率100%、延期数3件、延期率0.01%、返工数458件、返工率1.06%、满意率98.42%。

（黄平）

交通安全

【概况】 太仓市公安局交通警察大队沙溪中队位于沙溪镇金溪路9号。沙溪中队现有民警12人、辅警54人，其他工作人员8人，主要负责沙溪镇道路交通管理、事故处理、车驾管业务等职能工作，其中非现场违法处理和车驾管业务于2017年搬迁至沙溪镇行政审批局一楼交警窗口。辖区内主要道路有204国道、359省道、双浮公路、太沙公路、新港公路、岳鹿公路。年内，沙溪中队民警徐云皓荣获太仓市公安局个人嘉奖。

【交通违法查处和事故处理】 2023年，沙溪中队查扣各类无牌无证电动三轮、四轮车63辆；处罚各类非机动车违法13697起；劝导各类不文明交通行为36741起，电动自行车头盔佩戴率和上牌率超过了双90%的目标；处罚无证驾驶机动车25起；查获酒醉驾违法行为201起；查获工程车超载457起。2023年，沙溪镇各类交通事故总计10377起，较上年上升12.7%。

【交通安全源头管理和车驾管理】 2023年，沙溪中队处理各类交通隐患120起，修缮红绿灯、隔离护栏等各类道路设施24处，新建右转必停标志32处。2023年，沙溪中队对重点运输企业进行警示教育、约谈24次，召开安全例会15次，签订《2023年度车辆及驾驶人交通安全责任书》30份；利用主动安防、人车企源头管理系统处罚驾驶人分心驾驶违法 21 次、货车闯禁区 120 次。2023 年，沙溪中队处理各类非现场违法 21375 起，办理各类车驾管业务 5236 起，设立电动自行车“带牌销售”试点 31 处，2023 年全镇电动自行车带牌销售率为 98%，累计上牌 8279 辆。

【交通安全宣传和交管服务创新】 2023 年，沙溪中队利用慧眼系统对电动自行车违法行为，通过“一对一”电话、村（社区）工作人员“点对点”登门的形式精准宣教，完成 60 岁以上人群精准宣传 6933 人次；针对不同身份和年龄的交通参与者，中队进行“滴灌式”文明交通，为重点企业、社区、学校上门送交通安全课 40 场次，特别是在沙溪二小和白云幼儿园设立交通宣传模范岗，定期开展“小手牵大手”活动，通过“我是小警察”互动体验，形象展示了交通安全知识，达到了交通安全从娃娃抓起的效果；用普通话和方言，录制了“一盔一带”等安全文明出行的宣传口号，在交通“乱点”区域反复播放；在流动人口居多的村（社区）悬挂文明出行宣传海报 40 张，利用村（社区）宣传诱导屏播放交通文明宣传片 30 场次，通过“身边事、小案例”讲解，让文明出行深入人心。2023 年，沙溪中队持续深化“放管服”改革，打造“8+X”线上交通事故责任认定平台，依托“网上事故处理大厅”小程序，通过报警人的手机视频对话功能，对交通事故实现快速取证、快速定责、快速理赔常态化工作机制，实现了交通事故当场不见面定责，使群众真正少跑路，年内“8+X”线上定责比率达 53%。

（刘秦麟）

消防减灾

【概况】 沙溪镇专职消防救援站位于沙溪镇新北西路 110 号，营区营房建设符合《城市消防站建设标准》。有消防员 20 人，站内共有各类消防车 4 辆（泡沫水罐消防车 2 辆、水罐消防车 2 辆，总载水量 16.8 吨，总载泡沫量 1.02 吨），器材装备按《城市消防站建设标准》配备齐全，已纳入 119 指挥调度系统，由苏州市消防救援支队负责管理。中队辖区面积约 134 平方千米，主要担负着沙溪、归庄、直塘消防安全保卫和灭火抢险救援任务，东起岳鹿路，

沙溪专职消防救援队在沙溪服务区执勤

“六熟悉”：熟悉辖区交通道路、消防水源情况，熟悉辖区消防安全重点单位的数量、分类和分布情况，熟悉辖区主要灾害事故处置对策及基本程序，熟悉重点单位建筑物使用及重点部位情况，熟悉重点单位消防设施情况，熟悉重点单位内部消防组织及其灭火救援任务分工情况。

沙溪专职消防救援队对辖区高层开展灭火救援演练

西至自任路，北起徐家巷，南至双浮路。2023年，辖区内二级重点单位15家。

【消防处理】 2023年，沙溪专职消防救援站共接警203起，出动车辆511辆次，出动人员2334人次，其中灭火救援89起、抢险救援28起、社会救助78起、公务执勤1起、其他出动7起。全年共抢救财产267.35万元，组织开展103家灭火演练，巡防356家，组织单位培训45次。中队修订数字预案31份，根据中队装备及辖区产业结构特点，组织开展作战单元训练，完善中队独立作战体系。针对辖区重点单位、人员密集场所、小区街道、农村等场所开展消防“六熟悉”128次，针对辖区消防水源、交通道路开展“六熟悉”35次。清点辖区内市政消火栓307个，并除锈、上黄油、刷漆。检查整改辖区单位内部消火栓370个。

【消防宣传】 2023年，沙溪镇深化消防宣传“五进”（学校、农村、社区、企业、家庭）工作，推进社会化消防宣传。全年组织宣传活动65余次，结合暑假消防夏令营、“消防宣传月”等活动，接待辖区6所学校7500余名师生参观学习，发放消防安全手册6000余册；全年开展消防安全知识培训，参与人员10000余人，组织企业单位35家1500余人参加培训；消防救援站开展高层建筑专项活动，熟悉高层小区6家、公共高层建筑2家、大型商业综合体1家。

【专业训练】 2023年，沙溪镇专职消防救援站以“九项基础体能”（400米救人疏散物资、60米肩梯操、5000米背负空气呼吸器跑、200米负重折返、100米负重跑、单杠卷腹上、双杠曲臂伸、绳索攀爬、负重登10楼）为基础训练，以“九项基础车操”（初战快速出水控火操、枪炮协同灭火操、楼层火灾内功操、楼层火灾救人操、纵深灭火救人操、百米障碍救助操、两车三枪操、攀登15米金属拉梯操、车辆事故处置救援操）为基础操法，刻苦训练。开展“差异化练兵”“正规化建设强基达标”等专项行动，保证战斗力，确保消防救援人员思想高度统一，力求“招之能战、战之必胜”。

【消防竞赛】 2023 年，沙溪镇开展职工消防安全技能竞赛，参赛单位 13 家，职工 78 余名。消防救援站全程参与，赛前开展消防安全培训，辅导竞赛知识，提升技能应用，保障比赛安全、有序，评比公平、公正。为沙溪镇安全生产工作打下坚实基础。

（何龙雁）

沙溪专职消防救援队开展沿水带撤离专业训练

岳王消防

【概 况】 岳王消防站营区占地面积 5388.65 平方米，建筑面积 3500 平方米，营区营房建设符合《城市消防站建设标准》。现有 18 名队员、5 辆消防车（金盾小五十铃水罐消防车，捷达五十铃水罐消防车、奔驰大功率泡沫水罐消防车、MAN 泡沫水罐消防车、MAN 抢险救援消防车各 1 辆，总载水量 19 吨，泡沫 8 吨），器材装备按《城市消防站建设标准》配备齐全，已纳入 119 指挥调度系统，由苏州市消防支队负责管理。

【消防处置】 2023 年，岳王专职消防救援站共接警 78 起，其中火灾扑救 38 起，抢险救援 18 起，社会救助 21 起，公务执勤 1 起。出动车辆 173 车次、警力 1038 人次，无因火灾引起的重大财产损失。全年开展消防演练 122 次，其中夜间演练 36 次，联合演练 3 次。救援站修订数字化预案 5 份、重点单位熟悉卡 11 份，根据救援站装备及辖区产业结构特点，组织开展作战单元训练，完善独立作战体系。针对辖区重点单位、人员密集场所、社区街道、农村住宅等场所开展“六熟悉”70 余次，针对辖区消防水源、道路交通开展“六熟悉”100 余次，保养维护辖区市政消火栓 142 个，并进行统一编号。

进一步加强对值班执勤的要求，认真做好器材装备的维修保养工作，特别是在春节、五一、国庆各大节假日期间，中队按照要求进行陈兵战备、严格控制人员休假，确保人员在位率，坚持对车辆器材和个人装备每天早、中、晚各小检查一次，每周大检查保养一次，并做好登记，确保了人员的在位和车辆器材装备的完好有效，为完成以执勤灭火为中心的节假日消防安全保卫任务提供了保证，并将之与练兵活动有机结合起来、与队伍实战能力结合起来，这样在确保战斗力量的基础上又提高队伍的实战能力，圆满完成了上级交予的各项任务。

【专业训练】 2023年，岳王专职消防救援站以“差异化练兵”为主开展工作训练，体能方面以400米综合疏散操、60米肩梯跑、5000米背负空气呼吸器跑、200米负重折返跑、100米负重跑、单杠卷身上、双杠曲臂伸、爬绳上4楼、负重登十楼为基础体能训练，车操以“九项基础车操”（初战快速出水控火操、枪炮协同灭火操、楼层火灾内功操、楼层火灾救人操、纵深灭火救人操、百米障碍救助操、两车三枪操、攀登15米金属拉梯操、车辆事故处置救援操）为基础操法，刻苦训练。结合实际，救援站制订了年度业务训练计划，制定相应的训练奖措施，以及每周、每月、每季度训练工作安排表，确定了各项训练项目的时间和负责人，实行每月小考、每季度一大考，全面了解和掌握阶段训练成果。同时还结合各类专项训练工作，规范执勤业务训练内容，提升执勤岗位练兵质量，不断提升队伍灭火救援实战能力。开展“差异化练兵工作”，重点排查队伍涉赌涉贷风险，组织开展条令条例练兵工作，以管酒治酒，立规明矩开展队伍管酒治酒工作，严格落实管酒治酒“六个严禁”。

【获得荣誉】 2023年，岳王专职消防救援站荣获支队消防技能选拔赛团体第四名，单项挂钩梯上四楼第四名，百米障碍第二名、第三名，负重登楼第四名，消防救援技能选拔赛团体第五名，太仓市消防救援大队比武竞赛400米第四名，太仓市消防救援大队比武竞赛5000米第六名，太仓市消防救援大队比武竞赛800米第四名，条令条例学习月理论团体第一名。器材革新荣获专利。

【消防宣传】 2023年，开展消防安全宣传，组织开展消防“五进”宣传（进企业、进社区、进学校、进家庭、进农村）工作，推进社会化消防宣传。全年组织宣传活动80余次，营区接待辖区3所学校、2个社区小朋友参观共计600人次，发放消防安全手册3000余册，开展消防培训25余次，参与单位40余家，人员1000余人。在宣传方面，积极与辖区单位进行联动，不断提高辖区重点单位安全意识，减少了辖区企业发生火灾的风险。

（朱敏远）

开放型经济

综 述

【概况】 2023年，沙溪镇完成实际使用外资6001.66万美元，年度任务完成率超150%。外贸企业拉订单、拓市场、保份额，完成进出口总额4.89亿美元。

【招商引资】 2023年，沙溪镇开展赴欧洲、北京等地进行招商考察，成功举办融资路演、集中签约等活动26次。新引进注册资金2000万元以及300万美元以上项目47个，总投资70.3亿元；增资项目12个，新增注册资金28.6亿元；签约项目90个，总投资154.3亿元。其中基点生物等超亿元项目40个，零一汽车等超10亿元项目6个。总投资151.8亿元的28个市级以上重点项目年度投资完成率超100%，平谦产业园（三期）等9个项目已投产，芯溪产业园等6个项目已竣工。

【重点项目简介】 2023年，位于太仓市生物医药产业园的苏州康容生物医疗科技项目，总投资8亿元，占地面积约39亩，总建筑面积约5.3万平方米，包含1万平方米的10万级洁净车间，可容纳120条生产线，打造集总部办公、精益制造、自主研发于一体的运营总部和生产基地。项目于2022年6月领取施工许可证并开工建设，11月主体竣工。苏州康容是一家以自主研发技术为核心，专注于科学服务行业自动化耗材领域的研发、生产和销售的高新技术企业，拥有十余年自动化吸头研发、设计和生产经验，客户覆盖了全国70%以上的体外诊断上市公司以及80%以上的第三方医学实验室，先后获评国家高新技术企业、苏南国家自主创新示范区瞪羚企业、江苏省专精特新中小企业、江苏省瞪羚企业等荣誉。康容所在细分市场空间巨大，作为全国仅有的4家可以生产高通量自动化耗材的公司之一，它的产品质量和服务已经得到华大基因等10余家上市公司以及丹纳赫等国际客户的高度认可。目前，康容生物不断拓宽渠道，在海外市场也有可观的进展，今年可实现销售额1.5亿元、税收超2200万元，预计达产后可实现销售额约10亿元、税收1亿元。

（沈新慧）

规模以上企业

【创新发展】 2023年，苏州华益美生物科技有限公司获评2023年江苏省企业技术中心，鸿基伟业（苏州）汽车零部件有限公司、思睿观通科技（江苏）股份有限公司、信立泰（苏州）药业有限公司获评2023年苏州市企业技术中心，苏州悠远环境科技有限公司获评2023年苏州市工业设计中心，艾普零件制造（苏州）股份有限公司获评2023年苏州市服务型制造示范企业，太仓久本机械科技有限公司获评2023年国家专精特新“小巨人”企业，安佑生物科技集团股份有限公司、苏州英利汽车部件有限公司、太仓市海峰电镀有限公司、苏州三耐塑料设备有限公司获评2023年江苏省专精特新中小企业，思睿观通科技（江苏）股份有限公司获评2023年江苏省绿色工厂，昭衍（苏州）新药研究中心有限公司获评2023年江苏省数字贸易平台。

【智能化改造和数字化转型】2023年，安佑生物科技集团股份有限公司、中广核高新核材集团有限公司获评2022年度工信部工业互联网试点示范项目（2023年公示），鸿基伟业（苏州）汽车零部件有限公司、太仓中博铁路紧固件有限公司、安佑生物科技集团股份有限公司、苏州悠远环境科技有限公司通过国家两化融合管理体系贯标认定，安佑生物科技集团股份有限公司获评2023年江苏省大数据产业发展试点示范项目，艾普零件制造（苏州）股份有限公司、鸿基伟业（苏州）汽车零部件有限公司、苏州悠远环境科技有限公司获评2023年苏州市示范智能车间；2023年获评省星级上云企业27家，其中鸿基伟业（苏州）汽车零部件有限公司、瑞宏精密电子（太仓）有限公司、太仓市富远精密模具有限公司、中广核高新核材集团有限公司通过四星级上云认定，安佑生物科技集团股份有限公司获评2023年苏州市工业互联网第六批重点平台和典型应用企业和2023年“工业互联网看苏州”标杆企业，爱克（苏州）机械有限公司获评2023年苏州市智能制造优秀服务商；开展智能化及数字化改造项目47个，开展智能制造数据基础能力提升项目7个。

（沈新慧）

经济发展

种植业

【概况】 2023年，沙溪镇水稻播种面积3147公顷，较上年增长1.7%，单产630.5千克/亩，与去年持平，总产2.97万吨，较上年增长1.4%。夏熟小麦种植面积2516公顷，较上年增长2%；单产337.5千克/亩，较上年增长0.7%；总产1.27万吨，较上年增长2.4%。

【林果】 2023年，沙溪镇林果种植面积126公顷，其中梨树29.4公顷，合计产量566.1吨；桃树40.4公顷，合计产量861.2吨；葡萄45.1公顷，合计产量1016.2吨；其他11.1公顷，合计产量90.8吨。2023年度沙溪镇渠泾村获评"美丽果园特色村"称号。太仓市岳西农场专业合作社选送的"8424西瓜"及"岳西农场特色黄瓜"分别获江苏省"好西(甜)瓜"产品金奖、江苏省"好黄瓜"产品金奖。

【植物保护】 2023年，免费发放防治赤霉病农药40%丙硫戊唑醇2032瓶、氨基酸水溶肥(俗称叶面肥)10万余袋，落实小麦"一喷三防"，全面防治稻麦病虫害，保障夏粮丰产丰收。2023年沙溪镇测报病虫害179次，开展大田调查47次。开展福寿螺铲除工作，药剂防除水稻田0.67公顷。2023年主要农作物农药使用较上年减少0.7%，主要农作物病虫害绿色防控覆盖率超75%，促进绿色生态农业发展。

【农业机械】 2023年，沙溪镇农业机械保有量：大中型拖拉机143台套、联合收割机65台、秸秆还田机86台、小麦播种机52台、无人植保机17台、农业机械智能终端设备88台套，粮食烘干机98台套、总吨位1288吨，粮食作物耕种收机械化水平98.5%。创建农机化示范基地4个，改造粮食烘干中心绿色能源2家。

【生产业务培训】 2023年，沙溪镇组织开展新型经营主体培训班100人次，构建一支"数量充足、结构合理、素质优良"的新型职业农民队伍。举办农机安全教育培训班80人，力争从源头消除农机安全生产事故隐患。

【农产品质量】 2023年，沙溪镇新增企业农产品快速检测室1家，企业自检7370批次，建成承诺达标合格证服务站点2家；协助完成省级抽检85批次，苏州市级抽检15批次，太仓市级例行抽检361批次；推进绿色标准化生产，监管规模主体入网，完成日常巡查815次，打印产品合格证、追溯标签501204张。

【惠农补贴】 2023年，沙溪镇稻谷补贴面积3169.67公顷，补贴金额475.45万元。耕地地力保护补贴面积4489公顷，补贴金额808.03万元，涉及农户11978户。生态补偿面积3147.23公顷，补贴金额1982.75万元。2023年度发放实际种粮农民一次性补贴2459.29公顷，补贴金额

73.77万元。休耕面积646.59公顷，补贴金额241.82万元。农机中央购置补贴8.48万元，涉及农户6户、专业合作社3家。农机奖补贴251.82万元，涉及家庭农场1家、专业合作社19家。

【菜篮子蔬菜基地】 2023年，沙溪镇菜篮子蔬菜基地4个，绿色蔬菜保供基地面积187.6公顷。产地环境优良、种植面积稳定、生产过程标准、产品绿色优质、产销对接顺畅。蔬菜加工依托绿源农场专业合作社，具备蔬菜清洗、包装、整理、配送、销售能力，新建中央厨房1500平方米。

【农业基础设施】 2023年，沙溪镇提档升级高标准农田431.33公顷，养护高标准农田4266.67公顷。与太仓市文旅集团联合启动高标准农田新建项目260公顷；建设绿色高效高产示范方166.67公顷，统一供种，提升品质，实现水稻生产提质增效。

【智慧农业】 2023年，沙溪镇申报建设涂松村智慧农村，建立村级数据库，实现各环节数字化、智慧化改造；庄西村智慧农业管理平台与省农业物联网管理服务平台实现数据对接，引入土壤、气象、虫情等监测设备，探索农业生产智能化作业模式，实现农业智慧化转型；项桥村“无人农场”智慧平台与省平台对接中。

养殖业

【水产养殖】 2023年，沙溪镇水产养殖面积146.67公顷，创建以河蟹、青虾、罗氏沼虾、澳洲淡水小龙虾等优质品种为主的养殖产业系。做好“数智兴渔”工程示范试点工作，镇区水产养殖场基础信息采集和联网采集对接完成75家。胜利村采取“村集体＋村合作社＋家庭农场”模式，完善综合种养基地，年产澳洲淡水小龙虾约3万斤，年产值150万元。

【畜牧生产】 2023年，沙溪镇有规模养猪场1家。本镇全年出栏生猪1558头、羊1350只、家禽1.69万羽。年末存栏生猪1322头、羊672只、家禽2.46万羽、特种养殖鸽子0.4万羽。

【畜禽防疫】 2023年，沙溪镇开展春秋两季动物疫病集中防疫工作，免疫猪口蹄疫0.07万头、猪蓝耳病0.01万头、猪瘟0.05万头，羊口蹄疫0.14万只、羊小反刍兽疫0.08万只；免疫禽类高致病性禽流感5.5万羽、鸡新城疫2万羽；免疫犬只狂犬病1870只次。开展集中灭蚊灭蝇灭鼠清洗消毒5轮，使用消毒药物0.44吨，灭害药物73千克。

【畜禽检疫】 2023年，沙溪镇开展产地检疫1070批次，检疫生猪1558头、小鼠1.4

万只；屠宰检疫生猪95.80万头，检疫猪肉及其产品86204.34吨；屠宰检疫家禽197.85万羽，检疫禽肉及其产品5340.54吨。无害化处理病死生猪234头、家禽499羽。

农村集体资产管理

【概况】 2023年，沙溪镇下辖行政村20个、农民专业合作社69家，农户16242户、农户总人口6.09万人、耕地面积5531.73公顷，其中流转至村集体面积5344.47公顷，流转率96.61%。至年底，沙溪镇农村集体经营性资产6.17亿元。全镇农村集体资产交易成交357宗，成交金额2496万元。

【村集体经济】 2023年，沙溪镇村级收入2.56亿元。其中经营收入2496万元，发包收入13697万元，投资收益1465万元，补助收入3564万元，其他收入4355万元。

水利水务

【河长制建设】 2023年，沙溪镇有河道931条，其中包括10条市级河道、30条镇级河道、144条村级河道和747条生产河道，总长度约700公里。落实16名镇级河长、109名村级河长，市、镇、村河长制公示牌共设立336块。各级河长认真开展认河、巡河、治河、护河工作。2023年沙溪镇镇级河长和助理单位共巡河165次，村级河长巡河4600余次，办结沙溪镇河长制交办单114起、太仓市交办单3起、沙溪批办单1起、苏州交办单1起、太仓批办单2起。

【河道长效管理】 2023年，沙溪镇聚焦全面消除劣V类水体，重点整改劣V类河道11条，销号9条，完成整改2条。因河施策，劣V类河道治理取得实效。

【水利工程建设】 2023年，全面启动沙溪镇金仓湖片区生态美丽河湖建设，总面积约4.65平方公里，区内共涉及20条河道，河道总长17.44公里。通过水环境治理、水生态保护与修复、岸坡植被恢复、水景观提升改造、美丽乡村建设、枢纽文化景观提升等综合措施，实现将金仓湖片区打造成为通江达湖的清水走廊、生态绿廊、滨水走廊的美好愿景。

【防汛防旱】 2023年，沙溪镇成立汛后检查小组，按照“谁检查、谁负责”要求，全面落实汛后检查工作责任制。组织专业社会抢险队伍3支，组成抢险队员38名，配备水泵、挖机、卡车。储备草包10000只、土工布袋21000只、毛竹100根、8寸潜水泵1台、6寸潜水泵59台、发电机1台及铁丝、雨衣等有关配套物资。

【农村生活污水治理】 2023年，沙溪镇农村生活污水治理7个自然村649户。整改提升村庄14个，整改提升农污独立设施改造14个。治理污水直排口消除10个、工业企业废水接纳整治与雨污分流治理11家、小散乱排水户备案20家，完成4个小区、2个单位庭院雨污分流治理。达标区治理利泰劳动村、苏棉小区沿河污水直排口消除15个，工业企业废水接纳整治与雨污分流治理11家，完成小散乱排水户备案20家，完成4个小区、3个单位庭院雨污分流治理。

（顾怡君）

太仓市生物医药产业园

【概况】 太仓市生物医药产业园成立于2012年，园区位于太仓市沙溪镇东部，总规划面积6平方公里，分三个组团。北部组团面积2.7平方公里，主要布局生物创新药集群；中部组团面积1.8平方公里，主要布局医药合同服务外包集群；南部组团面积1.5平方公里，主要布局医疗器械集群。

【项目招商引入企业106家】 2023年对接生物医药类项目超1060个次，累计新注册生物医药企业106家；新签约项目68个，总投资约69.73亿元，其中产业化项目41个，人才项目31个，亿元以上项目27个，其中5亿元以上项目5个，分别是同辐辐照、瀚诺馨生物、低碳双创中心、生物医药加速器和华氏医疗特医产业园项目；落地院士项目2个，分别是依诺医药（太仓）有限公司和苏州陶然堂生物科技有限公司。生物医药产业园内企业总数超400家。

【校企互联促就业】 2023年太仓市生物医药产业园科创药谷系列活动之苏州大学苏州医学院专场招聘会成功举行，企业招聘需求共计近200个岗位。

【苏州思萃免疫技术研究所选送项目荣获2023年“科创江苏”创新创业大赛生命科学领域创业组二等奖和创新组三等奖】 2023年11月9日—10日，由江苏省科学技术协会、江苏省人民政府台湾事务办公室、江苏省工业和信息化厅、江苏省农业农村厅、江苏省总工会、中国共产主义青年团江苏省委员会主办的2023年江苏省“科创江苏”大赛生命科学创新组总决赛在南京江北新区举行。园区大院大所——思萃免疫技术研究所选送的“单细胞全长转录本和多组学技术在结直肠癌早期诊断分子标志物筛选中的应用研究”和“MRISC细胞疗法用于炎症性肠炎和肠纤维化治疗”2个项目，通过了大赛组委会和评审委员会的初审和初评，入围总决赛。这2个项目经过现场路演和评比，从众多优秀项目中脱颖而出，分别荣获2023年“科创江苏”创新创业大赛生命科学领域创业组决赛二等奖和创新组决赛三等奖！

【欧米尼医药和百因诺生物入选2023年江苏“潜在独角兽”企业】 2023年11月，江苏省生产力促进中心发布了2023年江苏省“独角兽”企业评估结果。生药园欧米尼医药和百因诺生物2家企业获评江苏“潜在独角兽”企业。“潜在独角兽”企业作为独角兽企业的后备军，是科技骨干型企业的典型代表，在引领科技创新、开拓新领域新赛道、塑造发展新动能新优势等方面发挥了重要作用。

【昭衍新药入选2023年度苏州市拟认定总部企业，生药园获批设立2023年江苏省技术产权交易市场工作站】 苏州市发改委公示了2023年度苏州市总部企业拟认定名单，生药园企业昭衍（苏州）新药研究中心有限公司榜上有名！总部企业是指苏州企业依法开展经营活动，符合本市产业发展政策，以投资或者授权管理形式，履行跨地级市以上区域范围行使投资控股、运营决策、财务结算、集中销售、研发、供应链配置等管理服务职能的总机构。江苏省科技资源统筹服务中心和江苏省技术产权交易市场公布了批准设立2023年江苏省技术产权交易市场分中心和工作站名单，园区获批设立2023年江苏省技术产权交易市场工作站太仓市工作站！

【华益美入选2023年省级企业技术中心】 2023年12月1日，省工信厅公示了2023年省级企业技术中心拟认定名单，生药园企业苏州华益美生物科技有限公司成功上榜！企业技术中心是指企业根据市场竞争需要设立的技术研发与创新机构，负责制定企业技术创新规划、开展产业技术研发、创造运用知识产权、建立技术标准体系、凝聚培养创新人才、构建协同创新网络、推进技术创新全过程实施。

【国家级项目园区大院大所思萃免疫技术研究所选送项目入选2023年国创中心“揭榜挂帅”技术攻关优胜项目】 2023年12月，国家生物药技术创新中心细胞疗法“揭榜挂帅”技术攻关拟立项目进行公示，园区大院大所思萃免疫技术研究所选送项目成功入选优胜项目！思萃免疫技术研究所团队从临床肠道炎症发生改变的信号分子MAP3K2出发，结合单细胞测序、ATAC测序、报告基因小鼠、体外肠道类器官共培养体系以及肠道间质细胞原位注射等技术，在国际上首次发现了一群促进肠道损伤修复的干细胞微环境重要间质细胞，命名为MRISC（MAP3K2-regulated intestinal stromal cells），并系统揭示了MRISC细胞在肠道炎症和损伤过程中通过特异调控肠道干细胞微环境的R-spondin1-WNT信号参与肠道上皮组织损伤修复的作用和机理。细胞疗法“揭榜挂帅”技术攻关是由国家生物药技术创新中心组织发布，旨在通过对细胞疗法全产业链和创新链进行对接，开展细胞疗法技术方面的前瞻性和创新性的研究，推动细胞疗法全产业链亟需、专利技术受限、临床应用导向鲜明的重大技术攻关突破，为实现细胞疗法满足临床需求奠定坚实基础。

【生药园企业和工作室再获多项表彰】2023年12月，江苏省商务厅发布了《省商务厅关于公布第四批省级服务贸易基地及首批省级平台型数字贸易龙头企业等遴选结果的通知》（苏商服函〔2023〕1185号），生药园企业昭衍（苏州）新药研究中心有限公司成功入选首批省级数字贸易平台！省科技厅根据《关于组织申报2023年江苏省产学研合作项目的通知》（苏科区发〔2023〕169号）精神，经审查，园区企业江苏思峻机械设备有限公司选送的项目成功入选2023年江苏省产学研合作项目拟立项项目！苏州市发展和改革委员会公示了2023年度苏州市新兴服务业领军企业拟认定名单，园区企业昭衍（苏州）新药研究中心有限公司成功入选！苏州市科学技术局根据《关于组织开展2023年度苏州市“独角兽”培育企业遴选工作的通知》，经企业申报、主管部门推荐、专家评审、现场考察流程，园区企业苏州百因诺生物科技有限公司、核欣（苏州）医药科技有限公司成功入选！2022—2023年度苏州市优秀委员工作室名单公布，园区生物医药产业百军委员工作室成功入选，太仓仅2个！

【重点项目】22个生物医药项目集中签约　2023年2月12日，2023年沙溪镇春季重点项目集中签约仪式举行。活动共计揭牌项目3个，签约项目26个，总投资119.5亿元，覆盖了生物医药、智能制造等多个新兴产业领域。所有签约项目累计总投资119.5亿元，供地项目亩均投资强度超2200万元。其中生物医药项目22个，总投资41.3亿元；外资项目3个，总投资约9.23亿美元。总部类项目达4个，方坦思是中国第一家与美国强生签约的民营一类创新药企业。上海市生物医药行业协会与沙溪镇签订战略合作协议，把长三角生物医药产业服务发展联盟的办公室落户在生药园，将引入生命科学领域国内外专家和生物医药、中医药项目和投资资本，还将引进国际一流的医疗资源，打造国际高端医养中心和合成生物学产业化基地、高端医疗器械产业化基地等。中铁一局华东指挥部战略合作签约，代表着即将又有一家央企落户沙溪，将为太仓生物医药产业高质量发展赋能添势。

苏州易真康生物制药有限公司奠基仪式举行　2023年3月20日，在太仓撤县建市三十周年暨德企发展30年大会重点项目开工开业系列活动沙溪镇会场上，举行了苏州易真康生物制药有限公司奠基仪式，并集中展示了沙溪镇一季度开工开业项目28个，总投资83.56亿元，其中生物医药项目15个，总投资29.82亿元。太仓市委常委、政法委书记许超震，沙溪镇党委书记、太仓市生物医药产业园管委会主任王晓红，沙溪镇党委副书记、镇长王永伟，沙溪镇党委副书记郑珑，苏州易真康生物制药有限公司董事长、总经理陈磊，太仓市及沙溪镇相关部门领导、易真康项目相关代表以及园区部分重点企业代表等出席了本次活动。活动中，许超震发表讲话，王晓红致辞，陈磊发言，现场还举行了易真康项目奠基培土仪式。

上海市生物医药行业协会太仓对接交流会圆满举行 3月30日，“沪”通医药产业·助“太”擦亮药谷——上海市生物医药行业协会太仓对接交流会在生药园举行。此次活动由上海市生物医药行业协会与生药园共同举办，旨在促进双方的交流研讨，加快推进在生物医药产业方向上全方位、深层次、宽领域的合作共建。

生药园助力苏徽生命健康产业科技创新成果转化对接交流会举行 2023年5月6日，“融合交流·创聚苏州”安徽医科大学2023百名校友科学家访企行系列活动暨生命健康产业科技创新成果转化对接交流会在苏州市工业园区举行，近百名安医校友齐聚一堂，激荡思维，搭建校地合作交流之桥。前期，园区积极与安徽医科大学苏州校友会开展合作，推动39个项目在园内的宣传对接，这次带领多个有合作意向的项目来到现场参与此次对接交流会。会上，太仓市生物医药产业园有限公司招商发展部负责人潘骅作园区推介，安徽医科大学党委书记顾家山和苏州市卫生健康委员会党组书记、主任章鸣林分别发表致辞。

总投资29.26亿元，生药园与6个生物医药产业项目成功签约 2023年11月7日，由商务部投资促进事务局、太仓市人民政府主办，太仓市商务局、太仓市招商局、太仓市生物医药产业园管委会和生命健康产业跨境合作委员会承办的健康中国——2023生命健康产业跨境合作“太仓对话500强”活动在上海成功举办！签约环节，园区与EQT生命科技产业园、中核辐照总部基地、瀚诺馨医美总部基地等6个优质项目成功签约，太仓市招商局与2个平台机构签约。此次签约投资总额达29.26亿元，其中2个外资项目总投资超2.1亿美元。

总投资77.3亿元！生药园53个重点项目集中开工、竣工、开业 2023年11月27日，“金秋看沙溪”系列活动——2023年沙溪镇重点项目集中开工、竣工、开业暨康容生物总部基地项目开业仪式在生药园举行。此次园区共有53个开工、竣工、开业重点项目集中“亮相”，总投资77.3亿元，预计全部达产后可实现年产值约114.8亿元、税收约8.3亿元。

（孔慧婷）

服务业

【概况】 2023年，沙溪镇践行“四敢”要求，奋力争先创优，不断加快服务业转型升级，吹响现代服务业高质量发展的“集结号”，年内，全镇规模以上服务业企业共54家。全年完成服务业增加值75.55亿元，较上年增长5.75%，占地区生产总值的49.62%，较上年增长1.3%。服务业总营业收入83.74亿元，其中，贸易营业收入62.59亿元，其他服务业营业收入21.15亿元。全镇规模以上批发零售企业40家、餐饮住宿4家，其他服务业10家。

【重大项目发展】 2023年苏州市服务业重点项目中金溪医疗器械材料园项目总投资5亿元，占地面积约83.18亩，总建筑面积约100300平方米，2023年已全面开工。莱茵消费类产品检测及智能检验检测项目租赁平谦现代产业园16号厂房面积24911.09平方米，计划总投资3亿元，预计2024年一季度投产。新协国际卡丁车体育公园项目总投资3亿元，占地面积约43.43亩，总建筑面积为10214.64平方米，另建有专业跑道，项目将建成国内最高标准的国际级卡丁车赛道，以及赛车电竞训练与比赛基地，2024年上半年正式投入运营。

（沈新慧）

银 行

【中国农业银行沙溪支行】 中国农业银行沙溪支行位于沙溪镇沙南西路6号101、102室。在沙溪镇设有网点1处、太仓市城厢镇新毛营业点1处，有工作人员19人。2023年存款余额27.75亿元，贷款余额17.76亿元。中国农业银行履行“大行德广，伴您成长”的社会责任，以市场为导向，立足地区实际情况，为客户提供更优质、更完善的综合化金融服务。

【中国建设银行太仓沙溪支行】 中国建设银行太仓沙溪支行位于太仓市沙溪镇新北东路189号，有工作人员15人，经营范围涵盖公司及个人存贷款、理财、开户、结算等。2023年支行时点存款20.19亿元，其中公司存款11.18亿元，个人存款9.01亿元，对公表内贷款余额38.48亿元，其中普惠贷款余额5.87亿元，较年初新增1.56亿元，较好地支持小微企业的发展。2023年沙溪支行还通过了易真康动物疫苗项目、国鑫生命产业园项目，支持实体经济。

【中国工商银行沙溪支行】 中国工商银行沙溪支行位于沙溪镇白云中路3号，有营业网点1处、自助服务区2处，有工作人员17人，经营范围涵盖公司和个人本外币存款、贷款、结算、理财等。2023年存款余额20亿元，贷款余额48.78亿元。

【中国银行沙溪支行】 中国银行沙溪支行位于沙溪镇新北东路46号，有工作人员12人。2023年存款余额18.99亿元，比上年末新增4.01亿元，贷款余额33.47亿元，比上年末新增6.40亿元。中国银行沙溪支行致力于服务实体经济和小微企业，积极贯彻乡村振兴战略，宣传普及金融知识，打通乡村金融服务“最后一公里”。

【太仓农村商业银行沙溪片区】 太仓农村商业银行沙溪片区有 4 家支行，分别为沙溪支行、岳王支行、归庄支行、直塘支行。有营业点 7 处，员工 59 人。2023 年末存款余额 75.90 亿元，较年初增加 10.60 亿元，增幅为 16.23%；贷款余额 50.28 亿元，较年初增加 7.48 亿元，增幅为 17.48%。

【中国邮政储蓄银行太仓市沙溪南路支行】 邮储银行太仓市沙溪南路支行位于沙溪镇沙南西路 6–110 号。2023 年，开展企业大走访活动，畅通银企对接渠道，深入了解地方小微客群全方位的金融需求。截至 2023 年末，人民币存贷款规模已超 19 亿元，服务的小微企业已超 200 家。不断完善民营企业金融服务机制，落实细化金融服务优化工作，普惠型小微企业贷款余额达到 3.06 亿元，年净增 1.28 亿元，高于各项贷款增速，持续推进实体经济的高质量发展。

全域旅游

旅游资源

【概况】 沙溪古镇始建于唐代，距今已有1300多年历史。古镇保护范围67公顷，景区范围20公顷，保留有集街巷、巷门、桥门于一体的古镇城防系统和以亲水河棚、水弄堂、各式河埠为特点的临水民居，拥有园林、雕花宅院、洋楼等一批优秀历史建筑，现有省级文保单位2处，市级文保单位10处，属地居民3000户。2005年被国家建设部、文物局命名为“中国历史文化名镇”，2012年成功入选“中国世界文化遗产预备名单”，2015年被国家旅游局评为国家AAAA级旅游景区。

【沙溪古镇“七浦文脉”江南水乡原真风貌展示项目】 位于沙溪古镇区，为长江国家文化公园江苏段重点项目，计划投资1亿元，重点打造沙溪古镇江南文化数字艺术广场等内容，建成后将为游客提供集文化、休闲、娱乐、养生等于一体的综合旅游产品，成为游客了解沙溪历史、体验江南文化的重要载体。2023年完成古镇亮化工程，2024年开工建设沙溪古镇江南文化数字艺术广场。

【香塘艺术田园国际亲子度假村暨野邻LINE FRIENDS露营村一期】 位于沙溪镇香塘村，由太仓市沙溪镇及乡伴文旅野邻X-camping携手LINE FRIENDS国际主题IP，在沙溪镇推出“IP+露营+乡村”的全新模式，打造江苏省首个国际IP入驻乡村的跨界文旅地标。项目占地面积140亩，建设内容涵盖精神堡垒、亲子及轻商务民宿、花仓餐厅、节气餐厅、香塘书局、美事商店、蜜塔森乐园和火车餐厅以及甜蜜会客厅等特色业态。2023年成功荣获全国金选旅行住宿奖、中国美丽乡村休闲旅游行（夏季）精品景点线路、省乡村旅游业态创新示范项目、苏州乡村旅游精品民宿。

【香塘艺术田园国际亲子度假村暨野邻LINE FRIENDS露营村二期】 位于沙溪镇香塘村，计划投资2000万元，总占地40亩，建筑面积约1200平方米，规划建设太空舱民宿、野食花园、露营区、儿童乐园等，与露营村一期形成串联互动，进一步丰富亚洲首家LINE FRIENDS家族主题露营村的旅游业态。2023年8月开始施工，计划2024年4月对外营业。

【太仓沙溪国际卡丁车中心项目】 位于沙溪镇沙南西路，计划投资3亿元，占地43.43亩，建筑面积约10214平方米，建设国内最高标准的国际级卡丁车赛道、赛车电竞训练与比赛基地，可举办国际国内各项大型赛事，打造华东地区有影响力的新型文旅项目和中国卡丁车产业链中心。2022年2月开始施工，计划2024年4月对外营业。

【橄榄岛山体公园二期】 位于沙溪古镇东侧，在橄榄岛风貌提升项目（一期）的基础上，对橄榄岛（二期）实施提档改造。着重对张家园老旧小区进行改造，并植入邻里、健康、儿童友好社区等多元复合场景，改造园路、增加停车场、优化建筑立面、更换河岸栏杆、迁改架空线入地。通过本次提升，不仅有效拓展了岛内生态空间，让岛内居民真正享受改造升级后的“康养慢生活”；更与古镇、文旅项目结合，进一步提升游客的古镇游览体验。2023年3月开始施工，计划2024年1月对外开放。

【轻井泽温泉酒店配套商业中心项目】 位于沙溪镇印溪南路188号、轻井泽温泉酒店东侧，计划投资3000万元，总占地10亩，总建筑面积约10000平方米，建设配套酒店的商业、旅游、度假综合体，成为酒店的配套商业中心，预期年收入约1000万元。2023年6月开始施工，计划2024年6月对外营业。

旅游市场

【概况】 2023年，新开设印溪农文旅微信公众号、视频号、抖音号、小红书等载体，多渠道、多层次、多角度进行产品推广营销。参加市文旅局组织的上海、南京等地推介会，面向上海商会进行农文旅专题推介，加强与“名城苏州”、《苏州日报》等线下媒体，抖音、同程、携程等线上平台合作。全年累计接待游客170万人次，实现旅游总收入1800万元。

旅游宣传

【沙溪古镇旅游消费推介暨诚信市集启动仪式】 2023年3月15日，由沙溪镇人民政府与太仓市市场监督管理局联合主办的旅游消费推介暨诚信市集启动仪式在沙溪古镇举行，旨在打造旅游消费新引擎、丰富旅游消费新业态、建设旅游消费新地标。活动现场共设置12个宣传摊点，沙溪镇新时代文明实践所、太仓市市场监督管理局沙溪分局、太仓市沙溪镇综合行政执法局、太仓市税务局沙溪税务分局、太仓市公安局沙溪派出所、太仓市公安局交警大队沙溪中队、太仓市安全生产监察大队沙溪中队、太仓市沙溪镇司法所、太仓市沙溪镇社会事业局、太仓市沙溪镇网信办、太仓市沙溪古镇旅游开发有限公司等相关单位和相关部门工作人员向游客和市民发放宣传资料，介绍包括食品安全、交通安全、网络安全、司法维权、文明旅游、文明养犬等相关内容，共计服务群众上千人次，取得较好的宣传效果。

【沙溪古镇声动市集】 2023年4月29日，沙溪古镇举办“声动市集”，以古镇文化内涵为基底，以多元妙趣的嘉年华为内核，摆摊、逛集、游乐、品尝美食，深度体验古镇“潮人”生活，感受另一种生活的返璞。打卡精品文创、非遗文化，如竹编、团扇、鲜花、手作，感受沙溪文化的时光在匠人手上停留。

消防培训

【旅游安全】 2023年，成立旅游安全工作领导小组，靠前谋划旅游安全生产工作，每月开展景区内各场馆、文保单位、消防器材和游乐设施的自查工作，做好相关检查资料台账和隐患排查整治。聘请专业机构对沙溪古镇景区进行专项安全排查，落实整改工作闭环。加强消防安全演练，积极推广智慧用电、简易喷淋等技防措施。

节庆活动

【弘扬传统文化·喜迎新春佳节】 2023年1月23日至27日春节期间，沙溪古镇景区游人如织，热闹非凡，掀起了旅游消费的新热潮。饱含江南水乡韵味的沙溪古镇，潺潺流水贯穿其中。节日里，古镇各色民俗活动火热开展，以古礼传递文明，“弘扬传统文化　喜迎新春佳节”“我们的节日·春节”等主题文明实践活动，将民风民俗演化于业态之中，将传统与现代完美融合。汉服巡游、汉礼课堂、缠花制作、评弹表演等活动，给古镇增添了浓浓的年味。游客在这里一边感受着历史文化，一边享受着新年新气象。

汉服巡游

【“大有钱兔” 新春寻宝游园季活动】 2023年1月22日至28日，香塘·野邻LINE FRIENDS露营村人气爆棚，举办的“大有钱兔”新春寻宝游园季活动更是吸引了大量游客前来参与。游客们通过一系列寻宝活动，可以搜集现金、红包和产品抵用券，内容包括“香塘书局”满减红包、“月升之滨”特色民宿、“布朗熊之家”主题民宿抵用券、节气餐厅餐饮九折券等。

【亲情中华——瑞兔庆丰年·元宵乐团圆】 2023年2月3日，由太仓市委统战部、太仓市侨联主办，沙溪镇人民政府承办，太仓市印溪农文旅发展有限公司协办，苏州市侨联华侨灯谜会支持的“亲情中华——瑞兔庆丰年·元宵乐团圆”迎元宵灯谜竞猜活动在沙溪古镇举行。本次灯谜内容不仅包含兔年元宵、自然常识等常见内容，还融入了侨联侨文化名词、太仓人文特产等特色灯谜。此次活动不仅让群众亲身体验和感受中华优秀传统文化的魅力，还让大家在共庆佳节过程中感受统一战线凝心聚力、团结奋进的力量。

【第七届太仓乡村旅游节开幕式暨沙溪镇夏日“溪”游季启动仪式】 2023年6月21日，第七届太仓乡村旅游节在沙溪古镇举行，现场评选出了太仓首批十个乡村研学游基地，推出了两条具有鲜明非遗文化特色的夏季游路线和夏日“溪”游季特惠大礼包。伴随着乡村旅游节开幕，古镇嘉年华巡游活动也正式开启，花船巡游、古风舞蹈、小丑表演、铜人默剧等水陆巡游活动让人目不暇接。现场还有包粽子、点雄黄、民俗文化有奖竞答等端午节传统活动项目，增添了浓郁的文化氛围。第七届太仓乡村旅游节获评第十二届苏州创博会分会场二等奖。

【夏日“溪”游季——归庄专场】 2023年8月8日，由太仓市印溪农文旅发展有限

夏日“溪”游季——归庄专场大门

纸飞机游戏

公司主办的夏日“溪”游季解锁了多元打开方式，香塘烧烤露营趴、浒水摸鱼、钓龙虾、套圈大神、草帽大作战、纸飞机大赛……以满满趣味体验寻回纯粹快乐。露营村内有土窑披萨、荧光派对、用植物浮雕搭建的小朋友的快乐城堡。渠泾村的泥塘里，可在田间踩泥巴、玩泥巴，开启捕鱼大作战。

【相遇·沙溪古镇七夕游园会】 2023年8月22日，由太仓市文明办、沙溪镇新时代文明实践所主办，沙溪镇社会事业局、太仓市印溪农文旅发展有限公司承办，太仓弇山汉服研习社协办的七夕游园会在沙溪

七夕游园会 1

七夕游园会 2

古镇举行。游园会分为“鹊桥相会与爱情相遇”“历久弥新与时代同行”“保护传承与文化共鸣”和“古韵新风与文明邂逅”四部分。游园会盛况在江苏卫视、荔枝新闻等平台同步直播。

【我们的节日·中秋节】 2023年9月29日至10月3日，沙溪古镇紫藤市集正式开启，七浦河两岸，传统街市叠加创意市集，让游客在体验老街烟火气的同时，感受了一把江南水乡的温婉气质与艺术创意。现场设有各式特色摊位，为广大居民、游客带来精彩纷呈的活动体验。特邀驻场艺术家雪村老师的文创产品的展出也吸引了不少游客驻足，水光潋滟，彩灯璀璨，本土驻唱乐队临河而立倾情献唱，乐队轮番上阵。

【网红开心牧场·草坪动趣乐园】 2023年9月23日至10月6日，太仓首家网红户外动物牧场在太仓香塘野邻LINE FRIENDS露营村浪漫来袭。这个秋季最治愈的地方莫过于太仓野邻露营村，这里将迎来首个网红开心牧场。在自然中呼吸，与萌宠亲触，一群温驯的小鹿、羊驼围绕在身边，不管是男女老少，都乐在其中投喂、抚摸、互动，近距离感受它们的喜怒哀乐。

（严海月）

综合经济管理

财 政

【概况】 2023年，沙溪财政大力实施更加积极的财政政策，落实落细过紧日子政策措施，切实加强财政管理，努力推进财政改革，更好服务和有力保障全镇发展改革稳定大局。全年完成一般公共预算收入11.77亿元，较上年同口径增加2.34亿元，增长24.8%，其中税收收入10.44亿元，较上年同口径增加1.97亿元，增长23.3%；政府性基金预算收入4.98亿元。全年财力9.55亿元，其中一般公共预算财力（含扩权强镇及公共停车设施特许经营权补助）5.61亿元、政府性基金财力3.94亿元。

【预算管理】 2023年，沙溪镇各单位继续按照不低于10%的比例压减日常公用经费等一般性支出。运用预算管理一体化系统中预算绩效前置功能，将绩效管理整体嵌入预算管理流程，加强动态实时管理，推进预算管理和绩效管理一体化。设定绩效指标，规范绩效目标编制，加强财政资金绩效跟踪。加强绩效评价结果运用，健全绩效评价结果与安排预算、完善政策、加强管理的挂钩机制。强化预算约束和资金统筹。加大审计、巡察、财政监督检查、绩效评价结果应用，建立预算执行情况和下年预算安排挂钩机制，加大预算约束。对预算执行进度缓慢、绩效评价不高、实施效果不好的项目和单位，减少预算资金安排。加大预决算公开透明力度。2023年乡镇全面推进预决算公开，按照预决算信息公开工作方案的要求，运用一体化系统公开模块功能，整合预算批复、数据提取、模板导入、公开发布等流程，提高预决算公开信息的规范性和准确性，持续提升公开质量。

【资产管理】 2023年，沙溪镇认真执行行政事业单位资产管理制度，利用江苏省行政事业单位资产云平台，按规定监督预算单位资产购置审批、使用管理、资产调拨、报废核销、处置盘亏等。定期查验，摸清行政事业单位家底，做到账实相符，防止国有资产流失。沙溪镇资产年报23个上报单位资产及负债账面情况：资产账面数合计302577.43万元，其中固定资产原值97662.47万元，净值72845.91万元，无形资产592.35万元，负债账面数合计67201.09万元，净资产账面数合计235376.33万元。年度总资产增加6514.03万元，增长2.2%，其中固定资产增加13361.97万元，增长15.85%。2023全年累计折旧增加24816.56万元。2023年全年对报废固定资产处置收入共计2.31万元。

【财政涉农补贴】 2023年，沙溪镇执行财政涉农补贴发放政策。全年发放农业支持保护补贴（耕地地力保护补贴）808.03万元，耕地轮作休耕补贴241.82万元，生态补偿资金1998.4万元，稻谷补贴475.45万元，实际种粮农民一次性补贴73.78万元。

表 1

2023 年沙溪镇一般公共预算收入明细

单位：万元

收入科目	金额
1. 税收收入	104406
增值税	56995
企业所得税	18386
个人所得税	4650
资源税	3
城市维护建设税	5156
房产税	7821
印花税	1833
城镇土地使用税	2116
土地增值税	800
车船税	2
耕地占用税	451
契税	5642
环境保护税	551
2. 非税收入	13309
专项收入	3043
行政事业性收费收入	4400
罚没收入	0
国有资源（资产）有偿使用收入	4366
捐赠收入	0
其他收入	1500
收入合计	117715

表 2

2023 年沙溪镇一般公共预算支出明细

单位：万元

支出科目	金额
1. 一般公共服务支出	5653
2. 公共安全支出	88
3. 教育支出	19689
4. 科学技术支出	4388
5. 文化旅游体育与传媒支出	230
6. 社会保障和就业支出	11535
7. 卫生健康支出	8566
8. 节能环保支出	2682
9. 城乡社区支出	20002
10. 农林水支出	10340
11. 交通运输支出	420
12. 资源勘探工业信息等支出	1178
13. 商业服务业等支出	78
14. 金融支出	0
15. 援助其他地区支出	0
16. 自然资源海洋气象等支出	0
17. 住房保障支出	2594
18. 粮油物资储备支出	0
19. 灾害防治及应急管理支出	816
20. 其他支出	0
21. 债务付息支出	0
22. 债务发行费用支出	0
支出合计	88259

【内部审计】 2023 年，沙溪镇深入学习、认真贯彻国务院出台的《关于进一步加强财会监督工作的意见》。组织全镇机关事业单位开展财会监督专项行动自查自纠，构建起资金使用安全合理、财政运行健康规范的良好环境。开展公款旅游及隐形变异问题专项整治，形成遏制公款旅游和隐形变异公款旅游的长效机制。对沙一中、农工局等 10 个单位开展了财务收支审计，对查出的 55 个问题限时整改，确保各项廉洁规定在单位落地落实。加强财政专项资金和政府重大项目审计，对 169 个项目

进行了专项审计，送审金额37267万元，核减金额2981万元，核减率8%。

【政府采购】 2023年，沙溪镇备案通过85个政府采购项目，采购计划金额7150万元。进一步规范采购流程，明确各单位采购人主体责任，对限额以上的采购项目，增加了采购意向公开环节。

【国资管理】 2023年，沙溪镇成立国有企业管理领导小组，出台《沙溪镇国有企业财务管理工作规程（试行）》《沙溪镇国有企业融资管理工作规程》《沙溪镇国有企业选聘融资中介机构管理办法》，有效确保国有企业债务本金周转、利息支付和投资、拆迁、建设项目的融资需求，确保融资工作规范、安全、高效。

【数字财政】 2023年，沙溪镇12家机关事业单位、9所学校以及国资公司人员工资发放实现全额数字人民币支付，各部门基本实现以数币形式完成各类日常资金支付。2023年，沙溪镇数币支付预算内资金7634笔，涉及金额10.26亿元。其中：工资代发14147人次，涉及金额18800万元；奖补资金发放392笔，涉及金额583万元。

（张廷波）

税 务

【概况】 沙溪税务分局于2023年12月搬迁至白云南路2210号，内设综合管理组、基础管理组、风险防控组、纳税评估组，主要职能是负责辖区内13632户（含6929户个体工商户）纳税人缴费人的基础税（费）源管理、风险应对和纳税服务工作。2023年沙溪税务分局持续聚焦党建引领、依法治税、税费服务、矛盾化解、队伍建设等重点工作任务，不断改进工作作风，增强法治思维，扎实推进新时代“枫桥式”税务分局建设，共组织税费收入28.37亿元，其中：税收收入19.61亿元，社保费收入8.59亿元，非税收入0.17亿元。税收收入占全市比重不断提升。

【减税降费】 2023年，沙溪税务分局落实各项税费政策，为高质量发展注入强劲动力。把落实新的组合式税费支持政策作为重大政治任务，坚持宣传辅导务必要广、分析测算务必要细、退税减税务必要快、统计核算务必要准、监督检查务必要实、风险防范务必要严等“六个务必”，确保政策红利直达快享。全年通过“减、免、退”共兑现各类优惠9.92亿元。其中：办理留抵退税7380万元，惠及企业超500户次；减免税金7.54亿元。

【优化营商环境】 2023年，沙溪税务分局推行“零跑动”，让线上办税更加智能高效。认真落实办税缴费“零跑动”服务

沙溪分局办税窗口“三项举措”助力数电票推广上线工作

举措，想方设法提高“线上办”比例，全年实体办税量同比下降12.3%，持续推进个人全程线上办的不动产交易网上办税平台，实现“智能核税、网上交税、自助办税”。基本实现数电发票全覆盖，依托数电推广微服务平台，采用“网格化预先辅导、随票全面覆盖、协同兜底保障”的方式，主动服务、精准对接纳税人个性化需求。推进“一次办”，让实体办税更加方便快捷。推动涉税事项“同城通办”，沙溪镇行政审批局税务窗口实现全市全税费种业务通办。对照江苏省税务局营商环境监测指标，主动自我加压，办税厅平均等待时长5.1分钟，与相关部门联合实现企业开办0.5天、不动产交易最快10分钟受理。全面落实“便民办税春风行动”服务举措，重点突出高新技术企业、上市公司、“小巨人”企业、专精特新企业等重点群体，提供更多的个性化、智能化和精准化服务。依托税收大数据，实现“人找政策”到“政策找人”的转变，手把手辅导符合条件企业线上申报，有效落实包括增值税加计抵减、研发费用加计扣除政策在内的各项税收优惠政策。

【税收法治效能】 2023年，沙溪税务分局突出数据赋能效应，日常监管“成效显”。坚持审慎包容、宽严相济，用好提示提醒“双推送”等新型执法方式促进遵从。探索“网格化服务管理及消息精准推送”工作模式，立足网格化工作机制，整合资源，实现“精准+网格”服务管理。通过批量

青春扬正气　翰墨倡清廉

化“涉税提醒 + 操作指引”组合式推送，增加与纳税人双向互动渠道，降低咨询频率，形成工作闭环，对日常征管事项形成全流程痕迹化管理，既压实责任高效完成任务，又减轻一线干部负担，达到优服务与强监管“双促进”。优化税收执法方式，推进精确执法。全面落实“三项制度”，促进执法信息公开透明、执法全过程可回溯管理、重大执法决定合法有效。落实逾期申报简易处罚事项网上办理，实现违法信息自动提醒、处罚流程全程网上办、处罚结果实时传递，提升办理便利性。推行柔性执法和说理式执法，严格执行第二批“首违不罚”清单，落实好长三角区域发票、申报、登记、征收、检查类税务行政处罚裁量基准，压缩自由裁量空间。在窗口、办公室设立“码上监督”二维码，畅通纳税人缴费人“办不成事”问题收集渠道。持续深化内控机制建设，并行开展“双随机”常规督查和廉政回访，有效统一执法标准，规范执法行为。

（陈玲玲）

统　计

【概况】 2023 年，沙溪镇做好统计年定报工作，开展各项统计调查，加强对重点产业领域发展态势、高质量考核等重要指标完成情况的监测分析。

【统计分析】 2023 年，沙溪镇加大经济运行分析，通过各专业多分类方式提高分析经济质量。每月编制《沙溪镇经济运行情况资料》，按时更新全镇高质量考核指标完成情况，做好高质量考核的汇总和分析工作，为领导决策提供意见。

【统计调查】 2023 年，沙溪镇按照太仓市统计局部署，月度开展工业、投资、农业、服务业、房地产、批零贸易等多个专业常规调查。季度开展规模以下工业、新设小微企业、线下服务业等专项调查工作。完成夏、秋两季农业测产和土地遥感测量工作。

【统计法治宣传】 2023 年，沙溪镇宣传《中华人民共和国统计法》《中华人民共和国统计法实施条例》等法规条例，通过各专业业务培训会议，对规模以上企业进行统计法治宣传。

市场监督管理

【概况】 太仓市市场监督管理局沙溪分局设立于2015年4月，是太仓市市场监督管理局的派出机构。现有在职干部18名、协管人员5名。内设沙溪、直塘和归庄、岳王两个网格。主要依据市市场监管局授权和委托范围，负责市场主体的生产、经营、交易等行为的日常监管和案件查处，开展各类专项执法检查，承担辖区食品药品安全、特种设备安全、产品质量安全等市场监管领域工作以及完成属地政府交办的其他工作。

【市场主体登记管理】 2023年，沙溪镇辖区内有市场主体19748户，其中个体工商户12713户、企业6966户、农民专业合作社69户。全年新增市场主体1996户，其中个体工商户1096户、企业900户。

【知识产权培育保护】 2023年，太仓市市场监督管理局沙溪分局聚焦高质量发展主线，不断推动知识产权强市战略，助推优化知识产权生态，知识产权注册量持续增长，当年辖区内快速预审备案企业92家，快速预审通道使用企业44家，快速预审申请发明147件，全年共授权各项专利1129件，其中发明专利授权132件。截至2023年底，辖区内共获发明专利拥有量1103件，实现有效发明专利量质齐升。全年开展3次非正常专利核查，检查涉及各类非正常专利148件，完成39家专利商标企业的检查调研，完成16家企业的网上调研。深耕地方发展，展现“服务培育攻坚”新作为，帮助指导企业获评“苏州制造”奖2家，获评江苏省质量信用A级企业15家，获评江苏省质量信用AAA级企业1家，获评苏州市质量奖1家，获评苏州市市长质量奖1家。邀请辖区内年产值3亿以上6家企业参加卓越绩效培训，进行质量、标准、体系运行、卓越绩效模式导入等方面的政策指导。召集辖区内的企业召开专利预审推进会、质量首席执行官推动会等，指导企业开展专利预审、知识产权融资、人才梯队建设等工作，完成培育知识产权师6名，累计完成登记注册质量首席执行官1000余名，帮助企业完成专利融资1.2亿余元。

【市场公平秩序维护】 2023年，太仓市市场监督管理局沙溪分局共立案156起，结案153起，罚没款共计37.34万元。其中免罚及从轻、减轻处罚案件共计133件，占结案总数的86.9%，涉及金额673.98万元。简易程序案件84件。

【消费者权益保护】 2023年，太仓市市场监督管理局沙溪分局共处理消费者投诉举报办件单1892件，其中全国“12315”平台942件、太仓市社会综合治理联动中心平台832件、太仓市市场监督管理局交办件98件、接待来人来电20件，为消费者挽回损失22.45万元。开展放心消费创建工作，2023年新增申报“江苏省放心消

表 3　　2023 年沙溪镇市场监管领域案件统计

	案件类型															
	证照	广告	商标	反不正当竞争	价格	质量	食品	特种设备	计量	条码	化妆品	药品	医疗器械	合同	消费者权益保护	其他
立案（起）	0	22	6	8	12	10	53	17	10	2	0	1	1	2	3	9
所占比例	0.0%	14.1%	3.8%	5.1%	7.7%	6.4%	34.0%	10.9%	6.4%	1.3%	0.0%	0.6%	0.6%	1.3%	1.9%	5.9%
结案（起）	0	18	3	11	11	11	52	16	11	3	0	2	1	3	2	9
所占比例	0.0%	11.7%	2.0%	7.2%	7.2%	7.2%	34.0%	10.5%	7.2%	2.0%	0.0%	1.3%	0.6%	2.0%	1.3%	5.8%

费创建先进单位”2 家，本镇省、市两级放心消费单位增至 33 家。推行线下七天无理由退货与数字人民币商户双向赋能，2023 年新增“吴优数购”商户 200 家，截至年底，辖区内共有 1515 家商户加入线下七天无理由退货承诺。

【食品药品安全监督】 2023 年，沙溪辖区内现有食品生产企业 56 家、食品销售经营单位 962 家、餐饮服务单位 867 家、单位食堂 135 家、小作坊 13 家、药店零售单位 63 家、医疗器械经营单位 78 家、医疗机构 24 家。2023 年共计发放食品经营许可证 469 张、“小餐饮信息公示卡”87 张、“预包装食品销售备案卡”128 张。对辖区内 832 家次食品销售店铺、693 家次餐饮店、147 家次单位食堂开展量化评级检查，对 63 家次零售药店开展药品安全等级评定工作，对 56 家食品生产企业进行全覆盖日常检查。

【特种设备安全监管】 2023 年，沙溪镇辖区内特种设备使用单位 1506 家，特种设备在册合计 4724 台（其中压力容器 1192 台、锅炉 13 台、起重机械 769 台、电梯 1218 台、场内机动车 1532 台）。坚持提升特种设备安全监管质效与科技赋能相结合，全力推进智慧化服务平台推广，2023 年辖区使用单位云平台开户 1220 家，开户率 97%；主体人员落实数 1202 家，落实率 96%；安全生产主体责任告知承诺书签订 1090 家，签订率为 86%；隐患自查单位数 1101 家，隐患自查开展率 87%；制定应急预案单位数 1039 家，应急预案制定率 82%。坚持做好特种设备事前监管与精准监管相结合，对即将预警的特种设备提前电话沟通、线上提醒、实地监察，帮助特种设备使用单位填表办理注销、停用等手续 47 台，办理公告注销、停用特种设备 97 台。坚持特种设备日常监管与专项整治相结合，全年共检查特种设备使用单位 357 家，发现隐患 273 条，已经整改 273 条，签发监察指令书100份，开具责令整改通知书100份，查封特种设备3台。

【食品安全专项治理整顿】 2023年，太仓市市场监督管理局沙溪分局按照“防风险、除隐患、保安全、促提升”总体工作思路，高标准严要求持续深化食品安全监管。聚焦特色产业，持续开展食品小作坊提档升级工作。深入实施食品小作坊“五化”提升行动，助力徐记、谷道、一口香、荡茜湖、友益佳等一批黄酒小作坊顺利取得登记证，太仓市沙溪镇食品小作坊集中连片区工作服务站获评“2023年度苏州市食品小作坊食品安全工作服务站”。聚焦民生重点，推动食品安全社会共治。对食品生产企业、养老单位食堂、医院食堂、集体配餐单位及学校食堂等重点单位常态化开展重点安全隐患排查。聚焦夏季高温时段，春节、元旦、中秋、国庆等重大节日，日韩餐饮店、火锅店、农家乐、乳粉经营店、小摊贩等高风险食品经营单位，结合“食品安全你我同查”“你点我检”等主题活动，扎实开展风险隐患排查工作，维护辖区食品安全稳定。聚焦全域治理，全面提升食品安全综合治理效能。在学校春秋两季开学检查、学校及食材配送单位检查、时令食品检查、节前食品安全检查等专项行动与日常监管中共计检查各类食品餐饮经营主体1672家次，共计发现问题4912个，发放整改告知书1068份，全年查处食品类违法案件137起。

（王蓉）

镇村建设

城镇规划

【概况】 2023年，沙溪镇稳步推进国土空间规划编制，完成镇级详细规划单元划分成果，开展多项控制性详细规划编制及调整工作，保护沙溪镇整体布局，科学利用地域文化资源，合理引导镇域土地利用与开发建设，促进城镇经济和创新创业健康发展。

【规划编制】 2023年，沙溪镇积极落实城镇开发边界内已批复控制性详细规划的修改补充，加快推进开发边界内控规未覆盖区域的详细规划编制，有效保障项目落地。完成沙溪镇老镇区控规SX-02单元调整、老镇区控规SX-10、SX-13单元调整、老镇区控规SX-04、SX-05、SX-06、SX-07、SX-08单元调整，完成太仓市生物医药产业园控规编制、沙溪镇西部工业园控规编制、沙溪镇北部工业区C-02地块控规调整、沙溪镇岳王工业区B-01、B-03街坊控规调整。推动沙溪镇老镇区控规SX-16单元调整、SX-17、SX-18、SX-19、SX-20局部、SX-21局部、SX-24单元修编、北部工业区C-01单元控规修编、岳王工业区C-01单元局部控规修编取得初步成果。

（朱雯）

城镇建设

【概况】 2023年，沙溪镇建设局以安全为底线，在教育基础设施、交通基础设施、便民服务、古镇提升、老小区提档五大方面全力推动城建工作全面开展，建设项目（含续建工程）26个，2023年完成20个，完成投资额约2.1亿元。

【白云花园小区改造】 2022年沙溪镇政府实事工程。对白云花园29栋屋面进行维修，建筑面积约16434平方米。维修内容主要对原有屋面拆除，重新做防水、屋面板等，采用铝镁锰板新型材料。投资额约1500万元，2022年10月开工，2023年8月完工。

【印东新村老小区改造】 2022年沙溪镇政府实事工程。投资8000万元对印东小区进行提档改造，占地面积约37万平方米，涉及居民542户，通过新增停车位、漫步道、围墙、小游园、照明设施、智能化设施，外立面改造，路面黑色化，实施雨污分流、三线入地等，打造宜居、可持续、更具竞争力的“示范引导的完整社区、形神俱佳的美丽社区、活力趣味的魅力社区”。2022年底开工建设，2023年底完工。

【项桥中心线南延】 2022年沙溪镇政府实事工程。工程范围北接通港西路路侧，南至新北西路，全长约728米，设计路基宽度为7米，投资额约850万元。2023年4月开工，2023年12月完工。

【新三线（台南路）大中修工程】 2022年沙溪镇政府实事工程。工程范围西起新三线千步泾桥东侧，东至临港路，全长约1008米，宽15米，对老路翻挖，重建路基路面，沥青混凝土路面，投资额1500万元。2022年11月开工，2023年12月完工。

【直塘小学风雨操场】 2022年沙溪镇政府实事工程。对原有校区内篮球场地块改建一座食堂及风雨操场，总建筑面积5627.92平方米，设置机动车车位97个，并配套实施建设地下车库、室外操场及水、电、气等公用设施，可容纳学生约810人，总投资约3300万元。2022年6月开工，2023年12月完工。

【归庄幼儿园翻建】 2023年沙溪镇政府实事工程。新建教学楼一幢，配套活动场地等，更新室内外设施设备，严格按照省I类装备要求配齐配足，总建筑面积1755.6平方米，总投资约1200万元。2022年3月开工，2023年12月完工。

【沙溪镇培远实验学校】 2023年沙溪镇政府实事工程。工程占地面积约108亩，总建筑面积约7.37万平方米。学校小学部设置6轨，预留2轨，共48个班，可提供学位2160个；初中部设置6轨，预留2轨，共24个班，可提供学位1200个，总投资约4.45亿元。项目于2022年12月开工，截至2023年年底，初中部主体已验收完成，小学部正进行人防地库施工。

【暑期校舍维修项目】 2023年沙溪镇政府实事工程。完成6所学校空调及相关配套工程施工，对11所学校的教室、场地、设施设备等进行修缮、改造、提档升级。总投资约1550万元。2023年7月开工，2023年8月完工。

【沙溪医院发热门诊】 2023年沙溪镇政府实事工程。占地面积3170平方米，总建筑面积1627.24平方米，涉及土建、安装、装饰、市政等工程，一层主要为门诊、药房以及检验室等，二层为病房区。投资额约1600万元。2023年2月开工，2023年年底主体结构封顶，暖通、消防等设施基本完成，完成工程量90%。

【河南街老小区改造工程（二期）】 2023年沙溪镇政府实事工程。对小区市政设施、绿化景观、公用设施进行改造，涉及房屋10栋，惠及居民200户。投资额约180万元。2023年3月开工，2023年10月完工。

河南街老小区改造

橄榄岛风貌提升项目（二期）

【橄榄岛风貌提升项目（二期）】 2023年沙溪镇政府实事工程。依托已建成的橄榄岛上体公园，着重对公园西南侧的居民区进行提档改造，提档面积3.6万平方米。着重对张家园老旧小区进行改造，并植入邻里、健康、儿童友好社区等多元复合场景，改造园路、增加停车场、优化建筑立面、更换河岸栏杆、迁改架空线入地，增添竹林秘境、儿童友好社区等活动区域，积极打造集“一居、两街、三区、四场、多点”空间体系于一体的沙溪旅游新地标。投资额约1146万元。2023年7月开工，2023年年底完工。

【天然气入户工程】 2023年沙溪镇政府实事工程。完成张家园、新北公寓、印溪新村、中荷新村（二期）440户通气，完成部分镇区老小区及政府规划小区零星散户200户通气，半泾新村内部低压管道建设已竣工。投资额约70万元。2023年3月开工，2023年12月完工。

【洞星路提档升级项目】 2023年沙溪镇政府实事工程。道路起点为茜国线，终点为通港路，长度2公里，路面宽度6米，沥青混凝土路面，安装路灯80盏。投资额约2000万元。2023年8月开工，截至2023年年底完成粗沥青摊铺，完成工程量90%。

【生药园启动区路网新建工程】 2023年沙溪镇政府实事工程。对经二路、经三路、经四路、昭溪西路、昭溪东路、振辉路等6条道路实施新建，总长度约2.824公里，新建桥梁1座。工程于2022年8月正式启动，工期两年，截至2023年年底完成所有道路粗沥青摊铺和人行道建设，完成工程量90%。

【生药园经一路新建工程】 2023年沙溪镇政府实事工程。新建长度0.34公里，宽9米，沥青混凝土路面。投资额约600万元。2023年5月开工，2023年11月完工。

【生药园经二路南延新建工程】 2023年沙溪镇政府实事工程。新建长度0.22公里，宽9米，沥青混凝土路面。投资额约200万元。2023年6月开工，2023年10月完工。

【桥梁改造工程】 2023年沙溪镇政府实事工程。沙溪镇对水利安桥、陈四更桥、木横浜桥、工农大桥实施改造，总投资300万元。其中，水利安桥位于苏湾弄，对老桥进行拆除，新建水利安桥，全长28米，全宽5米，并加装金属防撞栏杆，完善桥梁附属设施。陈四更桥位于虹桥村，对老桥进行拆除，新建10米+13米+10米简支板梁桥，全长38米，全宽5米，并新建防撞护栏，完善桥梁附属设施。木横浜桥位于玄恭东路，拆除原简易混凝土栏杆，更换为金属防撞栏杆，并更换桥梁主梁，重新浇筑桥面。工农大桥位于工农路，拆除老旧混凝土栏杆，更换为金属防撞栏杆。年底前，4座桥梁全部完工通车。

【街头绿化微更新】 2023年沙溪镇政府实事工程。对南院路街角绿地进行绿化改造，改造面积约1600平方米，改造内容主要包括：新建校园文化广场，新增机动车、非机动车划线停车场，硬化活动场地并增加休憩坐凳及城市垃圾桶，新增健身器械，建设儿童游憩设施2套（儿童滑滑梯、儿童游戏沙坑），增加无患子等色叶树种。2023年10月开工，2023年12月完工，投资额约90万元。

南院路口袋公园（建设局供稿）

沙溪镇老医院儿童友好口袋公园（建设局供稿）

“沙溪镇老医院儿童友好口袋公园”入选2023年苏州市儿童友好十大实事项目。

【长寿路店招工程】 2023年沙溪镇政府实事工程。改造后背景色调以白灰色为主，样式大小相宜，字体颜色相配，将沿街的颜值“直线提升”。投资额约150万元。2023年5月开工，2023年10月完工。

【沙溪古镇夜景照明】 2023年沙溪镇政府实事工程。运用LED灯带、LED投光

沙溪古镇夜间照明

灯和传统灯笼花灯相结合的方式，以渲染沿街沿河民宅、亭子、桥洞、游船等景观为主，对横沥河、西市街、中市街进行灯光补充和打亮。投资额约170万元。2023年4月开工，2023年12月完工。

【乐荫园提升】 2023年沙溪镇政府实事工程。重点打造“公园+文化”的艺术空间，对乐荫园内两座展馆进行改造、装修；对东侧原3号馆进行升级改造，改造工程主要采用仿古建筑；同时对园内部分道路进行重新铺装，对园内绿化进行改造。投资额约900万元。2023年5月开工，2023年12月底完工。

【白云大厦续建工程】 2023年沙溪镇建设局重点项目。项目主要使用功能为商业级公寓式酒店，占地面积约7800平方米，总建筑面积约3.9万平方米，地下1层为停车场及设备用房；地上主楼16层，裙房4层，1至4层为商业用房，5至16层为公寓式酒店。2022年启动续建工程，主要建设内容为水电安装、消防改造、门窗安装、外立面装饰、市政配套设施建设等，投资额约5745万元。截至2023年年底，完成白云大厦幕墙建设及内部公共部分粉刷。

【路灯建设与维修】 2023年建设局重点工程。安装老茜直路、洪泾北区等6条道路、3个小区亮化路灯169盏，抢修维修路灯约500盏、维修更换电缆20余次。投资额约350万元。2023年3月开工建设，2023年11月完工。

城镇管理

【招投标】 2023年沙溪镇完成建设工程招投标254个（包括管线迁改），涉及金额约2.5亿元。

【建筑施工安全】 2023年，沙溪镇检查建筑工地91家（含2022年续建工地），整改安全隐患1379处。713个小型（临时）建设工程完成登记备案。

【城镇燃气安全】 2023年，沙溪镇检查各类用气场所2987家次，发现并排查隐患2428个，开展燃气安全集中宣传、入户宣传走访2000余次，协助各行业主管部门提升安全监管能力。

【既有建筑安全】 2023年，沙溪镇复查既有建筑18943栋，完善更正房屋数据7713条。通过工程措施完成隐患整治9栋，累计完成隐患整治19栋。建立健全既有建筑安全动态管理工作机制。

【农房建设管理】 2023年，沙溪镇严格落实建房管理“四到场、二验收”制度，完成农房改善597户。

【铁路沿线安全】 2023年，沙溪镇对南沿江沪宁城际铁路进行沿线环境整治，发现并完成整治问题74处，其中硬飘物46处、轻飘物22处、危树5处、沿线施工1处，整改完成率100%。

【市政基础设施维修】 2023年，沙溪镇投资800万元做好市政基础设施维养工作，重点对市政道路、桥梁、雨水管网、交安设施等进行养护。全年更换维修雨污水井盖600多个，修补路面约5000平方米，更换修补人行道板2000平方米，疏通雨污水管道30多公里，更新、完善交通标志牌300多处，新增交通信号灯4处。

【农路养护】 2023年农路小修管养投入约660万元，修复沥青坑塘、水泥板块约16800平方米。沙溪镇农路管养通过多渠道发现并完成整改368处。严格落实路长制四项制度，按期开展镇级路长联席会议、政策贯宣培训等活动，建设完成香塘甜蜜驿站，成功举办“9·26久爱路”主题日活动，多次在市级、县级媒体发布文章。2023年农村公路“路长制”督查考核获第三名，被授予“2023年太仓市优秀路长办公室”称号。

【燃气“双改”工作】 2023年，燃气“双改”工作是太仓市民生实事工程，沙溪镇积极响应“双改”工作政策，各级领导积极推进协调10余次。联合各部门、社区集中宣传2次，发放宣传手册1500余份。2023年沙溪镇燃气“双改”完成51户，完成上级高质量考核任务。

【内河码头长效管理】 2023年，对沙溪区域内10家码头开展长效管理，在日常监督检查的基础上，继续推进安全隐患治理和防范措施；将挂钩指导企业作为标准化建设样本，推广码头标准化管理；重点做好生产安全检查工作，利用信息化手段提高管理成效，每月确保一次生产、消防、环保综合检查，每逢长假必进行节前检查，全年共计检查130次，发现违规21起，针对问题当场要求整改，都已全部整改完成。

【快递企业专项整治】2023年，沙溪镇有快递公司共24家，全年开展消防、环保综合检查86次，发现占道经营10起，环境卫生不达标10起，针对问题要求企业当场整改完成。

（朱雯）

城乡绿化

【绿化提档】 2023年沙溪镇建设局重点项目。完成岳星小区绿化改造工程、水利站绿化提档工程，提档改造绿化面积约1.34万平方米，总投资60万元。

【绿化养护】 2023年沙溪镇建设局重点项目。投入约750.9万元对319.5万平方米的公共绿化区域进行养护，其中管理区养护面积约33万平方米，投资额约93万元。“2021—2023年沙溪镇印溪商务大厦周边绿化养护”项目荣获苏州市“园林杯”养护类优秀项目。

【农民集中居住小区基础设施建设】 2023年沙溪镇建设局重点项目。2023年，共有3个农民集中居住小区基础设施扩建工程，总投资1350万元。其中，洪泾小区涉及42个宅基地，新建混凝土路面8500平方米，雨污水管道3500米；印溪新村涉及28个宅基地，新建混凝土路面4500平方米，雨污水管道2400米；项门小区涉及9个宅基地，新建混凝土路面2400平方米，雨污水管道1000米。2023年年底，已完成洪泾小区、项门小区基础设施扩建。

（朱雯）

土地管理

【概况】 2023年，沙溪镇聚焦重点项目，制定用地保障方案，做好项目供地工作。全年供地17宗，总面积为1303.3亩。其中，工业用地4宗，共273.4亩，保障国鑫医疗器械项目、金溪新型智能产业园项目、生物医药加速器、瀚诺馨医疗器械项目供地；挂牌经营性用地2宗，共78.2亩；划拨土地9宗，共941.4亩，保障沙溪人民医院发热门诊、岳王粮库、服务区等交通民生项目供地；集体拨用土地2宗，共10.3亩。

【土地综合整治】 2023年，沙溪镇从严从紧落实耕地保护责任，全力做好年度耕地保护目标责任考核和核实整改工作，恢复永久基本农田167.31亩。全面落实耕地“两个平衡”制度，不折不扣完成年度耕地恢复任务和补充耕地任务，完成耕地转出11.31亩、耕地转进17.34亩，耕地占补平衡项目入库315.51亩。腾出空间指标，保障用地发展，完成增减挂钩项目入库404.68亩，为高质量发展提供空间要素保障。

【土地执法监察】 2023年，沙溪镇严格落实执法监察动态巡查网络机制，进行80余次动态执法巡查；在监管云平台共答复290余次疑似占土地情况；完成130余块卫片图斑的填报上传；2021年度耕地保护督察2块图斑的整改销号以及2023年度耕地保护督察5块图斑的拆除复垦，切实维护了土地管理秩序。

【不动产登记】 2023年，沙溪不动产登记窗口不断优化流程，提升服务效率，认真完成不动产登记、房地一体农村不动产登记颁证、信访答复等服务工作。沙溪不动产登记中心共发放不动产权证书2526本、不动产证明853本，抵押注销7件，处理各类查询1681次。

（李彦）

环境保护

【概况】 2023年，沙溪镇PM2.5平均浓度为29微克/立方米，臭氧平均浓度为162微克/立方米，优良天数比例为81.6%。17个高质量发展水环境断面优Ⅲ比率为82.4%。

【大气治理】 2023年完成39个大气年度防治项目，完成74家企业低（无）VOCs含量的原辅材料替代，完成4家企业7台生物质锅炉综合治理。对85家涉活性炭企业开展全面排查，落实问题整改。强化夏收及秋收期间秸秆禁烧巡查和宣传力度，累计出动巡查人员2800余人次，发现并扑灭零星火点64处。

【水质持续向好】 2023年沙溪镇围绕全镇17个高质量发展水环境断面月通报情况，强化部门联动，狠抓源头治理。全镇17个高质量发展水环境断面优Ⅲ比率为82.4%。持续打好太湖流域综合整治攻坚战，推进涉磷企业标准化、规范化整治，完成太湖排污口整治任务。完成65家太湖流域涉磷企业规范化核查，完成66个太湖流域入河排污口整治销号工作。

【土壤污染防治】 2023年沙溪镇持续开展8家土壤污染重点监管单位土壤污染隐患排查。完成7个高风险遗留地块土壤调查，有序推进11个关停在产高风险地块调查。完成6个拟上市地块的土壤及地下水调查工作，保障建设用地利用安全。强化企业应急管理，督促19家企业落实应

枫桥经验主题纪念活动

逸枫化纤应急演练

急预案备案，完成7家风险较大及以上企业风险源调查，跟踪落实5家企业应急检查反馈问题整改。完成19家工业企业五类污染防治设施排查，落实38家产废单位危险废物检查问题闭环整改，开展517家企业化学物质环境信息统计调查，对16家企业开展工业固体废物调查。

【维护群众环境权益】 2023年沙溪镇深入开展“两治一提升”和“散乱污”企业（作坊）专项整治行动。以污染防治综合监管平台为抓手，结合日常巡查，紧盯辖区内噪声、异味污染线索，共排查建筑工地、企业噪声、异味问题等200家次。持续保持“散乱污”整治高压态势，制定并印发了《沙溪镇开展2023年“散乱污”企业（作坊）专项整治工作方案》，对历年来已整治清单中的409个点位开展全覆盖“再回头看”。完成41家“散乱污”点位的整治工作并上报苏州市打赢污染防治攻坚战协同推进平台。完成6个省农村生态环境异地暗访交办问题的整改工作，完成9个上级曝光督办问题的整改工作。开展畜禽养殖污染排查整治提升工作，持续提高农村生态环境质量，切实解决了一批群众身边的环境问题。

【长效监管机制】 2023年沙溪镇加强排污许可证持证企业日常管理，督促72家企业按时完成排污许可证执行报告以及自行监测。完成6家企业强制性清洁生产审核。开展机械加工行业环保整治，规范辖区内29家机械加工企业车间生产管理。完成3家电镀企业环保整治工作。畅通建设项目咨询渠道，服务项目高质量发展。2023年共受理建设项目环境影响咨询20个，完成预审39个，主动做好重点项目全生命周期跟踪服务。深化“企业环保经理人制度”，组织第二批53家企业进行“充电培训”。多渠道推广苏州市企业环保自查自纠服务平台，注册企业达155家，活跃度不断提升。持续做好生态空间管控区域保护工作。围绕“6·5世界环境日”“国际生物多样性日”等环境主题活动，组织28个村（社区）开展形式多样的全民环保宣传教育活动，发放250余份环保宣传用品。

（杨宽宽）

动迁安置

【住宅房屋征收】 2023年，沙溪镇住宅户征收（搬迁）主要涉及新建村、洪泾村、胜利村、庄西村、岳镇村、东市社区、利泰社区等区域，完成农房签约32户，完成签约面积约1.1万平方米；完成商品房签约17户，完成签约面积约0.18万平方米。

【企业房屋征收】 2023年，沙溪镇围绕太仓市、沙溪镇重点工作推进征收（搬迁）工作，重点推进北沿江高铁项目、沪武高速拓宽项目、西环路拓宽工程等重点工程项目，非住宅户签约共33户，完成签约面积约4.8万平方米，保障全镇交通设施类、市政基础设施类等重点项目推进。

（朱雯）

管理区提档升级

【岳王管理区】 2023年，对岳王管理区交通基础设施建设、市政配套设施、绿化养护等方面进行提档升级。新三线（台南路）大中修工程，范围西起新三线千步泾桥东侧，东至临港路，全长约1008米，宽15米，对老路翻挖重建路基路面，沥青混凝土路面，投资额1500万元。该工程于2022年11月开工，2023年12月完工。项门小区基础设施扩建工程，涉及9个宅基地，新建混凝土路面2400平方米，雨污水管道1000米，投资额166万元，于2023年底完工。老茜直路（2160米）、柳双路（450米）安装单悬挑道智慧路灯86套，投资额约90万元，于2023年年底完工。全年绿化养护、树木的修剪和病虫害防治255122.8平方米，养护金额72万元。

【归庄管理区】 2023年，对归庄管理区交通基础设施、市政配套设施、教育基础设施、绿化养护等方面进行提档升级。木横浜桥改造项目位于玄恭东路，拆除原简易混凝土栏杆，更换为金属防撞栏杆，并更换桥梁主梁，重新浇筑桥面，投资额40万元，于2023年底完成改造。归庄幼儿园翻扩建工程，沙溪镇归庄利民西路30号，总投资1300万元，总建筑面积1792.84平方米，于2023年年底完工。全年绿化养护、树木的修剪和病虫害防治51576.6平方米，养护金额14.5万元。

【直塘管理区】 2023年，对直塘管理区交通基础设施建设、市政配套设施、教育基础设施、绿化养护等方面进行提档升级。陈四更桥位于虹桥村，对老桥进行拆除，新建10米+13米+10米简支板梁桥，全长38米，全宽5米，并新建防撞护栏，完善桥梁附属设施，投资额122万元，于2023年年底完工通车。完成直塘小学食堂及风雨操场新建工程，新建一栋综合楼，总建筑面积5600平方米，总投资额约4000万元，于2023年年底完工。直塘虹桥路延伸段（360米）安装单悬挑道智慧路灯12套，投资额约10万元，于2023年底完工。全年绿化养护、树木的修剪和病虫害防治22873.4平方米，养护金额6.5万元。

（朱雯）

公用事业

邮政

【概况】 2023年，沙溪邮政支局在职员工40人，全年接待客户约3万人，业务收入700万元，其中邮政业务收入580万，寄递业务收入120万元。全年累计收发包裹200万件，累计投递报纸84万份；邮政储蓄年末余额3.1亿元。投递段道25条，邮路总数9条，邮路总长度约600千米。

电信

【概况】 2023年，太仓电信不断加快信息基础设施建设，沙溪镇多家企事业单位和住宅小区完成光纤接入，新增光缆588皮长千米，累计光缆长度11123皮长千米。2023年，沙溪镇新增5G基站11个，累计开通143个，其中2.1G频段的5G基站53个。沙溪镇区及周边工业区实现5G深度覆盖，其他管理区实现广覆盖，2.1G频段的基站覆盖部分农村区域及道路，实现5G网络全覆盖，为各产业链的数字化、网络化、智能化应用提供了有力的支撑。

移动

【概况】 2023年太仓移动沙溪分局围绕责任心、事业心、进取心，为政府、企业、客户提供更加优质、专业的服务，手机通信用户超8万，家庭宽带客户超2万，服务集团超2500家，较2022年均有大幅提升。

【网络建设与维护】 2023年针对政府的重点企业、产业园区项目，加强5G信号的优化，完成思萃、思睿观通、平谦地下停车场等10多家企业的信号提升，同时实现沙溪5G信号广覆盖，覆盖率98%，并完成乡村千兆网络升级改造，年累计投入基础建设的资金超800万元。

【服务品牌建设】 2023年太仓移动沙溪分局配合太仓市工信局、沙溪镇经发局在平谦产业园开展“智改数转”活动，邀请30余家企业参加活动，同时与沙溪派出所联合开展反电信网络诈骗宣传，形成警企合力，有力保障属地“进百企、入千铺”活动，在中荷新村、华益美生物集团、沙溪老街等多场景、多渠道开展反诈活动，针对文明典范城市创建，及时有效地完成政府下达的整改任务。

广电

【概况】 沙溪镇广播电视站位于沙溪镇白云路108号。2023年，有职工17名（区域维护服务外包5名）。中共沙溪镇广电站支部党员12名，在职党员6名。1个中心机房（沙溪），3个分级机房（直塘、归庄和岳王）。截至2023年12月，广电有线双向网普及率达到100%，高清（含4K超高清）终端普及率100%，宽带接入能力1000M以上。有线电视用户15026户、互动高清端数21387端、宽带用户11695户，发放中国广电5G电话卡号4000多张。

【主营业务】 传统有线电视接入，经营互动点播、有线宽带、中国广电5G电话卡号发放。依托上级公司的平台内容服务，不断丰富荧屏内容，推出面向不同用户群体的点播专区，且大部分栏目实现了移动端和电视端的在线订购和缴费等便捷功能。积极参与雪亮工程建设，监控图像租赁业务，目前全镇共有2600多路高清视频监控图像、118条数据专线，涉及公安、水利、20个村和部分单位；完成了全镇范围内应急广播建设，共建设一个镇级广播机房和28个村（社区）分级机房，合计220个广播点位。完成了实事工程“远程司法调解系统”“政府视频会议系统”。配合房产做好有线电视配套和政府市政、小区道路集约化管道建设和线路割接工作。

【服务品牌建设】 2023年，基于亲情、智慧、实惠的服务理念，中国广电将固移融合业务品牌定为“广电慧家”。沙溪镇广播电视站全力提升服务品牌建设，增加网络电视市场占有率。服务好全镇用户收听、收看和利用广播电视节目。做好镇、村（社区）杂乱线路整治和迁移，以及小区、道路管道和线路入地建设，同时做好政府、村（社区）、单位监控等集客业务建设，并积极完成政府下达的各项任务。

供水

【概况】 2023年，完成总售水量1434万吨，较去年增加6%，新增用户395户，总户数为5.2万。

【小区改造工程】 1. 东洪泾路DN200管道改造工程。2. 百花路DN50管道改造工程。3. 沙溪镇木横滨桥DN150给水管道改造工程。4. 沙溪镇陈四更桥DN50给水管道改造工程。5. 沙溪镇水利安桥DN200给水管道改造工程。

供电

【概况】 2023年，沙溪供电所管辖区域内共计用电户58149户，综合配变台区1416台，综合配变总容量542000千伏安，用户专用变873户，10千伏线路96条（含双回路），5所110千伏变电站，2所35千伏变电所。供电面积132.4平方公里，服务人口14.42万人，行政村20个。服务客户数58149户，居民用户44663户，占比76.81%，非居民用户13486户，占比23.19%，其中一般工商业及其他8636户，农业2564户。

【电网改造】 2023年供电公司共计投资电网项目2739.76万元，对岳王市镇、姚泾路等69个供电台区及线路进行线路入地和改造，拆除老旧线路。部分台区地势复杂、技术标准要求高，沙溪供电所结合实际，及时和村委、政府相关部门沟通，在全体员工通力协作下，按期、按质、按量地完成了目标。为了维持良好供用电秩序，确保电网安全、经济合理运行、努力提高供电服务质量，积极促进地区经济发展，提高供电可靠率，太仓供电公司亦为明年储备了电网改造项目，金额已达2960.68万元。

【日常维护】 2023年沙溪供电所日常维护工作中，拔除废旧电杆37根，新增变压器10台，维护配电箱15台，修复电缆井7座，每季开展安全大检查，全年共发现并完成整改安全隐患83起。

供气

【瓶装液化气销售】 2023年，沙溪镇共有5个液化气场站，其中虹桥村1个，松南村1个，太星村1个，胜利村1个，印北村1个，全镇液化气总销售2720吨左右。

【管道燃气销售】 2023年，沙溪公司经营区域有1个燃气高中压计量调压站，高压管线8.14公里，中低压管线152公里。沙溪区域天然气销售3000万方左右。

市容环卫

【概况】 2023年，沙溪镇环卫所有职工368人，其中在职职工141人，劳务人员227人。配备环卫作业车60辆、电瓶保洁作业车85辆、垃圾压缩中转站4座、有机垃圾资源化处置站4座。完成清扫保洁面积145万平方米，公共卫生间保洁69座，其中中心广场公共卫生间本年度获得“2022年度苏州市建设最美公共卫生间”称号。

【垃圾分类】 2023年，沙溪镇环卫所将云樾天境花园打造为垃圾分类主题特色小区，开展垃圾分类“三位一体”提质增效活动，从执法、环管、物管三个条线出发，改善居民小区“过时投放”情况；通过加强会所管理，有效提升全镇厨余垃圾分出率。

【垃圾处理】 2023年，沙溪镇环卫所清运建筑垃圾11800吨、大件和园林绿化垃圾约5100吨、其他垃圾约46600吨、厨余垃圾约8700吨、可回收物约3800吨、有害垃圾约9吨。

【三位一体】 2023年，沙溪镇岳王管理区环境卫生“三位一体”市场化项目利用车载智能物联网系统，实时了解保洁作业动态等数据，使机械化作业全过程透明化、智能化；职工佩戴智能手表，实现智能化考勤和保洁作业过程的实时监控；公共卫生间提供集保洁管理、质量考核、环境感知为一体的智能化软件系统，加速管理模式由人工巡检向在线智能化转型。

（徐立群）

交通运输

【公交服务与建设】 2023年，沙溪区域有公交线路4条、4辆6.5米纯电动中巴车，日发班次33班，日行驶里程724公里。沙溪镇区域公交线路情况：316路A线起讫站沙溪镇东片环线、316路B线起讫站沙溪医院—穿山、307路线起讫站沙溪医院—香塘村—穿山、308路线起讫站沙溪镇西片环线。

2023年4月29日新辟一条太仓大学城至沙溪镇香塘村（野邻露营村）旅游公交专线，投放2辆10.5米的旅游公交特色车辆，运营时间仅在双休日及国家法定节假日运营。

2023年9月1日，市公交公司对319路公交线路进行优化调整，原319路公交起讫站为三市村村委至岳王医院，现优化起讫站为岳王医院至沙溪医院，现途经站点26站，运营车辆1辆，日发班次双向8班。

【三类机动车维修企业专项整治】 沙溪镇

三类汽车维修企业共45家，全年开展消防、环保综合检查共98次，经查，环境卫生及垃圾分类不合格10家，针对有问题的要求整改，已全部整改完毕。

（朱雯）

教育科技

教育综述

【概况】 2023年，沙溪镇共有公办高中1所、中学2所、九年一贯制学校1所、小学5所、幼教中心2个，下辖公办幼儿园7所；民办小学1所、民办幼儿园3所。全镇学校教职工1518人，其中公办教职工1402人（含市属2所学校385人）、民办教职工116人。在校学生15526人，其中公办幼儿园2050人、民办幼儿园637人、公办小学6593人、民办小学377人、初中3508人、高中2361人。

教育管理

【概况】 2023年，认真落实市委、市政府决策部署，始终把教育工作放在优先位置，高站位谋划教育资源布局，高标准改善学校办学条件，高水平打造特色亮点工程，加快创新突破、奋力争先领先，推动教育事业发展取得新成效。

【学校建设】 2023年，沙溪镇持续加大教育投入：利泰幼儿园原址新建工程、直塘幼儿园迁建工程竣工投用；归庄幼儿园改扩建工程于2024年新学期投用；沙三小改扩建工程前期工作稳步推进；直塘小学食堂、风雨操场改扩建工程完成装修；沙溪镇培远学校新建工程，初中部正在装修，小学部主体封顶。完成2023年11所学校校舍维修工程，沙一中、岳王、直塘、归庄、沙二小、沙三小6所学校空调安装及相关配套工程施工，完成沙一中、岳王学校中考标准化考场建设。

【校园安全】 2023年，沙溪镇加强部门协同联动，开展学校交通安全、暑期安全防溺水宣传，义务教育阶段学校食堂、消防、燃气等安全检查，学校公共建筑安全隐患等排查，督促学校做好冰冻、雨雪等天气安全防范，共建和谐稳定学习环境。完成8所中小学校专职校医、专职心理教师配备，统筹抓好校园霸凌、校园周边环境治理等工作，营造良好教书育人氛围。

【教育发展】 2023年，沙溪镇紧紧围绕“好读书、读好书、读书好”，全面落实立德树人根本任务，切实推动党的教育方针政策落地落实。强化党的领导，坚持和完善7所中小学党组织领导下的校长负责制，深入推进各类学校“书记项目”，建优建强11所学校与13个村（社区）的党建结对平台。抓好队伍建设，完善激励机制、加强业务培训、优化考核管理，推进“光彩教师”等项目建设，建强校长书记队伍，配优班主任学科带头人队伍，依托中南东洲教育集团优质的教育资源，开展跟岗学习，着力配齐配强师资队伍。统筹全面发展，落实“双减”“积分入学”等政策，强化校外培训机构、托管类机构监管，发挥学校“武术”等特色课程功能，推进社区教育中心、老年大学等阵地建设。

学前教育

【概况】 2023 年，沙溪镇有幼教中心 2 个，下辖公办幼儿园 7 所、民办幼儿园 3 所，在园幼儿 2687 人，有教职工 364 人。年内，持续加大公办幼儿园建设力度，幼儿园的办学条件和办学环境不断改善，着力提升印溪、白云幼教中心保育教育水平，辖区内 7 所公办幼儿园皆是省、市优质幼儿园，努力办人民满意的学前教育。

【白云幼教中心】 2023 年，白云幼教中心下辖白云、利泰、直塘、归庄 4 所幼儿园，4 所幼儿园皆为省优质园，共有 30 个班，

沙溪镇白云幼教中心白云幼儿园

沙溪镇白云幼教中心归庄幼儿园

沙溪镇白云幼教中心利泰幼儿园

沙溪镇白云幼教中心直塘幼儿园

在园幼儿881名，专任教师66名，其中高级教师2名，一级教师14名，中高级教师占教师总数的24%。太仓市级及以上骨干教师17名，苏州市“双十佳”教坛新秀1名，苏州市教坛新苗1名；太仓市学科带头人2名，太仓市学科能手7名，太仓市学科新秀2名，太仓市教坛新秀4名，骨干教师占教师总人数的26%。中心借助“和润·致远”阵地建设，以党建引领，持续推进中心五个“一点”发展目标。借助“创新一点”的组织管理和“自主一点”的师资发展来推动教育理念“先进一点”，从而形成“诗意一点”的课程，由此推进幼儿发展“灵动一点”，全面提升中心办园水平。

沙溪镇印溪幼儿园

【印溪幼教中心】 2023年，印溪幼教中心下辖印溪、东安、岳王3所幼儿园，东安、岳王2所幼儿园为省优质幼儿园，印溪幼儿园于2023年11月通过苏州市优质幼儿园评估，共有35个班，在园幼儿1169名，专任教师65人，其中市级及以上学科带头人4人，其他市级骨干2人。中心秉承“印润生活　共享美好　悦·跃生长”的办学理念，致力于培养“健康有活力　智慧有情趣　自信有力量”的儿童。2023年，中心获评幼教发展共同体一等奖；印溪幼儿园高质量通过了“苏州市优质园”现场考察；东安幼儿园获评“2023年度太仓市学校食堂示范单位——食安管理高质量单位”；东安、岳王幼儿园获评“太仓市中小学特色教育评比三等奖”；岳王幼儿园顺利通过省优质园复审。

沙溪镇岳王幼儿园

沙溪镇东安幼儿园

小学教育

【概况】 2023年，沙溪镇有公办小学6所（部），民办小学1所，在校学生6593人，教职工559人。年内，着力推进中小学建设工程进度，聚焦教育队伍建设，力抓校园安全管理，提升教学设备，搞好教育教学特色，全面推进义务教育优质均衡发展。

【沙溪镇第一小学】 2023年，在校学生52个班共2318人，专任教师136人，其中市级以上骨干称号教师32人。获评江苏省节水型学校、江苏省“五好”乡村教工之家、江苏省中小学生“我是强国小主人”主题征稿活动优秀组织奖、江苏省首届少儿舞蹈大赛表演新秀奖、苏州市智慧校园发展水平四星级学校、苏州市中小学生社团建设先进学校、苏州市中小学生劳动教育实践基地、苏州市艺术特色学校、苏州市青少年数字公民培育计划项目学校、关工委优质化建设达标学校、引力播杯第七届苏州市中小学硬笔书法大赛暨规范汉字书写大赛最佳组织奖、“活化典籍·品读经典”第四届钢笔字临创大赛优秀组织奖、2023年度太仓市教育质量综合评估一等奖、基层党建十佳书记项目、太仓市慈善活动先进学校、太仓市食堂五常示范单位、首届太仓市蓝桥编程好少年竞赛优秀组织奖、太仓市全民科学素质工作先进集体、太仓市“小学生良好学习品质培养”专项论文评比优秀组织奖、太仓市中小学特色教育评比书法项目一等奖、太仓市第十二届学生艺术节舞蹈比赛一等奖。

【沙溪镇第二小学】 2023年，在校学生36个班1607人，专任教师84名，其中市级以上骨干称号教师30人。学校以“海棠花红”先锋阵地建设为抓手，做亮“红星闪闪耀星娃”支部品牌建设，开辟集党史、队史、校史于一体的学习基地；以“发展每一个、体验每一刻、珍视每一点”为目标，不断丰富完善学校“微光”课程体系，全面深化推进“星星娃”成长项目建设，加强以爱国主义、理想信念为核心的主题教育，关注学生综合素养的全面提升。获

沙溪镇第一小学

沙溪镇第二小学

沙溪镇第三小学

评2023年度太仓市教育系统“海棠花红”先锋阵地、苏州关工委优质化建设达标学校、2023苏州书法教育工作先进集体。

【沙溪镇第三小学】 2023年，在校学生20个班832人，专任教师57名，其中市级以上骨干称号教师5人。学校以沙溪人文历史、传统技艺、风俗民情等古镇文化资源为依托，积极探索国家课程、地方课程与校本课程的深度融合。在“溪竹先锋”党建品牌引领下，学校聚焦“家—校—政—社”协同育人机制，创建校内劳动教育实践基地，开设楹联、古琴、竹笛、武术、排球、剪纸等20多个具有地域文化和学校特色的学生社团，促进学生德智体美劳全面发展。获评2023年太仓市教育系统“海棠花红”先锋阵地，2023年度太仓市乡村教育振兴奖，课题《指向学科思维素养培育的小学“寻味课堂”教学的课例研究》获得苏州市教育科学规划领导小组办公室立项。

【沙溪镇直塘小学】 2023年，在校学生15个班共543人，专任教师39人，其中太仓市级学科带头人3人。学校新建塑胶运动场于2023年10月投入使用。学校聚焦“学生学习品质提升”，践行“学用课堂”的教学主张，努力提升教育教学质量。获评2023年度教育系统“海棠花红”先锋阵地，荣获2023年度“慈善活动先进学校”称号。学校艺术特色“黛瓦童画艺术实践工作坊”荣获苏州市第七届中小学生艺术实践工作坊二等奖，学校获评苏州市第七届中小学生艺术节“优秀组织奖”。学校重视教师专业素养和教科研能力的提升，2023年我校教师有10篇论文在省级刊物发表，在论文评比中省级获奖10篇，苏州市级获奖1篇，太仓市级获奖5篇。

沙溪镇直塘小学

沙溪镇归庄小学

沙溪镇岳王学校

【沙溪镇归庄小学】 2023年，在校学生15个班587人，专任教师41人，其中高级教师2人，一级教师20人，市级骨干教师8人。学校以“立德树人”为根本任务，以提升学校教育教学质量，凸显办学特色为工作重点，以引领师生更优发展为宗旨，秉承“慎微笃行”的校训和“崇文明礼”的穿山文化精神，锐意教育改革创新，矢志提升教育质量，奋力推进学校高质量发展。2023年获市级及以上集体奖项19个，教师获奖86人次，学生获奖76人次。

【沙溪镇岳王学校（小学部）】 2023年，在校学生共18个班706人，专任教师46人，其中太仓市学科带头人1人，太仓市学科能手4人，太仓市学科新秀3人，市级以上骨干共8人。为落实“双减”政策，促进学生全面健康成长，学校结合办学特色、学生学习和成长需求，小学部以“小蚂蚁少年宫”为基础，根据教师自身特长开设了丰富多彩的社团活动，面向全学段打造社团化、特色化的“1+X”社团课程。“1”为立足于基础课程，“X”为特色社团、技能拓展、社会实践等提升项目，在丰富学生课后服务活动的同时，促进学生全面发展。

初中教育

【概况】 2023年，沙溪镇有公办初级中学3所（部），在校学生3508人，教职工232人。年内，各初中以有效教学为根本，以精细管理为手段，促进教师专业发展，提高教学质量，形成规范化建设长效机制，把初中教育工作推向新的境界、新的高度、新的水平。

【沙溪实验中学】 2023年，在校学生31个班1526人，专任教师108人，其中具有中高级教师职称的46人，区县级及以上骨干教师36人，苏州市学科带头人1人，太仓市学科带头人10人。学校依托古镇文化，聚焦课程建设，大力开发美育课程，设立美画古镇、竹编、木工等60多个校园社团。连续多年获评“苏州市

沙溪实验中学

十佳社团”。积极落实“汲美”课堂教学主张，促进教学行为变革，构建自主合作高效课堂，充分发挥学生主体地位，让每一个孩子都能找到自己的人生舞台。2023年度获评教育质量评估一等奖，被批准为江苏省陶行知研究会实验学校，获评“中国最佳楹联文化城市”单位开拓奖，学校竹编社被评为苏州市十佳阳光团队，获第十四届苏州市“普通话、苏州方言、英语口语”比赛一等奖、太仓市第八届青少年网络信息安全应用能力竞赛二等奖、优秀组织奖、2023年中小学生武术操初中组一等奖、太仓市中小学生校园武术俱乐部展示赛二等奖等荣誉。

【沙溪第一中学】 2023年，在校学生36个班1606人，专任教师118人，其中高级教师职称20人，苏州市青年拔尖人才1人，苏州市学科带头人1人，太仓市学科带头人10人，太仓市学科新秀1人，太仓市学科能手10人。与沙溪镇司法所联动成立太仓市沙溪第一中学法育联盟，建立了青春法学院，推动青少年法治教育工作的发展。2023年教师获奖58人次，在信息技术、物理学科、青少年模型比赛方面收获颇丰。获2023年太仓初中素质教育进步奖。

【沙溪镇岳王学校（初中部）】 2023年，初中部9个班376人，专任教师33人，其中太仓市学科带头人4名，太仓市学科能手2名，太仓市学科新秀2名，市级以上骨干共8人。初中部以学校“合生长”文化为引领，坚持问题导向、目标导向和结果导向。依托“强校计划”推进课堂教学改革、师资队伍建设、作业体系完善等各项教育教学工作。在“十四五”期间共立项2个省学会课题、5个苏州市级课题、3个太仓市级课题。2023年发表论文18篇，获奖论文121篇，获奖教案12篇。

高中教育

【概况】 2023年，沙溪镇有高中1所，在校学生2361人，教职工272人。年内，聚焦和突显普通高中办学育人内涵发展，围绕育人目标、课程体系、育人方式、教育评价等方面，为太仓教育高质量发展贡献沙溪力量。

【江苏省沙溪高级中学】 2023年，在校学生51个班2361人，专任教师211人，其中太仓市级及以上骨干教师120人，江苏省“333工程”第三层次培养对象1人，姑苏教育领军人才1人，姑苏青年拔尖人才3人，苏州市学科带头人14人，苏州市教坛新苗4人，太仓市学科带头人43人。2023届高考，学校特殊类分数线上线人数与上线率均创历史新高，多名同学被985、211高校录取。2023年，获评苏州市首批“园丁先锋”党建文化品牌示范学校、太仓市教育系统“海棠花红”先锋阵地立项学校，“江苏省王红芳网络名师工作室”被认定为第三批省中小学网络名师工作室及首批苏州市中小学师生信息素养提升实验基地。世界机器人大赛总决赛，8名同学获国家级奖项；其他科技类赛事，35名同学获省级奖项；2023年第九届科普科幻全国中学生作文大赛，1名同学获全国一等奖，共325人获奖；第十六届地球小博士全国知识科普大赛，2名同学获全国特等奖，共135人获奖；1名学生获评江苏省最美中学生，2名学生获评江苏省三好学生，1名学生获评江苏省优秀学生干部；多名学生获评苏州市、太仓市三好学生等荣誉称号；学校被苏州推荐申报“全国依法治校示范校”，获评共青团中央“小平科技创新实验室”、全国青少年禁毒知识竞赛优秀组织单位、苏州市劳动教育特色学校、苏州市模拟法庭大赛二等奖、太仓市五四红旗团委、太仓市第十二届学生艺术节优秀组织奖、太仓市劳动教育联盟学校、太仓市“e起节电 走进校园”优秀组织奖等多项荣誉。

江苏省沙溪高级中学

（王晓玲）

科技人才

【概况】 2023年，沙溪镇认定高新技术企业70家，完成规模以上企业研发费投入10.15亿元，完成率101.5%；重点监测企业研发费用达11.7亿元，完成率208.9%。新增苏州瞪羚企业9家，同比增长率125%，增幅全市第一。省潜在独角兽企业入选2家、苏州独角兽培育企业入选3家，总入选数达5家，位列全市第二。

【科技人才】 2023年，太仓市生物医药产业园获评国家级科技企业孵化器，太仓星药港获评太仓市科技企业孵化器，生物医药（上海）创新飞地获评太仓市飞地孵化器，思萃临床药理技术研究所获评苏州市新型研发机构。全年共获评各级领军人才18人，其中国家级人才创新类2人、博士后专项1人，姑苏领军人才创业类3人、创新类1人，太仓领军人才创业类9人、创新类1人、未落户类1人。人才指标完成情况相对较为薄弱。

【高企工作】 2023年，沙溪镇积极发挥龙头企业“头雁作用”，沿其产业链上下游顺藤摸瓜、广挖资源，形成以“链”布局、因“链”集聚、靠“链”发力新态势。积极搭建信息交流平台，通过昭衍新药、赛业生物、百因诺为代表的CRO/CDMO企业带动，引导企业共享产业链供应链资源，吸引医美科技、特医食品、高端医疗器械和生物制药装备等细分领域优质企业“卡位入链”集聚发展。通过新招引的零一汽车等总部项目，主动出击对接招引其上游供应链企业，尽快形成产业链上下游企业供需匹配，加速构筑以智能驾驶、新能源电池、汽车关键零部件等新兴产业作为引才聚才、转型发展的新“突破口”。

【重点企业介绍】 2023年，苏州思萃临床药理技术研究所有限公司坐落于太仓市生物医药产业园区，由苏州市产业技术研究院、太仓市沙溪镇人民政府、苏州大学药学院院长镇学初团队三方共建。思萃临床药理技术研究所将联合太仓生物医药园区、苏州大学、制药企业、苏州新建GCP医院等各方资源，建设小分子药物临床样本和大分子药物临床样本检测技术服务平台、I期临床新基地和特色专科药物临床试验中心，力争打造成一个具有行业引领和示范作用的“药物临床研究＋技术服务＋孵化器”的综合临床研究平台。

思萃临床药理技术研究所将集聚全球临床研究技术、项目和人才资源，打造具有国际水平的临床研究体系，提供全链条“一站式保姆式”服务，包括药物发现、药学研究（GLP&GMP）、临床前研究（GLP）、临床研究（GCP）、临床样品生产（GMP）、注册申报服务。同时，研究所将配置多元化能力经验的运营管理团队，构建符合现代企业及市场需求的运营机制，引进孵化具有核心技术的生物医药项目，培养高层次创新创业人才，推动科技成果转移转化，助力苏州打造世界级生物医药产业地标，成为国际知名、国内最具代表性标识度、最具影响力竞争力的“中国药谷”。

【人才项目选介】 2023 年，苏州思萃免疫技术研究所获得 2023 年科技型中小企业入库企业，入驻 2023 年度（第二批）江苏省科技创新券服务机构云平台科技创新券管理系统；2023 年度（第一批）上海市嘉定区科技双创券服务平台，入驻科技双创券服务平台（嘉定）管理系统；2024 年度苏州市科技创新券服务平台，入驻苏州市研发资源共享服务平台；为客户的项目提供多种形式技术服务和孵化服务。

（沈新慧）

文化体育

文化活动

【概况】 2023年，沙溪镇有沙溪第一楼文化书场、岳王文化书场，以及图书分馆、晓邦书苑、娄东书房（沙溪老街站）3座图书馆，2023年娄东书房入选苏州市“江南公共文化特色空间”。

“微笑沙溪　经典传唱”2023年沙溪镇戏曲赛（镇文体站供稿）

【群众文化】 2023年，沙溪镇举办“翰墨飘香添温暖　喜迎兔年送吉祥”现场写春联活动、青少年书法展、“微笑沙溪　经典传唱”2023年沙溪镇戏曲赛、“月圆中秋　梦圆中国”2023年广场舞赛暨“微笑沙溪”中秋广场舞展演。开展欢乐文明百村（社区）行28场，戏曲进乡村活动38场，送戏下乡9场，公益数字电影340场，展览216场。

“翰墨飘香添温暖　喜迎兔年送吉祥”现场写春联活动（镇文体站供稿）

【文艺创作】 2023年，沙溪镇开展群众文艺创作节目大赛暨“强国复兴有我”沙溪镇群众文艺展演，推选优质节目参与市级比赛，查建珍获得第三届太仓市戏曲演唱大奖赛金奖，舞蹈《传韵》、独唱《岁月如蜜》获得2023年度群众文艺创作节目

“月圆中秋　梦圆中国”2023年广场舞赛暨“微笑沙溪”中秋广场舞展演（镇文体站供稿）

沙溪镇群众文艺创作节目大赛暨“强国复兴有我”沙溪镇群众文艺展演（镇文体站供稿）

大赛优秀节目奖，弹词开篇《长江——我为你护航》获得2023年度群众文艺创作节目大赛暨优秀节目展演节目奖，沙溪镇胜利村夕阳红民乐队荣获第十九届江南丝竹演奏大赛最佳演奏奖。娄东戏台沙溪专场深受好评。

【图书阅读】 2023年，沙溪镇推动阅读阵地与新时代文明实践阵地融合发展，打造便民式、多元化、共享型、精准化的阅读服务场所。举办沙溪镇全民阅读春风行动，围绕“微笑沙溪　书香传韵”阅读节，开展重点阅读活动36场，农民阅读节暨农家书屋主题活动11场，特色绘本之旅30场，让阅读成为广大群众常态化生活方式，将全民阅读触角延伸到全镇每一个人、每一处角落。

“微笑沙溪　书香传韵”好书推荐（镇文体站供稿）

“微笑沙溪　与你邂逅”青春读书会（镇文体站供稿）

“童心向阅读　亲子共分享”中秋节主题阅读活动（镇文体站供稿）

【非遗保护】 2023年，沙溪镇拥有非物质文化遗产苏州市荣誉传承人1名（堂名：王耀宗）、太仓市非物质文化遗产代表性传承人7名（苏式竹编技艺：王耀良；阿四马青团制作技艺：张月娟；鼎盛祥猪油米花糖：李建雄；陈式太极拳：杨成英；红木雕刻技艺：陆加忠；箍桶制作技艺：杨宝明；太仓糟油制作技艺：李建雄）。其中太仓糟油制作技艺传承人李建雄通过苏州市级考核。2023年太仓市沙溪镇紫檀坊工艺美术工作室（红木雕刻技艺）获得太仓市首批非遗工坊认定。

【体育设施建设】 2023年，沙溪镇全民健身中心沙溪镇羽毛球馆（沙溪镇第一小学体育馆）于2023年3月正式对外开放。新增健身路径：项桥新校小区东1套、庄西酒文化街1套、白云小区1套、涂松印东小区1套（2代智能）。更新健身路径：半泾小区1套、归庄社区1套、庄西村1套、渠泾村2套、印溪湿地公园1套、涂松村1套、直塘社区室内健身1套、新建村篮球架1副、岳镇村篮球架1副。

（王晓玲）

卫生健康

卫生健康

【爱国卫生与健康促进】 2023年，沙溪镇按照新版《国家卫生城镇评审管理办法》和《国家卫生乡镇标准》要求，建立健全国家卫生镇长效管理机制，常态化巩固国家卫生镇建设成效，召开通报协调会4次，处理暗访问题291个，发放两证催办单187张、禁烟标识455张，新发公共卫生许可证99张。

泰西村和东市社区获评苏州市健康村、苏州市健康社区，庄西村和项桥村获评江苏省健康村。建成江苏省健康村（社区）14个、苏州市健康村（社区）12个、江苏省健康单位3个、苏州市健康单位1个。涂松村、胜利村和香塘村通过省级卫生村复审。组建28个健康自我管理小组，招募组员495名，采取“社区医生+健康生活方式指导员+组员”互助自助模式，干预和防治慢性病。

开展爱卫月活动、健康城市月活动，提供健康咨询，发放3660份宣传折页。开展2期健康指导员培训，96户获评沙溪镇健康家庭，开展世界无烟日宣传活动。组织开展7场无偿献血活动，累计340人成功献血，献血总量94600毫升。整治钉螺点2000平方米，巩固血防成果。洪泾村、虹桥村完成了太仓市健康素养及烟草流行入户调查工作。

开展露头蚊蝇消杀和春季灭鼠、夏秋季灭蚊、冬季灭鼠和越冬蚊消杀统一活动。组织病媒生物防制知识宣传教育6次，普及病媒知识，向居民发放宣传折页，免费提供灭“四害”药物，累计落实11个重点场所、16个无物业小区病媒生物防制工作，设置防鼠设施1140个、灭蝇设施285个。加强村庄环境长效管理，巩固20个村213个村庄环境点位，迎接苏州市、太仓市季度检查。开展城乡环境卫生整治提升“百日行动”，整治广告店招问题229处、乱涂写123处、乱设摊点148处、私搭乱建等乱象164处；整治沿路乱堆放382处、沿路垃圾882处；整治卫生死角620处、建筑垃圾57处，维护垃圾分类设施52处。

【人口和计划生育】 2023年，沙溪镇独生子女父母企业退休职工一次性奖励登记1120人，新增独生子女父母农村奖励211人，新增独生子女特殊家庭17户。办理一孩生育登记365对，二孩生育登记272对，三孩生育登记137对。启动“特扶困难家庭暖心行动”，帮扶40户计生特殊家庭，由归庄阿姨志愿者团队提供生活照料、心理慰藉等暖心服务。加强计生特殊对象住院护工服务保险、“安心保”、重疾保障等的宣传、投保、发动、理赔等保障工作，提高他们的抗风险保障能力。结对助学15位计生家庭困难儿童，“慈善关爱计生特扶困难家庭”项目，帮扶14户困难家庭，举办7次“连心家园”关爱团体活动，集中开展2次，走访慰问327户计生特扶家庭，累计发放宣传资料1500份，总投入约52万元。开展育龄妇女“两癌筛查”，累计4999名妇女接受了两癌筛查、182人接受了妇女病普查。

太仓市沙溪人民医院

【概况】 太仓市沙溪人民医院坐落于沙溪镇仁溪路699号，是一所二级乙等综合性公立医院，是太仓市第一个农村区域性医疗卫生中心。医院始建于1950年。1993年医院通过一级甲等医院验收，1995年通过二级乙等医院验收，在苏州全市乡镇级卫生院中，首批进入二级乙等医院行列。2023年9月，太仓市深化医药卫生体制改革领导小组办公室印发《太仓市基层医疗卫生体系健康发展的实施意见》，将岳王、归庄、直塘卫生院整合到沙溪人民医院，撤销岳王卫生院、归庄卫生院、直塘卫生院，将它们变为沙溪人民医院的分院区。年底，沙溪镇医疗机构整合初步完成。整合后，全院职工总数434人，其中卫生技术人员386人。

太仓市沙溪人民医院

【医疗设施建设】 2023年，沙溪人民医院本部占地面积6万平方米、建筑面积3.8万平方米，设置床位261张，开设内科、普外科、骨科、妇产科、儿科、急诊科、五官科、口腔科、皮肤科、中医科、麻醉科、公共卫生科、血液净化中心、国家标准化代谢性疾病管理中心等临床科室，下设8个社区卫生服务站。独立设置的发热门诊建筑面积1627平方米，已封顶，预计2024年能投入使用。医院拥有核磁共振（MRI）、64排螺旋CT机、数字放射成像系统（DR）、多功能X线数字胃肠机、彩色多普勒超声诊断仪、全自动生化分析仪、全自动免疫发光仪、高清电子胃肠镜、腹腔镜、宫腔镜、关节镜、椎间孔镜、电脑验光仪、超声乳化仪、百级净化手术室等先进设施设备，满足医疗、保健、教育、科研等业务需求。

【医疗服务提升】 2023年，沙溪人民医院积极探索区域中心一体化管理机制，对各撤并镇院区重新定位分工，培植业务新增长点。岳王医养中心，提供老年服务；归庄作康复中心，收治骨科、神内的康复病人；直塘成立体检中心，承担老年体检及职业病体检任务；沙溪中心专注于医疗服务，成为区域医疗中心，合理配置资源，整体提高沙溪镇医疗机构人均业务量，达到降低整体运营成本，提质增效的目的。充分利用好上海十院合作平台，提升管理和服务能力。统筹推进科室建设，学科实力日益增强。医院在巩固基础学科建设的基础上，完成特色专科建设。2023年医院门急诊量40.35万人次，医疗业务收入12857万元，收住院5299人次。全年总手术量3264台，较去年增加1045台，增长率为47.1%；其中三、四级手术1476台，占比45.22%；住院DRG结算病种CNI值为0.98，高于同级同类医院。居民健康管理质量不断提升。2023年度沙溪人民医院获评太仓市卫生健康综合工作先进单位、江苏省老年友善医疗机构优秀单位。内科护理部获评苏州市优质护理服务先进集体。120急救站沙溪分站获评苏州市院前急救先进集体。

【医疗制度完善】 2023年，沙溪人民医院完善各项制度发文46个，修订了《沙溪人民医院医务管理制度汇编（2023版）》、《沙溪人民医院感染管理制度汇编（2023版）》、《沙溪人民医院护理管理制度汇编（2023版）》、《沙溪人民医院应急预案汇编（2023版）》。

太仓市沙溪人民医院归庄分院

【概况】 太仓市沙溪人民医院归庄分院位于沙溪镇归庄管理区，归庄分院占地面积5344平方米，业务用房面积4310平方米，总投资约3000万元。现有医务人员29人，其中高级职称6人、中级职称9人、初级职称10人。设置床位90张，配备进口多普勒彩超、全自动血细胞分析仪、尿液分析仪、心电图机、全自动生化仪、胎心监护仪、心电监护仪、数字化X光机（DR）等医疗设备。

太仓市沙溪镇归庄卫生院

【健康教育】 2023年，沙溪医院归庄分院设有内、外、儿、妇、中医、针灸等科室，下设渠泾、庄西、香塘、项桥、凡山5个社区卫生服务站。承担归庄管理区2.2万人的基本医疗、公共卫生服务。2023年完成门急诊9万余人次，业务总收入1065万元。建立居民健康档案22482份，建档率98.90%。规范管理高血压患者3829人、糖尿病患者1030人、60岁以上居民6974人、严重精神障碍患者128人；对孕产妇建档59人；发放宣传资料24121份；全年开展讲座42次，参与1278人次。

【卫生监督】 归庄分院积极配合卫生监督协管巡查单位17个，开展从业人员健康体检725人次。根据实际情况配合卫生监督做好对公共场所、学校食堂的指导，全年辖区内无重大食物中毒发生，做好哨点监测工作。

太仓市沙溪人民医院岳王分院

【概况】 太仓市沙溪人民医院岳王分院位于沙溪镇岳王管理区，是一所集医疗、预防保健、康复等“六位一体”非营利性的一级甲等公立医院，下设塘桥、岳星、太星、新建、岳镇5个社区卫生服务站。分院设有预防保健科、妇产科、全科诊室、口腔科、中医科等临床科室及检验、放射、B超、心电图医技科室，住院部开放床位35张。现有在职职工46人、卫生专业技术人员43人，其中高级职称10人、中级职称19人。医院诊疗设备齐全，主要有彩色多普勒超声诊断仪、数字化摄像系统、血凝仪、全自动血球分析仪、全自动生化分析仪、尿液分析仪、电解质分析仪、心电图机、视力筛查仪、电动洗胃机等。2023年，在沙溪人民医院的大力支持下，开设了眼科、代谢病科等科室，通过信息化，方便开具沙溪人民医院的检验和CT检查，切实体现让群众少走路、让数据多跑路的理念，进一步提高医疗卫生服务质量。

【健康教育】 2023年，沙溪人民医院岳王分院共发放各类宣传资料10035份、健康教育音像资料26种，播放736次5840小时。中心和各村更换健康宣传栏及普通宣传栏96次，举办健康知识讲座42期，参加讲座人数1889人；提供公众健康咨询12次，参加咨询人数571人；个体化健康教育80人，组建健康自我管理小组6个，共活动36次，受干预人数589人。

【卫生监督】 2023年，岳王分院配合市卫监做好卫生协管工作及非法行医哨点工作，协助卫监进行日常厂矿企业及学校食堂的检查指导工作。协助开展饮用水巡查2次，协助开展学校传染病巡查2次，协助开展非法行医和非法采供血实地巡查72次，协助开展计划生育实地巡查72次，协助开展保健老师培训3次，协助开展公共场所巡查103次，办理健康证1489张。全年辖区内无重大食品卫生事件发生。

沙溪镇岳王社区卫生服务中心

太仓市沙溪人民医院直塘分院

【概况】 太仓市沙溪人民医院直塘分院于2023年12月底整体搬迁至沙溪镇直塘虹桥路6号，是一家具有综合卫生服务功能的医疗机构。直塘分院占地面积6050平方米、建筑面积5085平方米，下设泥桥、凤凰、泰西、半泾、虹桥五个社区卫生服务站。现有职工43人，其中卫技人员36人，设有全科、内科、外科、中医科、口腔科、妇产科、儿科、预防保健科、检验科、放射科等科室，2017年取得江苏省示范卫生院称号。

【医疗设施建设】 2023年，直塘分院配备DR机、B超机、全自动生化仪、全自动尿沉渣分析仪、全自动血细胞分析仪、肺功能仪等多种医疗专用设备，可开展X光摄片、B超检查、肝肾功能检查等医技检查项目。

【健康教育】 2023年，直塘分院举办健康教育知识讲座48场，参与1624人次；开展公众咨询活动11次，受众492人次；共发放宣传资料1500余份；成立了健康自我管理小组5个，开展了各类活动30次，共504人次参加。

【卫生监督】 2023年，直塘分院依法开展卫生监督协管服务，对辖区内的饮用水安全、学校卫生、非法行医及非法采供血进行实地巡查。协助开展学校巡查4次、饮用水巡查4次、非法行医和非法采供血实地巡查72次。

【严重精神障碍管理】 2023年，直塘分院对137名严重精神障碍患者实行规范管理，建立电子化档案，定期随访评估及分类干预，每年一次健康体检和康复指导。2023年共随访671人次，面访率97.16%，应急处置2人；对社区医生进行严重精神障碍防治知识培训2次。

（王晓玲）

太仓市沙溪人民医院直塘分院

社会民生

社会民生

【概况】 2023年，沙溪镇组织人事和社会保障局开展现场招聘会72场，提供就业岗位4022个次。开展创业培训班1期，培训学员40名。与河南省开封市杞县、安阳市林州市、信阳市固始县、信阳市新县、江苏省徐州市睢宁县签订劳务合作框架协议。在河南省开封市杞县设立外出务工人员“劳务合作工作站”，与河南省信阳市固始县劳务经济服务中心合作成立劳务协作基地。组织23家重点企业前往大学参加招聘会，开辟生药专线校招线路。

【劳动就业（春风行动）】 2023年2月19日，沙溪镇组织人事和社会保障局在太仓市公共人力资源沙溪市场举办“春风行动”现场招聘会。

2023年“春风行动”招聘会现场（吴天宇摄）

【人社信息发布系统】 2023年，沙溪镇组织人事和社会保障局通过微信公众号、微信群、村（社区）宣传栏、LED大屏等平台媒介，多形式开展各种就业政策以及用工信息宣传，不断扩大政策覆盖面和提高群众知晓度，力保企业解决招工难问题。

劳动关系

【概况】 2023年，沙溪仲裁庭共立案217起，开庭审理127起，结案127起。镇治欠办会同综合执法局、建设局等多部门联合开展保障农民工工资支付专项行动，194件全国欠薪案件全部处置完毕。

【劳动争议仲裁】 2023年，沙溪镇组织人事和社会保障局立案劳动争议217件，开庭审理127起，结案127起。有效预防化解企业与职工之间的纠纷。

沙溪镇劳动争议仲裁庭（吴天宇摄）

沙溪镇年末前工地欠薪专项整治行动工作布置会（吴天宇摄）

【欠薪治理】 2023年，沙溪镇治理欠薪办公室收到欠薪线索194条，其中工程类欠薪线索69条、企业类欠薪线索125条，均已按时结办。

社会保障

【社会保险】 2023年，沙溪镇落实党和国家社会保障及公积金各项政策，扩大社会保险、公积金覆盖范围，确保参保人员及时足额参保。新增社保开户400户，缴纳社保总人数32712人。

【住房公积金】 2023年，沙溪镇推进公积金覆盖工作，新增公积金开户430家，净增缴纳987人。

在沙溪古镇进行公积金政策宣传（吴天宇摄）

退役军人事务

【概况】 2023年，沙溪镇退役军人服务站进行提档升级，打造一个集服务接待、工作展示、宣传教育、活动开展于一体的综合性场所，通过信息化手段不断提高退役军人服务保障水平。沙溪镇现有服务对象3484人，其中重点优抚对象125人、企业退休参战人员42人、60岁农村籍退役士兵192人。

【优抚褒扬】 2023年，沙溪镇退役军人服务站为3名荣立三等功人员上门送喜报。发放义务兵优待金267.13万元，向重点优抚对象、60岁农村籍退役士兵、军属、烈属享受政治待遇等对象发放各类慰问金115.43万元，为因病导致生活困难的21名优抚对象申请临时救助，为3名困难退役军人申请老兵关爱基金。组织9名返乡士兵赴盐城参与适应性培训，邀请成功军创企业负责人分享创业经历，激发他们的创业热情。开展“乐就沙溪，职掌未来”生物医药、医疗器械退役军人及军属专场招聘会，5名退役军人成功实现就业。

提档升级后的沙溪镇退役军人服务站

退役军人服务站宣传教育展厅

2023年2月2日，为立三等功的陈军上门送喜报

2023年3月13日，为春季新兵举行欢送仪式

【"军旗红"志愿服务队】 2023年，沙溪镇"军旗红"志愿服务队结合新时代文明实践点遵循"六有"标准，先后开展春节入户送温暖、义务植树增绿、小区环境整治改造、清明祭扫英烈、助力文明城市创建等志愿服务活动35次，人均志愿服务时长超200小时。引入社会组织，拓宽服务渠道。打造"军号回响"项目，开展各类荣军活动20余场。

（黄渊）

社会救助

【概况】 2023年，沙溪镇有低保133户200人、特困人员27户28人、低保边缘户49户58人、重残300户305人、特残25户39人、无业精智残46户46人，共计580户676人；发放社会救助（生活补贴）救助金271.9万元，发放残疾人两项补贴662.9万元；做好困难户临时补助，发放临时补助52户164人共计26.5万元。

【社会力量参与社会救助】 2023年，沙溪镇开展"为爱续航，陪伴+"暖心守护"娄城益帮扶"项目，投入资金约8.1万元，为80户困难家庭提供"阳光午餐"、理发、打扫卫生、过生日等帮扶服务。由老伙伴社工培育成立"小葵花"儿童志愿者队，组织小朋友志愿者走访慰问困难群众，带去才艺表演、打扫卫生以及陪伴服务，累计服务20余户。实施"爱心车轮"慈善救助项目，累计服务16户困难群众。

【社会救助宣传活动】 2023年5月，太仓市社会救助宣传月启动仪式暨沙溪镇"融创'溪'望"社会救助品牌发布仪式在沙溪镇半泾村举行，在启动仪式上发布了沙溪镇"融创'溪'望"社会救助品牌，5家优秀志愿者团队代表在现场接受授旗，同时在户外开展了政策宣传、项目宣传、公益市集、互动游戏等活动，持续推动社会救助制度改革举措落地落实，取得良好宣传效果。

"娄城益帮扶"项目活动

沙溪镇"融创'溪'望"社会救助品牌发布

老人在老年人助餐点“源份饭堂”就餐

“筑暖沙溪　幸福专列”养老护理员节开幕式

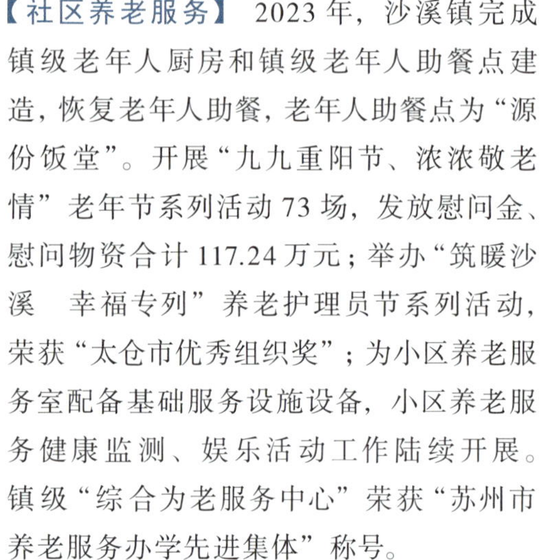

【社区养老服务】 2023年，沙溪镇完成镇级老年人厨房和镇级老年人助餐点建造，恢复老年人助餐，老年人助餐点为“源份饭堂”。开展“九九重阳节、浓浓敬老情”老年节系列活动73场，发放慰问金、慰问物资合计117.24万元；举办“筑暖沙溪　幸福专列”养老护理员节系列活动，荣获“太仓市优秀组织奖”；为小区养老服务室配备基础服务设施设备，小区养老服务健康监测、娱乐活动工作陆续开展。镇级“综合为老服务中心”荣获“苏州市养老服务办学先进集体”称号。

【居家养老服务】 2023年，沙溪镇80周岁以上居家养老服务率达100%，60岁以上服务率20%，投入703.06万元对5644名老年人开展居家养老服务。完成192户老年人家庭适老化改造，为195户老年人家庭安装智能水表、215户老年人家庭安装智能烟感。沙溪镇以社区养老服务设施等级评定为契机，为全镇符合条件的37个参评养老服务设施提档升级服务环境。各村（社区）共计投入51万元通过全覆盖无障碍监控设施，补充室内外健身设备，配备人流检测设备。

半泾村“慈善空间”

【慈善工作】 2023年，沙溪镇慈善会利用村（社区）现有的基础设施进行合理规划，推进“慈善实体”和“慈善空间”建设，完成12个“慈善空间”和1个“慈善实体”建设。进一步推进“社区慈善基金”设立，村居与慈善会签订慈善基金认捐协议，制定慈善基金管理规定，初始设立基金为10万元。

【社区建设】 2023年，沙溪镇指导各村（社区）第一个民主决策日活动，坚持“四民主”制度，广泛听取民情民意，确定280件“民生微实事”，不断推进基层民主政治建设。新补选村委会主任3名、社区居委会主任2名，不断加强村（社区）干部队伍建设。指导村（社区）按要求重新推选小组长30余名，新增楼栋长131人。指导社区申报“党建为民服务”项目27个及村（社区）“以奖代补”项目5个，改善村（社区）硬软件水平，争取市级资金20万元支持虹桥村综合服务中心改建。

沙溪镇社工站党建活动室

【红色社工站】 2023年，沙溪镇完成镇级社工站招投标并引进新的第三方社工机构，成立社工站党支部，成功创建苏州市“红色社工站”。以“思想聚心、红色聚能、阵地聚势、服务聚情”为工作载体，以“阵地建设、团队培育、资源整合、项目扶持”为抓手，打造“聚沙汇溪·先锋行动”特色品牌，不断探索和深化“党建+社工”服务新模式，合力共联共建，丰富活动载体，提升服务能力，实践党建与社会工作互融互促的良性循环。

（王晓玲）

社工站党支部成立

村·社区

涂松村

【概况】 涂松村位于沙溪镇东侧，东与浮桥镇老闸社区相邻，西接印北村，南临七浦塘，北靠沿江高速公路和通港公路，太仓市生物医药产业园、沙溪镇新材料产业园落户辖区。村域面积6.91平方千米，辖管48个村民小组，总户数871户，户籍人口3505人。

【党建工作】 2023年，涂松村党委下设党支部8个，有党员195人。实施“智慧涂松‘优’享云上服务”书记项目，组织党员参加“走看学做比党建”活动，实地走访昆山乡村振兴讲习所、顾炎武故居等基层党建阵地，开展“农忙一线　红色身影”“情浓五月天　党群心连‘新’”等主题党日活动。

【村级经济】 2023年，涂松村土地流转面积占耕地面积的99%，印东农场专业合作社自主经营的小麦种植面积80亩、水稻种植面积80亩。长效管理劳务、农场、股份合作社等3家。至年末，村总资产15368万元，村级总收入2285万元，农民人均可支配收入4.5万元。

【文体活动】 2023年，涂松村定期开展民俗文化、未成年人教育、移风易俗、法治宣传等活动，其中“七彩夏日”暑期活动12次、“缤纷冬日”寒假活动10次、“我们的节日”系列活动7次、纪念日活动6次、法治宣传活动5次。桥牌队荣获苏州市第三十三届（航宇）桥协杯乙级组冠军，武术队荣获首届江苏省少儿武术大赛明星代表队奖。

【民生工作】 2023年，涂松村实施适老化改造项目，为97户家庭提供辅助器具，救助困难家庭22户，其中低保户8户、特困户2户、低保边缘户3户、重残户6户、一户多残户2户、农村无业精神智力残疾户1户，80岁以上居家养老服务率100%。

【综合治理】 2023年，涂松村落实国土空间全域整治，共计拆除违章建筑8000平方米。开展企业安全生产检查12次，涉及企业216家。实施2组青松菜园、13组道路升级、印东新村法治广场、春萌游园等实事工程。投入170万元，推进农村环境长效管理。

【精神文明建设】 2023年，涂松村开展文明家庭、健康家庭等创建工作并取得实效，有1户获评“沙溪镇文明家庭标兵”、1户获评“沙溪镇文明家庭”、4户获评“沙溪镇健康家庭”、5户获评“苏州市美丽庭院”、7户获评“太仓市美丽庭院”。开展《习近平著作选读》等理论宣讲24次、“弘扬传统美德　厉行勤俭节约”等道德讲堂活动4次。

（徐楠）

印北村

【概况】 印北村位于沙溪镇郊北，东至陈水泾与涂松村为界，南与镇新北社区居委会交界，西至横沥河与洪泾村为界，北至北迷泾与庄西村、项桥村为界。于2004年4月由印北村、沙北村两村合并而成。区域面积3.68平方公里，辖27个村民小组，现有农户624户，户籍人口2354人，耕地面积2600亩，水域面积约500亩。

【党建工作】 2023年，印北村党委下设支部4个，共有党员137名，新发展党员1名，培养入党积极分子1名，转入党员4名，去世党员2名，转出党员3名。扎实开展主题教育理论活动，依托“三会一课”、主题党日、“学习强国”、共产党员微信公众号等，通过交流研讨等多种形式开展理论学习，提升党员干部水平。

【村级经济】 印北村2023年至年末，村级总资产为9125万元，村级稳定性收入为1198万元，农民人均可支配收入为4.3万元，农村股份经济合作社进行股份分红，村民每人分红60元，合计发放14.4万元。

【文体活动】 2023年，印北村新时代文明实践站开展文化活动87场，组织播放露天电影4场，文艺汇演、戏曲表演8场，文明实践类活动126场。定期开展民俗文化活动、未成年人教育活动、道德讲堂、环境整治等活动，宣传文明家庭、身边好人等先进事迹。

【民生工作】 2023年，印北村新增办理低保边缘户3户、重残户1户、独生子女特

青少年“道德讲堂”现场（印北村供稿）

印北新村（印北村供稿）

防诈骗、禁毒、反邪教宣传活动现场（印北村供稿）

扶1人。新增办理65周岁老人尊老金58人，减少19人，共计发放774人。申请办理居家养老服务对象14人，减少4人，共计服务人数166人。春节排摸慰问困难户117户，发放慰问金4.2万元。重阳节发放60周岁以上老人慰问金4.9万元。年内支出3万元为村民购买意外险，惠及村民900人。

【综合治理】 2023年，印北村创造优良社会环境，搞好安民工程，进一步加强了综合治理、人民调解、信访接访、安全生产、环境保护等工作。接报矛盾纠纷案件99件，调解率达到100%。全村社会秩序良好，社会和谐稳定；严格实施网格化管理，全村共划分2个网格，共计处理案件数701余起。

（许琳）

洪泾村

【概况】 洪泾村位于沙溪镇北，东至横沥河，西至鹿华泾，南至茜直路，北至渠泾塘，通港公路以及新开七浦塘贯穿村域中心。村辖区面积4.2平方公里，下辖村民小组25个，农户636户，在册人口2246人。2023年，洪泾村获评2020—2022年度太仓市文明村。

2023年12月4日，洪泾村“大力弘扬宪法精神，建设社会主义法治文化”“12·4”国家宪法日专题普法宣传志愿服务活动

【党建工作】 2023年，洪泾村党委下设党支部5个，有党员152人，入党积极分子2人。洪泾村以学习贯彻习近平新时代中国特色社会主义思想主题教育为主线，建立村党委主抓学、中心组引导学、党员干部带头学、党支部跟进学、党员自主学“五级联动”学习机制，采用集中学习与个人自学相结合，用好党委理论学习中心组、“三会一课”和“学习强国”等载体，通过“读原著、学原文、悟原理”，全面筑牢凝心铸魂的思想基础。打造以村党群服务中心为核心，3家海棠邻里驿站、1家暖蜂驿站为延伸的“1+3+1”党群服务阵地体系，扩大“红色服务圈”辐射范围。聚焦群众需求，深化“银铃守护”、“垃分”先锋、“星火聚力”反诈行动支部建设，办好8个“我为群众办实事”项目，对行动不便的老人等困难群体，积极推行“帮代办”和“上门服务”，切实解决群众所思、所想、所盼。

【村级经济】 2023年，洪泾村土地流转面积157.11公顷，村集体性稳定性收入约447万元，租金收入约250万元，股金分红约15万元，农民人均可支配收入为4.3万元。

【文体工作】 2023年，洪泾村持续完善综合文化服务中心建设，广泛开展送戏下乡、百团大展演、全民阅读等群众性文化活动49次，共计服务人次达51314人。充分利用“我们的节日”系列主题活动，开展社会主义核心价值观宣传教育活动12次。

【民生工作】 2023年，洪泾村原宅翻建申请10户，翻建进小区申请2户，验收13户。白云花园颁证收集资料61户，第一批房产证下发34户。新申请社会救助5人，调整救助类型2户，取消救助4户。申请严重精神障碍患者监护人奖补22人，注销3人。办理80周岁以上居家养老服务申请25人，其中有2名百岁老人办理援助服务申请。完成居家养老高质量扩面服务10人。完成洪泾村日间照料服务中心搬迁提档工作，成为太仓市第一批四级社区居家养老服务设施。

【综合治理】 2023年，洪泾村完善综治、调委、民警、律师、群众“五位一体”联合调解机制和公共法律顾问服务体系，开展法律咨询50人次，化解群众纠纷23件，签订人民调解协议13份。对辖区企业进行安全生产检查，签订《安全生产目标管理责任书》41份。拆除违法建设3263平方米。完成西环路项目4户农户拆迁签约以及1家企业厂房拆除工作。

【精神文明建设】 2023年，洪泾村以“专家送理论+支部书记讲理论+百姓名嘴说理论”“理论+文艺”等的方式，面向群众开展各类宣讲活动24次。依托新时代

洪泾村公益服务中心项目

文明实践站，打造“1+8+N”文明实践志愿服务队伍，精准对接群众需求，开展敬老孝老、扶贫帮困、养老反诈和垃圾分类宣传等志愿服务活动80多次，文明实践活动100多次。

（黄雅倩）

半泾村

【概况】 半泾村位于沙溪镇西侧，东临半泾河，西以盐铁塘为界，南与双凤镇庆丰村接壤，北靠七浦塘；沙南公路横贯东西，村名因依半泾河得名，距沙溪古镇1.5公里，交通便利。2023年，村域面积5.2平方千米，耕地面积203公顷。下辖村民小组32个、农户764户、户籍人口2810人。

【党建工作】 2023年，半泾村党委下设支部4个，有党员181人。特色打造“泾彩吧”党建微阵地，与2800平方米“一站式”党群服务中心、绿阳会客厅邻里驿站组成“海棠三角”，通过“青聚力”“邻聚里”行动支部，围绕“半泾有理·力行践理”“海棠暖心·服务‘泾’心”“泾网联动·治理有我”等主题，开展“新新向荣”系列新业态新就业活动、“泾彩暖流”系列流动党员活动、“头雁领航谋振兴 群雁争姿绘‘泾彩’”等活动超50场；设立“泾网联动”服务岗，聘任驻村社工、辅警、网格员以及海棠先锋为“泾网联动”志愿者，深化党建网、综治网、服务网“三网融合”，引导村民群众加入海棠先锋队伍，变“旁观者”为“参与者”，代办群众事务160余项；分别为6名老党员颁发“光荣在党50年”纪念章，申报发放七一党内关爱金15000元，50、60年代老党员补贴3180元，2023年农村老党员补贴5760元和村级“党员关爱金”7200元，深化“泾彩半泾”党建品牌。

半泾村村民委员会（半泾村供稿）

【村级经济】 2023年，半泾村水稻小麦年产量1440吨，太仓市“菜篮子”工程蔬菜基地—沙溪镇半泾村蔬菜产业化示范基地配套有净菜分拣、保鲜库、农残检测等，蔬菜、水果等特色农产品年产值约3500万元；有工业类土地18.4公顷、公益性服务中心1.1公顷、工业厂房1.4公顷、物业房1.2公顷，年租金收入900万元；成立有半泾村股份经济、绿源农场、半泾劳务、半泾农机4家合作社，先后投资绿阳蔬果、天竹园农庄、天竹园旅行社3家公司，持续加强抱团发展，累计投资1450

2023年6月14日，半泾村党员志愿者在村育秧基地为在校农业委培生作培训（半泾村供稿）

半泾村田庐园生态民宿（半泾村供稿）

万元，深化推进金溪公司人才公寓和智能产业园等项目建设。2023年，村级总资产18186万元，经营性收入1777万元，农民人均可支配收入48650元。绿阳蔬果合作社获评“国家农民合作社示范社”。

【文体活动】 2023年，省级儿童关爱之家太仓市沙溪镇半泾村示范点面向全镇儿童，以“泾彩周末”形式，推出“溪望之光　泾彩之爱”等特色儿童活动超50场。半泾村链接统筹政府和社会各级资源，通过与市招商局、江苏银行太仓分行等多家单位合作共建，开展“半泾有约　中秋正浓”“周末零距离”等活动超100场，服务群众超10000人次。

2023年9月26日，半泾村在乡村振兴学堂举办“半泾有约　中秋正浓”文艺联欢会（半泾村供稿）

【民生工作】 2023年，半泾村有低保2户、低保边缘户5户、重残7户、一户多残2户、无业精智残2户、特困1户，排摸困境儿童1人，新增残疾人3人，新增申请居家养老服务29人。重阳节为60周岁及以上老人发放重阳糕1287份。春节排摸慰问困难群众、优抚对象118人，发放慰问金4.03万元。报送村民家财险、意外险98人次，报送重大疾病保险20人次。乡村医疗互助（福村宝）2023年线上交费人数1144人。年末，社区股份合作社开展股份分红，人口股、土地股每股40元，合计发放119.04万元，3118人受益。

【综合治理】 2023年，半泾村落实国土空间全域整治，复耕面积5.99公顷。拆除违建3.85公顷。开展安全生产“331”专项行动，走访企业230余家次，发放宣传资料400余份。开展防灾减灾教育活动4次，参与人数100余人。开展沙溪镇消防安全隐患大排查、大整治专项行动，配

2023 年 8 月 24 日，半泾村开展“泾彩夜行　爱至民心”夜间入户志愿服务活动（半泾村供稿）

2023 年 6 月 15 日，绿阳团膳厨师在烹饪区烹制菜肴（半泾村供稿）

备消防五件套 70 余套、切割防盗窗 50 余扇，小餐饮合规化率达 100%，出租房合规化率达 98%。调解案件 100 件，开展法治宣传 4 次。获评苏州市首批枫桥式村（社区）建设示范党委。

【精神文明建设】 2023 年，半泾村采用“周月季年”周期工作法打造“泾彩”特色文明实践项目，通过“泾彩巾帼”“泾彩少年团”“青聚力”“邻聚里”志愿服务队，“平安半泾”志愿岗，“移风易俗”行动岗六支志愿服务队伍，以国家农民合作社示范社、省级儿童关爱之家太仓市沙溪镇半泾村示范点、苏州市首个乡村振兴学堂、新时代文明实践站等为载体，开展美村“靓”化、垃圾分类、移风易俗、文明城市常态长效建设等精神文明建设活动超 100 场。特色打造“泾彩巾帼”志愿服务队，推出包含理论宣讲、青少年实践、夕阳文体活动、邻里矛盾调解、“爱在半泾”相亲角等十项“我为群众办实事”项目清单，开展“泾彩夜行　爱至民心”系列志愿服务活动，将文明实践服务从“日昼 1.0 模式”提档升级至“昼夜 2.0 模式”。落实“泾彩·家庭诚信积分”建设，开展文明家庭、美丽庭院创建评选，5 户获评太仓市级美丽庭院户，5 户获评苏州市级美丽庭院户。

【绿阳团膳】 2023 年，半泾村通过村企联建，打造乡村振兴里的中央厨房——绿阳团膳，推进产业深度融合，已为包括印溪科技创新产业园、环琪塑胶工业在内的 30 多家企事业单位供应团膳，与元亮食品等多家单位签订食堂承包项目，依照客户需求提供阶梯式服务菜单，截至目前已完成订单超 20 万份。

（王凤丹）

中荷村

【概况】 中荷村位于沙溪镇南部，村域面积 8.2 平方公里，其中耕地面积约 5300 亩。下辖 61 个村民小组、996 户农户，户籍人口 3889 人，常住人口超 6000 人。村“两委”现有成员 9 名，获评“全国文明村”“江苏省文明村”“江苏省卫生村”“江苏省民主法治示范村”“美丽庭院省级示范点“苏州市先锋村”“苏州市文明实践示范站”等荣誉称号。

2023 年 11 月 10 日，中荷村沉浸式主题党日活动（中荷村供稿）

【党建工作】 2023 年，中荷村党委下设支部 8 个，有党员 233 人。村党委深入开展习近平新时代中国特色社会主义思想教育，引导全体党员干部从思想上正本清源、固本培元。通过党委中心组专题学习、支部党员集中学习、专题党课等形式加强党员理论学习。组织开展党的二十大报告、《习近平新时代中国特色社会主义思想专题摘编》等主题教育必读书目专题学习，累计举办专题学习活动超 100 场。推出“田间微党课”“中荷夜话”“先锋送学”等红色载体。2023 年，共开展“暖流常在”系列流动党员活动 5 场、“先锋送学”送书上门活动 12 次，帮助党员用党的创新理论武装头脑，自觉把思想和行动统一到党中央决策部署上来。今年来，下属党支部组织开展主题党日活动 100 余次、党员大会 30 余次，组织开展开放式主题党日活动 1 次、沉浸式教学 2 次。今年，接收预备党员 1 名，开展谈心谈话 50 余人次；落实党内关爱资金申报发放和 50 年党龄

2023 年 10 月 25 日，“党建引领同发展　红荷服务惠企业”开放式主题党日活动（中荷村供稿）

中荷新村风貌（中荷村供稿）

纪念章发放，在“七一”、中秋等重要时间节点开展困难党员走访慰问45人次。

【村级经济】 2023年，中荷村资产总额17434万元，实现总收入1319万元，可支配收入1083万元。完成资产交易42家，其中续约36家，定向招租4处，招租2处，实现全年租金收入656万元，增长6%。

【精神文明建设】 2023年，中荷村打造“美自善治 德惠中荷”服务品牌，建成8个文明实践点，拥有2000余平米村级文体中心，获评“2023年度苏州市新时代文明实践工作优秀示范站”称号。培育“毛建国”太极拳传承工作室等5个志愿服务团队，年均开展文明实践活动180余次，连续5年开展村民“文体艺术节”，入选“全省春节‘村晚’示范展示点”。推出中荷村“莲心果”家庭诚信积分，将志愿服务、文明实践、移风易俗等纳入积分管理，年投入20万元为村民兑换积分“礼遇”。推出“荷你共成长”“银荷课堂”等“荷”系列特色服务项目，村企联动开展“荷你点亮微心愿”活动,年均实现村民“微心愿”100余个。推出“荷乐喜庆”移风易俗试点项目，打造“公益婚纱 幸福小站”“共享书架 畅享阅读”“喜事简办 幸福加倍”等“公益共享+”服务。

2023年11月3日，中荷村开展“和美乡村·幸福中荷”2023沙溪镇中荷村第五届文体艺术节（中荷村供稿）

2023年2月7日，中荷村开展“龙腾盛世 万象启新”迎新春文艺晚会（中荷村供稿）

【民生工作】 2023年，中荷村有低保户13户，低保边缘户3户，一户多残2户，依老养残1户，重残19户，精三精四（精神障碍疾病等级3等4等）1户，低收入7户。落实市级临时救助5人次，救助金额13000元；村级临时救助47人次，救助金额16900元。2023年全村新增14对新婚夫妻、新生儿8人。

【美丽庭院】 2023年，中荷村围绕“美丽乡村”主题，打造“荷荷美美幸福家”品牌，扎实有序推进“美丽庭院”建设，为全面推进乡村振兴贡献巾帼力量。建成各级美丽庭院607户，美丽庭院挂牌率60.9%。其中：苏州市级美丽庭院30户，太仓市级37户，镇级2户，美丽庭院挂牌建设占比超过60.8%，并于2022年被评为“苏州市美丽庭院示范村”，2023年获评“美丽家园”省级示范点荣誉称号。

【社会治理】 2023年，中荷村以“小事不出网格，大事不出村委”为工作理念，依托“老阿伯”调解工作室，全年完成调解矛盾纠纷33件。继承和发扬新时代“枫桥精神”，不断深化平安建设，获评苏州市首批枫桥式村（社区）建设示范单位；中荷新村“法治小区”建设成效入选苏州市“法治小区”建设推进会现场教学点；受邀在太仓市“强基工程——国家宪法日”主题活动中分享法治小区工作经验，被评为2023年度沙溪镇法治乡村“强基工程”典型案例。

（吴晓娇）

松南村

【概括】 松南村位于沙溪镇东，东至浮桥镇三市村，西邻镇区，南接双浮公路，北依七浦塘。村域面积4.81平方公里，有耕地129.73公顷，31个村民小组，农户542户，户籍人口2242人。

【党建工作】 2023年，松南村党委下设支部3个，党员134名。坚持落实“三会一课”制度，扎实开展主题教育，组织集中学习共30余次。坚持党建引领，制订落实“书记项目”，聚力打造“轻‘松’一刻、解‘南’事”党建服务体系，新建“轻‘松’一刻、解‘南’事”海棠驿站，组织成立1支解“南”事党员志愿服务队，在矛盾纠纷调解、信访稳定、建言献策、政策宣讲、文明创建等方面发挥着积极的作用，共排查矛盾纠纷32起，化解矛盾纠纷32起，真正做到了“小事不出村、大事不出镇、矛盾不上交”。

【村级经济】 2023年，松南村土地流转面积2996亩。合作农场主要种植水稻小麦，种植面积1266亩。松南村工业小区，落户企业100余家，2023年经营性收入3154万元。

【文体活动】 2023年，松南村依托新时代文明实践站，定期开展“七彩夏日”、“缤纷冬日”、道德讲堂、文艺汇演等活动，开展“重阳做贴画、传承好文化”纸盘贴画手工活动、“走进美术作品中的美”绘画欣赏主题讲座、锡剧《十八双绣花鞋》文艺演出、“太仓市非物质文化遗产代表作图片展”展览等文化活动，共计41场，服务群众33365人次，丰富群众的精神文化生活。

【民生工作】 2023年，松南村有低保4户，特困3户，低保边缘户2户，一户多残2户，重残16户。享受居家养老服务155人，7月开展适老化改造。重阳节对60周岁以上老年人进行慰问，发放重阳糕、干货。年底对80周岁以上老年人发放村级尊老金8.44万元。为全村村民购买民生保险，推广乡村医疗互助项目“福村宝”，全年报送52人次，共计金额7.47万元。为每家每户开通数字电视、千兆网络。社区股份合作社发放股金分红，每股80元，共2332人受益。

【实事工程】 2023年，松南村推进高标准农田建设；辖区垃圾分类全覆盖，清运垃圾1800吨，会所进行提档升级，19组道路硬化2300平方米；对村域内千步泾、油兆河、七浦支河、南江申、龚家泾等5条河道进行冲浆清淤工作，总计长度2100米，投入资金约55万元。

【精神文明建设】 2023年，松南村开展形式多样的志愿服务活动54场，累计服务时长1668小时。围绕文明交通、环境整治、关爱未成年人等多方面，积极培育和践行社会主义核心价值观，广泛开展丰富多样的新时代文明实践活动112场。获评2020—2022年度太仓市文明村。

【康养服务】 松南村首创了村级养老服务品牌“松乔南山”，孕育出了“一站连一心，康养医护融”的村养老服务阵地建设思路，将村养老服务点列入党员服务主要阵地，并构建村卫生服务站与日照中心、日照中心与家庭养老相连相容的结构，着力打造“医中有养、养中有医、康养结合、实时照护”的农村养老服务体系。开展健康服务、主题活动及老年教育550余场次，服务村民约10240人次。2023年，松南村取得了五级社区居家养老服务设施的优秀成绩。

（顾晴艳）

胜利村

【概况】 胜利村位于沙溪镇镇区。党群服务中心建成于2022年10月，建筑面积2200平方米，为便民服务中心和综合中心两大功能服务区域。设置矛盾调解室、退役军人服务站、支部会议室、邻里家园、党员议事厅、健身室、图书室等，开展专题学习、民主议事，很好地提升群众归属感、幸福感和获得感，增强了党组织的凝聚力。

【党风廉政建设】 2023年，胜利村围绕“廉润家风兴胜利”这一主题，结合实际，精心组织，周密安排，扎实深入开展廉洁家风建设活动。发放廉政文化进家庭的倡议书320份。组织党员及党员家属观看警示教育片，提高党员家属的廉洁意识、法律意识和自警意识，增强做好家庭助廉工作的自觉性、主动性。组织一次“廉内助”评选。以“争当廉洁贤内助　筑牢家庭防腐墙”为主题，在村干部家属内部进行评选，引导党员干部和家庭成员共筑反腐倡廉家庭防线。

【法治宣传教育】 2023年，胜利村开展集中学习活动4次、法律讲座1次、入户宣传10次、法律知识答题活动2次，发放法律宣传折页、防电信诈骗手册5000余份。做好普法宣传、反诈宣传工作，不断营造法治氛围，鼓励村民们办事依法、遇事找法、解决问题用法，推动构建法治胜利。

胜利村党群服务中心

【村级经济】 2023年，胜利村村级可支配收入2285万元，股金分红33.7万元，二次分配发放农户大米65330公斤。发展蔬菜基地120亩，稻田种养140亩，带动村民就业，帮助村民增收。

2023年4月27日，“践行劳动美　传承廉洁风”文艺演出现场（胜利村提供）

【精神文明建设】 2023年，胜利村整合全村各类公共服务资源，开展形式多样的志愿活动，现拥有志愿者1406名，开展志愿者服务70多次，服务11420人次，举办道德讲堂4期，受益群众420人次，举办亲子活动5次，受益家庭82组，开展未成年人暑假活动12场次。

2023年9月30日，胜利村党委第一党支部主题党日活动现场（胜利村提供）

【综合治理】 2023年，胜利村不断推进平安村居建设，组建成立胜利村平安志愿者队伍。定期开展防范网络电信诈骗宣传、扫黑除恶宣传、护路护线行动、垃圾分类入户宣传等平安志愿者活动，开展活动120次。成立胜利村联合调解机制，联合人民调解员、民警、驻村律师、村民代表等多方力量，调解矛盾80余起。

（吴敏）

泥桥村

【概况】 泥桥村位于沙溪镇直塘，村区域面积 9.7 平方公里，东至盐铁塘与泰西村、虹桥村相邻，西与常熟市任阳相邻，南至斗门泾与双凤镇相接，北与常熟市支塘镇为界。主要公路："204" 国道、锡太一级公路横纵穿越。主要河道：七浦塘、盐铁塘横纵穿越。经三次村域调整，由原来的 6 个村合并组建而成，全村有 66 个村民小组，常住人口 8000 人。

【党建工作】 2023 年，泥桥村党委牢牢把握"学思想、强党性、重实践、建新功"总要求，推动学习贯彻习近平新时代中国特色社会主义思想主题教育取得扎实成效。同时，以"抓河道治理，绘水美乡村"书记项目为抓手，打出治河"组合拳"，以实际行动扮靓美丽河道，实现"党建 + 治河"双提升。积极开展流动党员摸排工作，全年流入党员 3 名，流出党员 1 名。

【村级经济】 2023 年，泥桥村有合作经济组织：太仓市沙溪镇泥桥村股份经济合作社、太仓市泥桥劳务专业合作社、太仓市金桥农场专业合作社。2023 年村总资产 9380 万元，村级总收入 1193 万元，农民人均可支配收入 4.1 万元。

【文体活动】 2023 年，泥桥村以新时代文明实践站为依托，广泛开展"我们的节日　精神的家园"系列活动，"缤纷冬日"、"七彩夏日"系列未成年人活动，"温暖秋冬"、"周末零距离"等活动。承办欢乐文明百村行文艺汇演等活动，不断丰富村民的业余生活，提升群众的幸福感。

泥桥村党群服务中心（张瑜摄）

【民生工作】 2023年，泥桥村做好帮困扶贫工作，做到认真、细致、不遗漏。2023年，全村共有低保户9户，对所有在册困难户进行补贴标准调标。重阳节对70岁以上老年人进行慰问。

【综合治理】 2023年，泥桥村整治抛光作坊2户。开展“331”夜查，对出租房的燃气进行排摸，及时发现并排除安全隐患，清除存在安全隐患防盗钢窗45户。

（张瑜）

虹桥村

【概况】 沙溪镇虹桥村位于沙溪镇西，村域面积7.11平方千米，耕地面积6206亩；辖45个村民小组，常住人口1060户3599人。

【党建工作】 2023年，虹桥村党委下设党支部6个，有党员191人，其中预备党员1名，全年召开党委中心组学习、政治理论学习共计12场次，各支部组织开展活动58场次。建立困难党员、60年代老党员、党龄50周年、80岁以上党员花名册。在春节、“七一”等重大节日上门慰问困难党员共计65人，发放慰问金30000余元。利用旧厂房改建新党群服务中心，于7月正式投入使用，面积1700平方米。组织开展“牢记嘱托、感恩奋进、走在前列”讨论。通过带领党员现场参观、集体讨论活动，深入了解各领域先进基层党组织的特色做法和工作经验，在生动的发展实践中准确把握推进中国式现代化中“走在前、做示范”的重大要求。

【村级经济】 2023年，虹桥村村级经济

沙溪镇虹桥村党群服务中心（虹桥村供稿）

收入 998 万元，稳定性收入 723 万元，经营性收入 532 元，农民人均可支配收入 5.1 万元。充分利用好市、镇脱贫扶持政策和扶贫资金，主动抱团发展，大米销售金额 46 万元。

【文体活动】 2023 年，虹桥村以新时代文明实践站、党员活动室、日间照料中心为载体，开展为群众所喜闻乐见的文艺演出活动 3 次，每周组织开展各类活动至少 2 次，丰富群众的精神文化需求；关工委组织开展“七彩夏日”系列活动 10 次，关爱未成年人健康成长；常态化开展全民阅读活动，引导村民养成爱书读书的良好习惯，让越来越多的村民爱上阅读，打造“书香虹桥”的良好氛围，促进乡风更加文明。

【民生工作】 2023 年，虹桥村有特扶家庭 15 户 27 人，其中失独家庭 3 户；居家养老服务在册人数 313 人，80 周岁以上老年人居家养老服务率 100%；为 60 周岁以上老年人发放重阳糕 1823 份。办理独生子女光荣证申领 4 人，办理江苏省农村部分计划生育家庭奖励对象申报 11 人，办理太仓市持“独生子女父母光荣证”企业退休人员一次性奖励金申领 33 人。对全村 1043 名 60 岁以上老人参加意外险补贴每人 25 元，共计保费补贴 26075 元。

2023 年 9 月 28 日，虹桥村在新时代文明实践站开展“我们的节日 精神的家园”——“相聚中秋 情满虹桥”主题活动

【综合治理】 2023 年，虹桥村垃圾分类收运全村覆盖，配备分类垃圾桶 1000 套、分类垃圾车 5 辆、高压水枪 1 台，建设集中式垃圾分类房 35 个和占地 500 平方米的垃圾分类管理站，有垃圾分类工作人员 8 人。全年环境卫生及垃圾分类共支出 125 万元，清运垃圾达 1000 余吨。

【精神文明建设】 2023 年，虹桥村依托新时代文明实践站，开展形式多样的志愿服务活动，全年共开展新时代文明实践站活动 107 场、志愿服务活动 46 场。主要围绕关爱老年人、关爱未成年人、环保公益、扶贫帮困、重要节日、理论宣讲等方面开展主题志愿服务活动。对村委会周边环境卫生问题整改 127 处。

（包志春）

泰西村

【概况】 泰西村位于沙溪镇西部，东沿鹿鹤泾，西临盐铁塘，南濒七浦塘，北靠巨泾。204国道、茜直公路、通港公路等通贯全村。村域面积7.65平方千米，耕地面积4590亩。下设38个村民小组1024户，常住人口4812人。

【党建工作】 2023年，泰西村党委下设党支部6个，党员179名，1名预备党员。开展主题党日活动12场次。重点加强流动党员学习管理，采取云端共学、视频学习等方式，组织流动党员参加主题党日，建立微信群，常态化发布学习资料，督促流动党员主动学习。针对年老不便参加集中学习的老党员，开展上门送学服务，今年共计开展上门送学服务5次。针对群众反映强烈的11个环境污染问题，制定整改措施11条，已解决问题11个，完成整改措施11条。

【村级经济】 2023年，泰西村农场专业合作社种植粮食3400亩，泰西烘干中心全年烘干粮食量为7476.11吨，实现收入180万元。村级总收入680万元，村级稳定性收入480万元，经营性收入480万元。

【文体活动】 2023年，泰西村定期开展文体活动，举办“吟诗听风雅　词韵染泰西”芳草诗词大会、“缤纷冬日　幸福泰西”暖冬夜市、“环保迎元旦、低碳过新年”垃圾分类宣传教育趣味活动，共举办文艺演出、戏曲表演等丰富多彩的活动12余次。

【民生工作】 2023年，泰西村有低保家庭

泰西新村俯瞰图（泰西村供稿）

9户、低保边缘家庭7户、重残家庭17户、无业精神智力残疾家庭8户、一户多残家庭1户、低收入家庭1户。2023年，新增重残家庭一户，新增无业精智残家庭3户，两户低保边缘调整到低保单人户。新增80岁居家养老老人31人，享受居家养老服务的老人有276人。2023年泰西村重阳节慰问老人发放重阳糕1576份。

【综合治理】 2023年，泰西村对16组、37组村民集中居住点道路进行路基拓宽铺设，对泰西新村教友区道路进行重新修建，完善小区配套设施。对泰西村13组、18组河道枫泾、鹿鹤泾支流进行冲浆清淤，对河道岸坡进行平整及绿化种植，提升河道整体风貌。对36组横浜等其他小型河道进行清淤。2023年泰西村争取了洞星路提档升级项目落地，建成后的洞星路路宽6米，路基7米，全部黑色化道路，并配套绿化、停车位、路灯等设施。并利用项目对村灌溉系统进行改善，村民出行更加便利。

【精神文明建设】 2023年，泰西村举办新时代文明实践活动168场，依托五大平台，举办"金风送爽　幸福满堂"、"关爱暖心"关爱老年人健康生日会、"关爱健康，文明相伴"秋冬养生指导宣传义诊等活动，关爱辖区困难群体。组建"泰西奶奶"舞龙志愿服务队，参加各级文艺演出，使其成为泰西村的文艺名片。

（龚思佳）

太星村

【概况】 太星村位于沙溪镇东部，东靠浮桥镇新邵村，西与沙溪镇岳星村为界，南为沙溪镇新建村，北邻浮桥镇方桥村。村域面积2.12平方千米，耕地面积124公顷。有4个村民小组，户籍人口242户713人。

【党建工作】 2023年，太星村召开村党委班子专题会议10次，组织开展党委中心组学习党的二十大精神专题活动30余场；完成村党委委员选举、支部委员补选工作，充实党组织"雁阵"队伍。吸纳外卖小哥、快递员加入"海棠先锋"队伍，开展"红色速递""海棠暖冬"关爱代办服务4次，发现、收集相关问题20余条；依托"星野公益菜园"办好海棠公益助餐，向村民免费发放自产蔬果500公斤。

【村级经济】 2023年，太星村经济总收入1369万元。现有劳务合作社、股份经济合作社3家，每年股份分红62万元。至年末，村级总资产1.4亿元。

【文体工作】 2023年，太星村组织开展志愿服务58场，涉及科技科普、环境保护、文明创建、垃圾分类、健康体育等。以"我们的节日"、重要节点、纪念日、主题日为载体，开展20余场专题活动，每月开展文化活动8场，惠及村民2.3万人次。

太星村村容村貌

【民生工作】 2023年，太星村为242户村民家庭购买“福村宝”乡村医疗保险，在沙溪镇慈善会设立太星村慈善基金10万元，向32名残疾人开展关爱慰问150余次，走访慰问低保、重残、空巢老人和失独及困难村民100次，发放慰问金15万元。落实实事工程，完成“美丽河湖”——姚浜河工程、周家泾河坡加固工程、马路塘生态河道建设工程、公寓房、车库等零星维修及公共厕所改造等零星工程，宽带补贴、有线电视补贴惠及村民700余人，共计13.5万元。

太星村篮球场

【综合治理】 2023年，太星村党委全面抓好矛盾排查和信访工作，化解矛盾24起，调解信访案件5起，实现小事不出村。发布平安志愿者活动48场，开展法治讲座2次、宪法日活动1次，远程调解1次。全年走访重点人员12余次，排摸重点场

太星村星风游园

所15次、出租房150次，处理违规事件100件。

【精神文明建设】 2023年，太星村不断深化精神文明建设工作，开展社会主义核心价值观主题教育活动12场、新时代文明实践活动100场、精神文明理论宣讲24场，“我们的节日 精神的家园”主题活动7场，开设道德讲堂4次，推荐沙溪好人4名。77户获评沙溪镇文明家庭。至年末，注册志愿者303人，团队服务时长39398小时。

（陆敏艳）

岳星村

【概况】 沙溪镇岳星村位于沙溪镇区东，东与太星村相邻，西与塘桥村接壤，南接岳王大街，北与浮桥镇老闸三市村交界。村域面积5.96平方千米，耕地面积4489亩。辖区村民小组34个，662户2225人。有专业合作社3个。岳星农场专业合作社被评为“2023中国农民合作社500强”。

【党建工作】 2023年，岳星村党委下设支部4个，现有党员133名，预备党员2名，入党积极分子2名。开展“5+X”主题党日、“三会一课”、组织生活会；深化“初心菜园”和“星光助苗”2个共建项目，走访慰问困难党员、群众和重病困难学生30余人；行动支部助力环境整治、文明创

岳星村项门小区（岳星村供稿）

岳星村“乐杨海棠邻里驿站”（岳星村供稿）

建志愿服务，加入农田违建清理队伍，充分发挥党员先锋模范作用；完成书记项目“乐杨海棠邻里驿站”，打造集便民服务、党员活动、民主议事、矛盾调解于一体的片区站点。

【村级经济】 2023 年，岳星村农场专业合作社种植粮食 2300 亩，粮食总收入 463 万元。村级经济总收入 1072 万元，村级经营性收入 937万元，资产 6369万元，农民股权分红 11 万元，发放土地流转费 414 万元。

【文体活动】 2023 年，岳星村通过“发现需求—整合资源—挖掘特色”的工作链条，积极组织形式多样、内容丰富的文体活动。开展“我们的节日”“趣味手工”“和谐邻里”手工 DIY 系列活动、“欢乐百村行”文艺演出、戏曲表演、电影放映、文化展览等活动，持续打造第五届“夕阳红”象棋比赛，组建岳星村老男孩足球队等特色项目。共计全年开展活动 40 余场，受益人群 2000 余人，不断丰富村民的文化生活，提高村民的获得感和幸福感。

2023 年岳星农场专业合作社粮食获得大丰收（岳星村供稿）

岳星村 2023 年第五届“夕阳红”象棋比赛（岳星村供稿）

【民生工作】 2023 年，岳星村为 922 名 65 周岁以上老年人发放尊老金，为 696 名 70 周岁以上老年人发放重阳节慰问品，80 周岁以上老年人居家养老服务率达 100%。调整办理低保 6 户、特困 3 户、低保边缘户 1 户、重残 11 户。岳星村共有 121 名退伍军人、43 名优抚对象。办理原宅翻建申请 14 户，验收 11 户。为美化岳星村项门小区环境，在小区三期内增加绿化、停车位等。为加强夜间出行安全，在五组、九组、十一组、三十组安装路灯。在横杨桥边打造了休憩小场所“荷星园”。在村委会旁翻建公共厕所，方便路人使用。

【综合治理】 2023年，岳星村协同社区民警开展集中讲课4次，在村主要路口、人员密集场所张贴宣传横幅20多条，发放宣传资料1500余份，召开了关于防电信网络诈骗和防范养老诈骗会议。通过“331”专项整治结合违法建设进行企业及出租房排查，共排查企业15家、出租房63家。垃圾分类准确率80%，清运垃圾堆放物93吨，疏浚河道6条。

【精神文明】 2023年，岳星村在册志愿者629人，持续强化“和美同星”志愿服务品牌，以“1+4+N”活动服务体系，依托1个新时代文明实践站、4个志愿服务团队、N个活动服务方向，组织道德讲堂4次、思想学习活动24次、社会主义核心价值观教育12次，开展扶贫帮困、文化文艺、人居环境整治、移风易俗宣传、文明城市创建等志愿服务活动100余次。全面落实家庭诚信积分，积极开展“文明家庭”“美丽庭院”评选活动，以文明家风促进文明乡风。获评2020—2022年太仓市文明村。获评2023年“苏州时代新人”1人。

（陆培红）

新建村

【概况】 新建村位于沙溪镇东部，东临塘桥村，西与浮桥镇新邵村相邻，南与岳镇村相邻，北与岳星村相邻。全村共30个村民小组，区域面积5.4平方千米，有583户农户，户籍人口2069人，流动人口1266人。

【村级经济】 2023年，新建村始终坚持把发展和壮大村级经济作为首要任务，着力抓经济，优服务。梳理存量资产资源，加大抱团发展力度等多元化措施，持续做强村级经济实力，实现固定资产3138万元，其中非经营性资产1899万元。2023年总收入：1076万元，发包及上交收入540.4万元，补助收入84.3万元，其他收入77.2万元，投资收益364.7万元。

【社会事业】 2023年，新建村有低保户3户、低保边缘户1户、重残9户、精智残4户。发放助学公益金16000元。大力推广福村宝乡村医疗互助项目，60岁以上老年人全额由村里进行了补贴，群众都称它为“第二医保”，通过福村宝报销37人，报销金额37130元。

【民生工程】 2023年，新建村办公大楼配套设施项目完成不动产证申领。村卫生院完成搬迁并顺利投入使用。邻里家园社工项目顺利开展，第三方社会组织顺利入驻，在村精神文明建设、公民社会道德、文化惠民服务等方面发挥积极作用。完成了柴塘、大浜河道的清淤整治，完成长卜娄河道美丽河坡建设，河道两岸环境显著提升，对临河路段进行了钢护栏加固，村民出行安全感进一步加强。

【精神文明建设】 2023年，新建村紧扣村民精神文化需求，加强统筹协调，提高组织力度，充分利用党群服务中心、新时代文明实践站阵地资源开展“纳凉夜校”“周末零距离”“我为长辈拍张照”等为村民所喜闻乐见的活动63场次，进行理论宣讲24场次，服务8000余人次。涵盖理论宣讲、政策宣传、乡村振兴、文化服务、教育服务、科技科普服务、体育健身服务等主题，利用“七彩夏日”开展未成年人寒暑假活动，加强思想道德、爱国主义等教育和各类社会实践，邀请了社区民警通过授课宣传法律法规，倡议学校开展心理健康课、法治讲堂等讲座，增强法治意识和维权意识，坚决抵制校园暴力。

（陆正烨）

岳镇村

【概况】 岳镇村位于沙溪镇东南，东邻新建村，西接娄东街道花北村，南临娄东街道岳南村，北靠岳星村，由原双桥、光耀、东街、西街、岳南5个村合并而成，村域面积6.43平方公里，耕地面积5088亩。辖区53个村民小组，户籍人口1009户3530人。2023年，岳镇村“两委”坚持以习近平新时代中国特色社会主义思想为指引，全面贯彻落实党的二十大精神，以新时代党的建设引领基层社会治理，切实把各项工作落到实处，基础设施进一步完善，村民幸福感进一步提升。2023年度获“苏州市住户调查优秀调查点”荣誉称号。

岳镇村党群服务中心（岳镇村供稿）

【党建工作】 2023年，岳镇村党委下设4个党支部，党员180人，入党积极分子2名。村党委积极开展“5+X”主题党日活动12次、专题党课4次；开展“党员大走访”活动，全年共走访176名党员，其中流动党员9名；“送学上门”10次。

【村级经济】 2023年，岳镇村村级总资产：6016万元，村级稳定性收入837万元，发包收入655万元。岳镇村股份经济合作社股份分红合计发放16万元。农民人均可支配收入4.76万元。

【文体活动】 2023年，岳镇村依托新时代文明实践站、老年活动室、日间照料中

2023 年 9 月 27 日，岳镇村“庆中秋，迎国庆”活动（岳镇村供稿）

2023 年 11 月 9 日，党员参观新四军太湖游击队纪念馆（岳镇村供稿）

心，定期举办文艺汇演、送戏下乡、文化展览、全民阅读等活动，共计 53 场。结合关工委开展“七彩夏日”“缤纷冬日”等未成年人活动 3 场。

【民生工作】 2023 年，岳镇村办理不动产证 105 户，下发不动产证 12 户；修建入户道路 5 条；调整办理低保户 3 户、低边缘户 1 户、特困户 1 户、重残户 10 户、一户多残 1 户、无业精智残 1 户，为 1251 名 65 周岁以上老年人发放尊老金；发放年终慰问 7.4 余万元，共计 198 户，为 1024 名 70 岁以上老人发放重阳节慰问品，完成妇女“两癌”筛查登记 250 人，办理新生育登记 47 人。

【综合治理】 2023 年，岳镇村守牢耕地红线和永久基本农田控制线，完成整改图斑 15 个，涉及耕地面积 15 亩。调解工作室排查调处各类矛盾纠纷 55 起，调处成功 55 件，成功率达 100%，快速有效、合法温情地化解了矛盾纠纷。

2023 年 10 月 20 日，岳镇村开展重阳节敬老活动（岳镇村供稿）

【精神文明建设】 2023 年岳镇村把做好农村精神文明建设工作作为推动乡村振兴的着力点，以新时代文明实践站为载体，凝聚群众、引导群众，提高乡村社会文明程度和群众的幸福感，开展党建类活动 30 余场、健康类活动 24 场、文化类活动 48 场、科普类活动 12 场、教育类活动 26 场、各类志愿服务活动 96 场。

（李冰清）

塘桥村

【概况】 塘桥村位于沙溪镇南，东至岳王镇区，西至城厢新毛片区，南至新港路，北至浮桥镇老闸区，沿江高速、双浮公路、茜直公路、杨林河穿村而过。村域面积 7.9 平方公里，有自然村 13 个，下辖 47 个村民小组，共有农户 859 户，户籍人口 3010 人。

塘桥村党群服务中心

【党建工作】 2023 年，塘桥村党委下设 5 个党支部，党员 177 名，塘桥村坚持以党的政治建设为统领，深入开展学习贯彻习近平新时代中国特色社会主义思想主题教育，抓牢基层基础，严格落实“三会一课”、组织生活会、“5+X” 主题党日、民主评议党员和组织生活等基本制度。抓实品牌引领，利用“棠葫芦” 工作法，串联“老中青” 三代，围绕老年“老红糖”、中年“麦芽糖”、青年“彩虹糖” 不同主题，打造党建品牌，成立“红棠奶奶、福禄爷爷” 志愿服务队，增设“红棠议事厅”，举办“红棠益民·振兴同行” 活动。抓强骨干队伍，增强乡村引才磁力，2023 年新发展党员 1 名。

【村级经济】 2023 年，塘桥村土地流转面积 333 公顷，粮食作物面积 215 公顷，成立劳务、农场、股份合作社。村级总资

塘桥村高标准农田建设

产为9181万元，村级稳定性收入为1334万元，农民人均可支配收入为5.2万元。

【文体活动】 2023年，塘桥村新时代文明实践站组织开展“我们的节日 精神的家园”系列活动7场，承办“欢乐文明百村行”“百团大展演”等文艺活动；利用科技与科普服务平台，每月组织开展一场科普活动。举办太仓首届“和美乡村·村BA”三人制篮球赛，共进行比赛68场，推动“体育+乡村振兴”融合发展；寒暑假结合关工委开展“缤纷冬日”“七彩夏日”系列活动10余次，丰富了青少年的假期生活，提升青少年的科学素养和创新能力。

【民生工作】 2023年，塘桥村调整办理低保户5户、低保边缘户3户、重残户17户。新增办理尊老金51人，申请办理居家养老服务对象268人。慰问重病困难家庭102户，年终发放困难户慰问金3.8万元。帮扶贫困学生2户，重阳节发放69周岁以上老人慰问金4.94万元。塘桥村股份经济合作社开展股份分红，村民每人分红40元，合计发放14.60万元。完成35—64周岁妇女“两癌”筛查登记196人、妇女普查登记77人，办理新增独生子女一次性奖励38人，农村奖励6人，办理新生育登记9人。

【综合治理】 2023年塘桥村实行网格化

塘桥村“红棠里”为民服务驿站

管理，落实农村人居环境整治工程，对朝南泾、学堂泾等河道进行清淤整治，清淤河道3000多米，清理农村生产生活垃圾830余吨。对历史拆违、永农整改等重点难点问题精准发力，整治地块20个，整治面积32.7亩。常态化开展村域矛盾排查工作，排查矛盾123起，调解纠纷28起，调解成功率100%，实现小事不出村。

【精神文明建设】 2023年，塘桥村积极开展美丽庭院、文明家庭、健康家庭创建活动，获评太仓市级美丽庭院4户、镇级美丽庭院示范户1户、镇级文明家庭3户、镇级健康家庭1户。依托塘桥村新时代文明实践站开展垃圾分类、防诈骗、文明创建等各类志愿活动102余次，注册志愿者人数977人，服务时长2690小时。

（浦越）

项桥村

【概况】 项桥村位于沙溪镇北，东与庄西村连接，西邻虹桥村，南与印北村相连，北邻常熟市，村域面积7.18平方千米，耕地面积6208亩。辖区47个村民小组，户籍人口1040户3892人。

【党建工作】 2023年，项桥村党委下设5个党支部（项桥村综合党支部、项桥党支部、新桥党支部、双泾党支部、梅林党支部），有党员190名，新发展预备党员1名，入党积极分子1名。每月定期开展“5+X”主题党日活动，共开展活动60次。

【村级经济】 2023年，项桥村总资产9168万元，村级稳定性收入826万元，人均可支配收入4.8万元。

【民生工作】 2023年，项桥村原宅翻建38户，慰问重病困难人员166人，亡故慰问人员66人，完成3户危房翻建工作。调整办理低保边缘户4户、低收入家庭2户、重残20户、无业精智残6户。

【基础设施建设】 2023年，项桥村完成了2000多亩高标准农田改造提升建设项目，修建道路4.7公里，新建道路2.3公里，修建明渠8183米、生态沟渠1382米，新建泵站3座，土地平整约2227亩。

【精神文明建设】 2023年，项桥村依托新时代文明实践站，开展形式多样的志愿服务活动，全年开展志愿活动140余次，服务时长3000多小时。开展健康家庭、美丽家庭及文明家庭评选。

【实事工程】 2023年，项桥村完成了钱长浜、崔家湾河道整治工程，长度1200米。完成了项桥村便民服务中心土建和市政工程项目，总投资约900万。

项桥村高标准农田风貌（项桥村供稿）

2023年9月15日，项桥村新时代文明实践站面向村民开展“移风易俗　树立文明新风”主题宣传活动（项桥村供稿）

庄西村

【概况】 庄西村位于沙溪镇北部，村域面积9.2平方公里，户籍人口3567人，常住人口4920人，下辖57个村民小组。2023年稳定性收入1328万元。庄西村是一个传统自然村落与现代农业相结合的独具特色的田园乡村。

【党建工作】 2023年，庄西村党委下设支部6个，有党员214人。2023年不断深化“醉美庄西”党建品牌建设，聚力打造农文旅融合新示范，走出一条一、二、三产融合发展之路。先后获得太仓市第二批乡村振兴试点示范村、苏州市人居环境示范村、江苏省第五批特色田园乡村、苏州市第二批特色田园乡村、苏州市第二批传统村落、苏州市高标准机械化示范基地、江苏省健康村等荣誉称号。

【村级经济】 2023年，庄西村土地流转面积占耕地面积的96%，夏收小麦2000吨，秋收水稻2240吨。下设农场及劳务合作社。村级资产8250万元，村级稳定性收入1328万元，农民人均可支配收入4.73万元。

【文体活动】 2023年，庄西村开展志愿活动80余次。定期开展民俗文化活动、未成年人教育活动、道德讲堂、环境整治等活动，宣传文明家庭、身边好人等先进事迹。开展道德讲堂活动4次、未成年人教育活动10次，继续办好寒暑托班等实事工程。

【民生工作】 2023年，有村低保户7户、低保边缘户2户、重残户11户、精三精四1户。做好临时救助与医疗救助，全年申请市级临时救助3人次，救助金额6500元。安排村级临时救助，救助176人次，救助金额51600元。做好残疾人与老年人工作，做好定期走访残疾人工作。为80周岁以上老年人申请居家养老服务，为65周岁以上老年人申请尊老金服务，并发放尊老卡。

【特色田园乡村建设】 2023年庄西村玄恭共享农庄利用七浦塘最美水地标和庄西村米酒文化，以“农耕文化+乡贤文化+米酒文化”一、二、三产融合发展模式，建成玄恭酒文化街、玄恭酒庄、玄恭黄酒文化主题公园、玄恭民宿、百亩高标准鱼池等8个特色景点，是亲子游、科普教育、休闲度假、农副产品选购的好地方。

【综合治理】 2023年，庄西村做好人居环境整治工作，整治宅前屋后乱堆放2870处，合理规范养殖158处，田容田貌清理895处，清理生活垃圾1100余吨，悬挂宣传横幅标语32幅。垃圾分类宣传活动26次，工作推进会议12次，进行垃圾分类收集转运1147户。

【实事工程】 2023年。庄西村完成渠泾河河道整治1500米，完成烘干中心油改电项目，总投资214万元。

凡山村

【概况】 凡山村位于沙溪镇北部，东临太仓港开发区，西靠沿江高速公路，南临淞南村，北临渠泾村。村域面积5.69平方千米。辖区32个村民小组，户籍人口644户2401人。凡山村以农业生产为主，种植水稻、小麦、油菜等。2023年获评“江苏省第六批省级生态文明建设示范村”。

2023年11月，“移风易俗引领风尚　文明新风瑞泽凡山”太风尚10条户外宣传活动

【党建工作】 2023年凡山村党委下设党支部3个，党员132人。村党委聚合党建品牌力量，探索“党建+”的新模式，在群众聚集较多的日照公园旁打造党员流动议事点，开展“具体解决一件事情、为群众奉献一次”的初心活动。用好“一山海棠邻里驿站”，挖掘党员才艺能人，以“实践活动+宣讲”“文化+宣讲”等为群众所喜闻乐见的形式，组织开展“唱红歌、唱精神”听歌会等活动。

凡山村果园基地桃花盛开

【村级经济】 2023年，凡山村土地流转

2023年，凡山村获评“江苏省第六批省级生态文明建设示范村”

面积214公顷，粮食作物面积182公顷，粮食总收入550万元，全年烘干房烘干225缸，总重2468吨。村级总资产6159万元，农民人均可支配收入4.5万元，发放农民股权分红9万元。

【文体活动】 2023年，凡山村新时代文明实践站开展志愿活动95余次，开展“我们的节日 精神的家园”手工玫瑰折纸、月饼手工制作主题文明实践等活动7次。寒暑假定期开展青少年活动12次、道德讲堂4次，丰富村民业余生活，提升群众幸福感。

【民生工作】 2023年，凡山村为644户村民购买重疾险和意外险，完成80周岁以上老人居家养老服务240人，春节慰问困难户并发放慰问金3.41万元，重阳节为70岁以上老年人发放慰问金2.6万元。办理独生子女奖励扶助34人，“两癌”筛查180人。

【综合治理】 2023年，凡山村积极开展个性化履职工作，拆除违章建筑10013平方米，完成25亩马横浜湖泊清淤。抓好矛盾排查工作，化解各类矛盾38起。开展法治宣传活动12次。完善全村农村生活垃圾配套设施，新购买垃圾分类车1辆，清运农村生产、生活垃圾堆放物210吨。

【精神文明建设】 2023年，凡山村开展“美丽庭院”“文明精神”“健康家庭”创建活动，4户获评苏州市级“美丽庭院”、4户获评太仓市级“美丽庭院”，1户获评镇级“美丽庭院”，3户获评镇级“健康家庭”。依托新时代文明实践站，组建志愿者团队30多人，开展各类志愿者服务24次。

（苏梦娜）

香塘村

【概况】 香塘村位于沙溪镇北端，东临太仓港开发区，西靠沿江高速路，南与沙溪镇凡山村相连，北靠璜泾镇。村域面积2.14平方公里，常住人口968人。2023年获评“苏州市乡村旅游重点村”“苏州市乡村休闲旅游农业精品村”等荣誉称号。

【党建工作】 2023年，香塘村党总支下设支部2个，有党员62名。村党总支开展“5+X”主题党日12次，“三会一课”4次，组织生活会1次。围绕抓党建促乡村旅游发展工作思路，做实“党建＋旅游＋文化”品牌效应，精心打造“桥下驿·村口见”“甜野N次方”“暖蜂能量站”等党建微阵地，形成“1个红色核心、N个红色点位”的服务新格局。以村民小组为单位全面搭建“村口驿·桥下见”议事平台，累计开展“桥下板凳议事”活动20余场次，参与群众400余人次，收集群众需求22个、意见建议26条，先后为村民解决安全隐患、环境治理、矛盾纠纷等方面事项30余件。

【村级经济】 2023年，香塘村村级资产4831万元，村级总收入624万元，经营性收入484万元,农民人均可支配收入4.8万元。

【文体活动】 2023年，香塘村依托新时代文明实践站，开展“玉兔迎春共团圆　幸福邻里庆元宵”“品国粹　绘脸谱”“锡韵传承　重温经典”等传统文化活动24次，举办健康知识讲座、理论学习讲座等教育活动48次，丰富群众精神文化生活。

【民生工作】 2023年，香塘村申请原宅翻建18户，验收15户，完成农房不动产证颁证14份。2023年，全村2户低保户、3户重残户享受社会救助金，15名残疾人享受护理补贴每月140元，春节慰问困难户、困难党员共32人，涉及金额1.67万元，重阳节发放重阳敬老金5.04万元，惠及全村60周岁以上老人461人，为112位80周岁以上老人发放重阳糕，价值0.9万元。新增办理80周岁居家养老服务人员9名，居家养老服务率100%。为2022年1月—12月企业退休人员共14人办理独生子女家庭一次性奖励，育龄妇女开展两癌筛查120人。妇女病普查12人。

【综合治理】 2023年，香塘村全面抓好矛盾排查工作，化解矛盾92起，成功率100%。做好人居环境整治工作，整治宅前屋后乱堆放583处，合理规范养殖42处，田容田貌清理216处，处理生活垃圾18吨。

【精神文明建设】 2023年，香塘村不断深化精神文明建设工作，开展形式多样的志愿服务活动，全年开展志愿活动40余次，注册志愿者108人。服务时长4619小时。开展“健康家庭”“美丽庭院”“文明家庭”等评选。

（陈漪雯）

渠泾村

【概况】 渠泾村位于沙溪镇北，东邻香塘村，西紧系市级公路沙鹿路，南靠凡山村，北与常熟支塘镇相衔接，地理位置相对优越，交通便利。有38个村民小组，826户4791人。劳动力2220人，就业率达到100%。

【党建工作】 2023年，渠泾村牢牢把握“学思想、强党性、重实践、建新功”总要求，依托“三会一课”、主题党日活动组织党员开展集中研读党的二十大报告、党章党规、《习近平新时代中国特色社会主义思想专题摘编》等“读原著、学原文、悟原理”活动16次，组织开展“牢记嘱托、感恩奋进、走在前列”大讨论5次，收集建议意见7条。打造“海棠半日谈”

“海棠花红”先锋阵地群建设

书法活动

百姓茶馆阵地，吸收“海棠先锋 新思‘渠’说”理论宣讲团成员5名，开展13次“百姓事、百姓议、百姓决”的议事活动，解决问题13个。

【村级经济】 2023年，渠泾村总资产9298万元，村级稳定性收入1006万元，村级发包收入512万元，农民人均可支配收入4.98万元。村种植粮田面积2200亩，其中，土地规模经营2600亩；村级集体拥有物业用房面积7000平方米；村可支配收入1280万元，村区域内企业158家。

【文体活动】 2023年，渠泾村结合新时代文明实践工作，开展“移风易俗迎新春 欢乐文明过大年”“书香渠泾 点亮心灵”“致敬耕耘 礼赞劳动”“悠悠艾草香 绵绵粽情长”“婚纱小站 婚事新办”移风易俗宣传等各类文体活动共计60余次，举办文化展览、戏曲展演、体育竞赛

渠泾村“稻香渔歌”园

12 次，丰富群众的精神生活。

【民生工作】 2023 年，渠泾村申请原宅翻建 49 户，原宅翻建验线 24 户，房屋验收 34 户。申请残疾人家庭无障碍改造 1 户，新增重残护理补贴 5 个，新增无业精智残生活补贴 1 个，新增低保边缘户 1 个。办理独生子女一次性奖励 46 人，农村奖励 9 人，新增特扶 6 人，办理独生子女证 26 人，办理计划生育公益金 2 户，“两癌”筛查 182 人。为村 2853 名户籍人口购买“福村宝”乡村公益医疗互助项目，实现参与率 100% 全覆盖。完成了进贤泾、管泾河生态美丽河湖项目及徐仓浜、姚家浜、齐贤溇的河道整治项目。

【综合治理】 2023 年，渠泾村整治散乱污企业 15 家，涉及造粒、金属表面处理、大理石切割、注塑等行业；排查违建图斑点位数 39 处，并高效完成了 12510 平方违建的拆除；对本村域范围内宅前屋后、沿路沿线及河道等进行覆盖式清理，点位牌更新 12 块，农村道路与沿线整改 102 处，红黑榜整改 31 处，开展垃圾分类工作，垃圾分类督查整改 68 处，铁路沿线彩钢棚加固 13 处。

【精神文明建设】 2023 年，渠泾村坚持加强群众思想教育，提高群众文明素质，广泛开展社会主义核心价值观宣传，制定了符合村情、民情的村规民约、家风家训、善行义举榜来引导村民树立正确的世界观、人生观、价值观，积极开展“文明家庭”“身边好人”“最美庭院”等评选活动，积极传播正能量。

（周佳佳）

新北社区

【概况】 沙溪镇新北社区成立于 1982 年，东临涂松村，西至横沥河，南起新北街，北邻印北村，区域面积 1.5 平方千米，社区下辖 49 个居民小组，户籍人口 6098 人。2023 年获评沙溪镇统战工作先进单位、社会治理工作先进集体、安全生产和消防工作先进集体。

【党建工作】 2023 年，新北社区党委下设党支部 7 个，党员 282 人，1 名预备党员按期转正。开展主题教育“书记上党课”1 次，开展“牢记嘱托、感恩奋进、走在前列”大讨论 2 次，结合每月“5+X”主题党日活动，学习习近平新时代中国特色社会主义思想 9 次。邀请“美德沙溪好人说”讲师开展“学习贯彻党的二十大精神”宣讲会 2 次，邀请“娄城飞燕”巡回宣讲团成员开展党史方面宣讲 1 次，组织党员开展“走看学做比党建”活动 1 次。与印溪幼教中心开展共建活动 9 场，300 多人受益。组织开展流动党员排查工作，社区有流入党员 6 名、流出党员 3 名。

2023 年 1 月 9 日，新北社区开展“移风易俗迎新春　欢乐文明过大年”“我们的节日 · 春节”写春联志愿服务活动

2023 年 3 月 5 日，新北社区开展“唱响雷锋之歌　弘扬志愿精神”亲子户外清扫活动

2023 年 9 月 27 日，新北社区开展“喜迎国庆　礼赞中国”迎国庆主题教育活动

【实事工程】 2023 年，新北社区通过排摸，完成了新北街邮电弄小区 235 户居民楼道灯安装。完成乐生园 40 多户出租房消防合规化改造，配备出租房消防五件套，加强小区监控技防设备，在小区内选址建设 8 处停车棚及 80 个电动车充电桩插口，方便了业主电瓶车停放和充电，确保了小区安全。

【综合治理】 2023 年，新北社区调处各类矛盾纠纷 67 起，调解成功率 98%。发放既有建筑宣传折页 1000 多份，发放燃气安全告知书 300 多份。开展商铺消防安全宣传 2 次。发放养老防诈骗宣传册 1000 多份。开展平安志愿者活动 40 多次。

【精神文明建设】 2023 年，新北社区依托新时代文明实践站，积极推进精神文明建设，开展道德讲堂 4 次、移风易俗活动 12 次、“我们的节日”活动 7 次，开展“缤纷冬日”“七彩夏日”寒暑假活动 20 余次。社区打造“文明幸福社区提升计划”，不断创新活动，开展萤火虫课堂系列活动、亲子课堂、“多彩非遗　美好生活”等主题活动 35 次，推进家庭和睦，增强邻里凝聚力，促进社区和谐稳定。

（周晓佳）

东市社区

【概况】 东市社区东起印溪东路西侧，西至白云路，南至沙南东路，北至新北街，区域面积1.23平方千米。2023年，社区下辖41个居民小组，户籍人口6380人、常住人口6357人。2023年获评“苏州市儿童友好社区”“苏州市健康社区”“苏州市级‘三全’家庭教育指导服务示范点”“太仓市尊老敬老爱老示范社区”等荣誉。

【党建工作】 2023年，东市社区党委下设党支部7个，有党员219名。社区党委紧紧围绕“学思想、强党性、重实践、建新功”总要求，升级社区党群服务中心，打造“古镇先锋暖新亭”，打造西起白云路东至姚泾路，长度570米的海棠邻里街。社区党委与太仓市资产经营集团有限公司金控发展党支部结对共建暖“新”相伴项目，开展共建活动7次。古镇党员“暖新商铺”提供免费茶水、折扣饮品、免费理发等，惠及“两新”群体300多人次。

【实事工程】 2023年，东市社区依托“邻里话事”议事会和“水畔溪音”红色议事厅，通过集中协商、现场调研、入户宣传等方式，在古镇中市街新建非机动车停车场，增加非机动车停车位40个；河南街沿线两次共增加机动车停车位47个，橄榄岛新增机动车停车位40个，共计增加停车位120多个，有效缓解古镇景区停车难问题。

【综合治理】 2023年，东市社区调解纠纷180多起，受理居民来电来访200多起，处理联动举报案件400多起。社区邀请沙溪派出所徐警官开展反诈专题讲座，为居民普及反诈知识；开展反诈入户宣传，帮助居民注册“娄东无诈App”和“国家反诈中心App”，发放宣传折页1000多份。

【民生工作】 2023年，东市社区纳入社会化管理退休人员101名，60周岁以上老年人1501人，80周岁以上享受居家养老服务的老年人277人。社区低保户5户、低保边缘户2户、五保户1户、困境儿童8人、残疾人110人（其中重残42名）、计生特扶对象26人。

【精神文明建设】 2023年，东市社区结合“最美古镇 美哉东市”主题，紧抓“公益集市”和“文艺团队”两大载体，成立“东市人家”公益联盟共65人，包含戏曲团队、非遗研习社、便民关爱社等6支队伍。社区举办“东市人家”新春公益行、阅读集市、“我们的节日”主题活动等150多场，受益群众5万多人次；开展“道德讲堂”活动4场，累计参与200多人次；开办“七彩夏日”“缤纷冬日”亲子活动26场；太仓志愿者平台注册1674人，团队服务时长101688小时。

【特色工作】 2023年，东市社区0—18

2023 年 1 月 10 日，东市社区开展“移风易俗迎新春，欢乐文明过大年”迎新春活动

2023 年 4 月 12 日，东市社区联合沙二小开展阅读打卡活动

2023 年 5 月 13 日，东市社区联合沙溪医院开展海姆立克急救法演练活动

2023 年 11 月 18 日，东市社区开展便民服务活动

岁未成年人 1550 人，社区以“与美童行”为品牌核心，紧扣“从一米高度看城市”的儿童友好理念，延伸环保童创、安全童行、筑梦童益、非遗童承、美好童绘五大板块作为体系支撑，打造儿童专用活动空间及功能室，建设听风岛居儿童友好公园、古镇儿童友好街区、儿童友好商铺等，成立“溪享髫年”儿童议事会，开展非遗手工课程、儿童志愿服务、儿童成长健康讲座及义诊、环保公益行动等各类主题活动 38 场，荣获“苏州市儿童友好社区”称号。

东市社区围绕“最美古镇　美哉东市”社区总品牌，致力打造“三圈合一”（服务圈、生活圈、旅游圈）的健康社区，建设健康步道、古镇健康文旅街区、健康驿站及自测点等，成立“古镇先锋”行动队伍，参与先锋行动 100 多人次，每日对古镇景区开展环境治理、秩序维护、规范经营、健康旅游等工作，开展健康公益行、健康阅读、健康讲座及义诊等各种主题活动 40 多场，累计受益 1000 多人次，荣获“苏州市健康社区”称号。

（沈菁）

西市社区

【概况】 西市居委会成立于1958年。2001年西市与浦南居委会合并，成立了第一届西市社区居委会。区域东临白云路与东市社区为邻，西至黄泥浜与利泰社区居委会相接，南至周泾河与中荷村为界，北至新北街与新北社区居委会相连，并实行社区民警合署办公，辖区面积0.61平方公里，有32个居民小组，户籍人口5333人2008户，暂住人口5964人。社区工作人员8名。社区先后获得过全国综合减灾示范社区、江苏省和谐社区建设示范社区、江苏省健康社区、苏州市绿色社区、苏州市第二批“一刻钟便民生活圈”、太仓市三星级“发展性”幸福社区、太仓市优秀基层党组织、太仓市勤廉示范社区、太仓市文明社区等荣誉。

【党建工作】 2023年，社区设立党总支部，下设2个党支部，共有党员99名。充分依托大党委联盟，进一步丰富党建品牌内涵。落实党员双报到机制，寻找辖区流动党员和在职党员到居住地报道。依托共·润溪党建联盟，与各支部共享资源，联合开展理论学习、反诈骑行、环境整治、扶老助困等活动，丰富“情暖西市”党建品牌内涵。创新实施书记项目，有效推进服务为民。将“一刻钟便民生活圈”创建工作列为书记项目，通过“党建引领、党员先锋、志愿者同行、居民参与”的社区工作服务机制，常态化开展助老助残、平安巡查、垃圾分类、环境整治等便民服务实践活动，全方位扩大便民辐射圈。

【综合治理】 2023年，西市社区全年调处各类矛盾纠纷44起，调解成功率90%以上。网格化联动工作，共接上级联动中心派件1892件，处置完成1888件，处置率99.8%。通过专刊专栏、横幅及户外电

西市社区门头

子屏等宣传形式，开展毒品、邪教的危害性，及各项法律法规宣传，使治理工作走进千家万户。完成辖区内9小场所安全隐患排查，签订《九小场所消防安全承诺书》500余份，针对重点场所、小旅馆、小餐饮和大型超市，发放消防安全员胸标及“五会六必须”宣传单150余套。

【精神文明建设】 2023年，扩大宣传，营造健康、文明、向上的和谐氛围。通过宣传栏、电子屏、居民微信群等宣传阵地开展各类文明宣传活动。全年开展以移风易俗、讲文明树新风、文明家庭、志愿服务为主题的道德讲堂4次。开展以健康、法律、垃圾分类等为主题的社区大讲堂12次，引导居民过健康生活、创文明家庭。开展我们的节日主题活动，促进社区文化事业发展。社区全年开展以“我们的节日”为主题的大型广场活动1次，中小型室内活动6次，参与活动人数超过3000人次。

【特色工作】 西市社区通过全年的推动，成功入选苏州市第二批“一刻钟便民生活圈”。“一刻钟便民生活圈”的建设中注重环保和可持续发展，鼓励绿色出行、能源节约和环境保护，“一刻钟便民生活圈”是一个概念，旨在提供便利、高效和智能化的生活服务，使居民可以在自己的社区内解决大部分日常需求，而无需长时间地通行等待。社区“一刻钟便民生活圈”的建设，不仅提高社区居民的生活便利性和幸福感，减少交通拥堵和环境压力，同时还促进了社区的可持续发展。

2023年1月13日，西市社区新时代文明实践站开展“我们的节日春节——军民同乐饺香飘，翰墨飘香送春联”活动

2023年7月28日，西市社区新时代文明实践站开展“童心筑梦·荣耀致敬”八一建军节活动

2023年9月25日，西市社区新时代文明实践站开展“弘扬家风家训 传递文明风尚”2023年度移风易俗主题宣传月活动

利泰社区

【概况】 沙溪镇利泰社区位于沙溪镇区西部，东沿黄泥浜与西市社区居委会交界，西与泰西村接壤，南靠七浦塘，北与洪泾村毗邻。居委会名以境内的百年利泰纱厂而得名。辖区面积1.5平方千米，下设31个居民小组，常住人口5036人。有劳动村、繁荣村、经济新村、生产村、利泰新村、苏棉新村、新民村、苏家村、松墩新村等居民住宅区。先后获得江苏省和谐社区、太仓市四星级“发展型”幸福社区等荣誉。

【党建工作】 2023年，利泰社区党委下设5个党支部，有党员143名。社区党委落实“三会一课”制度，认真开展每月党日活动，组织党员干部深入贯彻落实习近平新时代中国特色社会主义思想和重要会议精神，开展政策宣传、环境整治、文明城市志愿服务、扶贫帮困等活动上百次，做到红色服务成为工作常态，从而提升居民的获得感和幸福感。累计开展“党员干部齐上阵　环境整治促提升”先锋整治行动8次，召开“小圆桌”建言献策会12次，群策群力解难题，共收集大小问题60多个，解决问题50多个。开展“暖心楼道”整治行动8次，对楼道乱堆乱放、电动车飞线充电进行专项整治行动，全力守好安全“主线”，为居民群众打造平安、和谐的居住环境。利用现有阵地资源，设立“暖蜂加油站”“微心愿直通车”等，联合邮政银行设立“新业态新就业群体优先”办事窗口，为新业态和困难群体提供暖心帮助。开展扶贫帮困关爱行动9次，为困难党员、残疾人等群体送上暖心关爱。

【实事工程】 2023年，完成水利安桥翻建、苏棉新村临时停车场平整；利泰老皮鞋市场临时停车场重新划线、新北西路沿街道板修缮；对繁荣村垃圾分类亭周围硬化；拆除原工农居委危房，平整经济村地块；完成新民村（11组）交车位建设工程。开展城乡环境卫生整治“百日行动”与人居环境整治工作，户外广告、店招标牌累计整治74处；建筑立面、乱涂乱写清理100余处；积存垃圾、卫生死角累计清理120余处；对劳动村、经济新村杂树进行修枝和清除。

【综合治理】 2023年，签订安全生产承诺书116份；开展企业安全生产培训会1次，参与企业86家；对利泰棉纺厂内承租企业开展安全检查4次；开展企业、日照消防演习4次；联合消安办对辖区内118家九小场所进行全面检查，张贴标识牌118张，发放安全员胸牌32个，整治三合一场所7处，切割小餐饮内违规防盗窗5家；对辖区内405家出租房开展排查整治工作。进行矛盾调解120余起，安置帮教人员在册9人，均按要求完成走访和电话联系。

【精神文明建设】 2023年，利泰社区高度重视文明社区创建工作，充分利用社区宣传栏、海报、横幅等，大力宣传社会主义核心价值观、善行义举榜、居规民约等，让广大居民群众在家门口就能进行学习。每月在实践站组织开展健康教育、文艺表演、反诈骗知识宣传等多种活动8—10场，营造优良的文化环境。结合“我们的节日”举办“欢天喜地迎新春”“春暖社区　一起乐‘宵’遥”等特色活动，将新思想、社会主义核心价值观、党史教育等知识融入活动中，寓教于乐、寓学于趣。深入挖掘身边好人，每季度开展“道德讲堂”，学习先进典范，社区居民姜红芬获评“江苏好人”“苏州时代新人”“太仓好人”。通过联合辖区内的幼儿园、小学，开展垃圾分类知识宣传、环境治理等活动，加强对小朋友的环保教育，深化了对当前节能环保的意识。在新时代文明实践站举办环保讲座、知识竞赛、文明养犬宣传等活动，将理论和实际相结合，进一步增强保护环境意识。

直塘社区

【概况】 直塘社区居委会位于原直塘建镇区范围，东至204国道，南至金叶路，西至直塘米厂东侧，北至直任路，社区面积1.24平方公里。社区按街道划分成8个居民小组，现有居民户518户，户籍人口1112人，外来人口1500余人。

【党建工作】 2023年直塘社区按照镇党委下发的冬训工作文件精神，围绕深入学习贯彻习近平新时代中国特色社会主义思想、深入学习贯彻党的二十大精神，进行专题学习等相关活动共计6次，参与党员200余人次。开展文艺汇演等各类志愿活动90余场，服务居民群众2000余人次。依托新时代文明实践站，定期组织志愿者开展爱心义诊、健康知识讲座、治安巡逻等志愿者活动20余次。

【精神文明建设】 2023年直塘社区联合老伙伴社工在直塘日照多功能室开展了一场“邻里共相聚·欢喜闹元宵”活动。通

2023年，“我们的节日　精神的家园”主题活动现场

青少年寒假写春联活动现场

过元宵节与戏曲相结合的形式，充分展现了中国传统文化的深厚底蕴，弘扬了节日文化和戏曲文化，让居民们度过一个别样的元宵节，营造出喜庆祥和、幸福温馨的节日气氛。积极倡导“垃圾分一分，环境美十分”文明新风，组织开展“美好环境，你我共行”爱护家园活动，以实际行动倡导文明。

归庄社区

【概况】 归庄社区居民委员会成立于1958年5月，坐落于太仓市沙溪镇东北部现归庄利民南路3号，东至渠泾村，西至庄西村，南至渠泾、凡山二村，北至庄西、渠泾二村。辖区面积为0.8平方公里，分两个网格，辖区总人口959人，分成10个居民小组，外来流动人口2572人。今年先后获得2020—2022年度太仓市文明社区、军事训练先进单位、2023年度公积金工作先进集体，归庄阿姨志愿者服务队荣获计划生育特殊家庭帮扶工作“暖心之星”（志愿者团队）。

【党建工作】 2023年，归庄社区党支部中党员总数44人，划分2个党小组。调整社区党支部副书记1人，“两委”成员1人、确定入党积极分子1人、颁发“光荣在党50年”纪念章1人，召开组织生活会1次、党日活动12次、专题党课4次。对困难家庭实行民政救助，春节期间共慰问困

11月2日，开展习近平总书记对宣传思想文化工作的重要指示学习活动

难家庭46户，发放慰问金10500元、困境学生助学金5000元、低保户和低保边缘户分别4000元，精神智力三四级户分别1000元，在“七一”时期发放党员关爱基金2户共计1000元，慰问困难党员3户共计2600元。

【实事工程】 2023年，育才弄篮球场下水道改造完成，对老年之家化粪池、小陈酸菜鱼饭店弄堂、金冠面包房弄堂等多处下水道、化粪池进行疏通，对辖区范围内10多只窨井套及盖进行更换；完成了玄恭街木横滨桥的桥面修复；对利民南路和利民西路老商品房进行了智能化改造；对育才弄道路进行修补；对盛世华庭小区进行了围墙的修补和临时停车场的改造。

【综合治理】 2023年，组织召开安全生产工作会议12次，学习安全生产相关知识15次，签订企业目标管理责任书17家，走访企业17家。完成小餐饮和出租房合规化改造率95%以上，烟感配备率70%。全社区九小场所消防安全标识牌张贴到位，消防安全员100%配备，灭火器配备率100%。小旅馆整治率完成100%。居民房屋修缮申请10家，验收5家，在建5家；远程调解1次，矛盾调解40余件，其中邻里纠纷31件，宅基地纠纷10件，调解完毕40件。拆除社区违建面积1543平方米。

【精神文明建设】 2023年，归庄社区推进精神文明建设，开展“我们的节日”7次、道德讲堂4次，开展法治讲座、宣传10余次，办“七彩夏日”爱心暑托班，一共有30个小朋友参加，共完成4个星期20天的课程。全年开展2次文化展览活动、10场文艺活动。做好送戏下乡工作，市级送戏下乡1场；镇级2场，分别是《买红菱》《红灯记·痛说革命家史》。积极组织参与镇里全民运动健身运动会，参加各类运动会比赛项目10余项，获得混合团体飞镖比赛第三名、残疾人飞行棋比赛第二名等奖项。

【特色工作】 2023年，归庄社区党支部大

11月9日，开展“预防为主，生命至上”第32个全国消防安全教育日消防知识宣传活动

5月30日，“热爱科学，崇尚科学”科技科普文明实践主题活动

力弘扬“四敢”精神,践行支部干部“敢为”精神，充分发挥党建先锋模范作用，由支部暖“心”玄恭先锋志愿服务队联合“归庄阿姨”志愿服务团队，定期开展上门慰问、倾听民意诉求及经验做法等各类助残爱老活动，支部累计提供志愿服务活动15余次。学习“中国好人”梁雪芳模范典型，不断为辖区空巢老人等老年群体输送支部暖“心”力量，支部书记江晓明表示：“辖区社区干部扎根基层，深入走访老年群体，担当作为，安心立足基层党建工作，将着力打造支部五‘心’玄恭特色党建品牌。”

岳王社区

【概况】 沙溪镇岳王社区居民委员会坐落在沙溪镇岳王管理区，东起石头塘，西至岳杨路，南起新港公路，北至镇北路，辖区面积1.5平方公里。辖区内共有居民547户1002人，外来暂住人口2995人。社区居委会下辖6个居民小组，划分2个网格区域。社区党群服务中心设有一站式服务大厅、新时代文明实践站、日间照料服务站、会议议事、图书阅览、文化娱乐、居家养老等功能设施。社区充分发挥自治职能，先后荣获江苏省和谐社区、苏州市绿色社区、苏州市科普示范社区、太仓市文明社区、太仓市民主法治社区、太仓市关心下一代先进集体、“发展型”幸福社区、太仓市垃圾分类示范社区等荣誉。

【党建工作】 2023年，岳王社区党总支下设2个党支部，有党员62人，预备党员转正1名，入党积极分子2名，社区党总支组织开展主题党日活动12次、党员大会4次、专题党课4次，开展组织生活会1次，扎实开展主题教育，深入学习贯彻习近平新时代中国特色社会主义思想。开展党建“五心桥”和“益民生”困难帮扶及海棠红管家之“环境焕颜　幸福加码”3项党建为民服务项目。

【实事工程】 2023年，岳王社区对岳王大街4号、6-1号、6-2号3栋无物业管理的老旧商品房开展“楼道焕新颜”专项改造，进行墙面粉刷、杂物清理、增设宣传氛围，设置便民角，惠及60户居民。对无物业小区文华苑小区开展“点亮回家路”行动，对小区路灯和4栋共11个楼道的楼道灯进行亮化，照亮小区106户居

岳王社区公园

民回家路。

【综合治理】 2023年，岳王社区处理联动举报案件2018起，拆除违法建筑6090平方米，化解矛盾纠纷3起。与辖区24家企业签订安全生产责任书，签订率达100%，对工贸企业、9+1场所、燃气安全等12个重点行业领域展开检查，对辖区45家餐饮店安装燃气报警器和安全切断阀，对九小场所共发放消防安全标识200份，签订承诺书200份，排查各类隐患42处，筑牢安全底线。社区星火志愿者团队开展防诈骗宣传、法治宣传、消防安全宣传等30余次，维护社区和谐稳定。

【精神文明建设】 2023年，开展“我们的节日”系列活动7次、“道德讲堂”4次、

岳王社区主题教育活动

“七彩夏日”暑期青少年活动15次，开展法律、健康、垃圾分类、移风易俗等新时代文明实践活动共计106次，丰富居民的精神文化生活。开展“健康家庭”“文明家庭”“最美家庭”评比活动，弘扬家庭美德，以家风文明带动社会文明。

沙东社区

【概况】 沙溪镇沙东社区成立于2005年9月，辖区分为两个片区：老片区东临胜利村，西至印溪东路，南至沙南路，北至戚浦塘，面积0.3平方公里，有化肥新村1个无物业小区。新城区片东至印溪东路，西至姚泾南路，南至德溪路，北至印溪南路，面积0.58平方公里，有熙岸原著、倚云景苑、翡翠名苑、橄榄岛花苑、印溪佳园、明悦苑、悦映澜庭7个物业小区。辖区面积共计0.88平方公里，户籍人口4893人，常住人口10189人，划分10个居民小组。年内获评“无违达标村（社区）”、太仓市社区微治理优秀常规项目二等奖。

【党建工作】 2023年，沙东社区党支部有党员30人，入党积极分子2人。沙东社区党支部扎实开展习近平新时代中国特色社会主义思想主题教育，进行集中学习研讨6次，开展专题党课1次、“牢记嘱托、感恩奋进、走在前列”讨论1次，解决民生难题6个。锚定新小区融合难题，以“德法共治，乐惠互融”为书记项目助推基层治理。发挥海棠先锋作用，以网格

为依托入户走访800余户，征集意见建议36条，开展便民志愿服务37场，做优“小沙在线”品牌服务。

【实事工程】 2023年，沙东社区对社区西侧空地进行改造，建立临时停车场和临时疏导点。对化肥新村小区主干道32面围墙进行亮白修复。对化肥新村2、3、10、21幢下水管道进行疏通。在翡翠名苑小区高层处新建1个垃圾分类房。城市更新拆除化肥新村7、8、9幢房屋。

【综合治理】 2023年，沙东社区处理联动举报案件525起，化解矛盾纠纷90起，处理集体信访2起。对2名刑释人员开展安置帮教工作8次。政务网办件量1428件。重视安全生产，与辖区内14家企业签订安全生产责任书，开展安全培训4次、安全检查16次。完成5家工业企业资源集约利用综合评价体检。拆除违建面积9412平方米。

【精神文明建设】 2023年，沙东社区注册志愿者590人，累计服务时长37375.5小时。依托新时代文明实践站五大平台，共开展文明实践活动136场，惠及居民8000余人。重视“一老一小”两大群体，为60至79周岁老年群体提供养老扩面服务116人次，为未成年人开展“缤纷冬日”和“七彩夏日”活动24次。申报通过太仓市“文明家庭”1户、沙溪镇“文明家庭”3户、沙溪镇“健康家庭”2户。

沙东社区党群服务中心

2023年7月13日，沙东社区组织未成年人开展“太极常练　武动童拳”太极拳活动

2023年7月25日，沙东社区开展“关爱空巢老人　呵护身心健康”心理关爱志愿服务行动

荣誉

国家级荣誉

◎ 中国镇域高质量发展百强第89位

沙溪镇

◎ 中国乡镇综合竞争力百强第92位

沙溪镇

◎ 全国综合实力千强镇第100位

沙溪镇

◎ 2022年国家级科技企业孵化器

太仓市生物医药产业园

◎ 2023年中国生物医药产业价值榜-最佳生物医药产业园区TOP10

太仓市生物医药产业园

◎ 2023方升产业园区年度榜-2023年度生物医药特色产业园5强

太仓市生物医药产业园

◎ 国家专精特新“小巨人”企业

太仓久本机械科技有限公司

◎ 2022年工信部工业互联网试点示范项目

安佑生物科技集团股份有限公司

中广核高新核材集团有限公司

◎ 2022年国家级制造业数字化转型暨两化融合管理体系贯标最佳案例

安佑生物科技集团股份有限公司

◎ 全国工人先锋号

昭衍（苏州）新药研究中心有限公司

◎ 全国名特优新产品

沙溪大米

◎ 2023年电子信息数字政府行业年度优秀解决方案

沙溪镇集成指挥中心平台

◎ 2023年数字孪生城市潜力案例

沙溪镇集成指挥中心平台

◎ 2023年时尚旅游金榜“金选民宿”

香塘野邻LINE FRIENDS露营村

江苏省级荣誉

◎ 2022 年度江苏省生态宜居美丽示范乡镇

沙溪镇

◎ 2022 年度江苏省公共机构能效领跑者

沙溪镇人民政府

◎ 2022 年度省级（人民满意窗口）建设质量提升工程先进单位

沙溪镇人民来访接待中心

◎ 全省建设档案管理工作先进单位

沙溪镇村镇建设档案室

◎ 江苏省现代服务业高质量发展集聚示范区

太仓生物医药产业园

◎ 江苏省优质老年学校

太仓市老年大学沙溪分校

◎ 江苏省健康村

项桥村　庄西村

◎ 美丽家园省级示范点

中荷村

◎ 2022 年度江苏省生态宜居美丽乡村示范村

香塘村

◎ 2023 年度（艺术点亮乡村）示范项目

香塘野邻 LINE FRIENDS 露营村

◎ 江苏省乡村旅游业态创新示范项目

太仓“布朗熊家族的甜蜜露营”亲子度假项目

◎ 2023 年江苏村 BA 总决赛第三名

沙溪镇男子篮球队（5 人制）

◎ 2023 年省级“暖心之星”志愿者团队

太仓市“归庄阿姨”志愿者服务团队

◎ 2023 年省级专精特新中小企业

安佑生物科技集团股份有限公司

苏州英利汽车部件有限公司

太仓市海峰电镀有限公司

苏州三耐塑料设备有限公司

◎ **2023 年省级绿色工厂**

思睿观通科技（江苏）股份有限公司

◎ **2023 年度省四星级上云企业**

鸿基伟业（苏州）汽车零部件有限公司

太仓市富远精密模具有限公司

瑞宏精密电子（太仓）有限公司

中广核高新核材集团有限公司

◎ **2023 年省级企业技术中心**

苏州华益美生物科技有限公司

◎ **江苏省潜在独角兽企业**

苏州百因诺生物科技有限公司

苏州欧米尼医药有限公司

◎ **2023 年度江苏省质量信用 A 级企业**

康容生物科技（太仓）有限公司

昭衍（苏州）新药研究中心有限公司

◎ **2023 年“科创江苏”创新创业大赛生命科学创业组二等奖**

苏州思萃免疫技术研究所有限公司

◎ **2023 年“科创江苏”创新创业大赛生命科学创业组三等奖**

苏州思萃免疫技术研究所有限公司

苏州市级荣誉

市委、市政府表彰荣誉

◎ 2022 年度苏州市“生态环境保护工作”先进集体
沙溪镇人民政府

◎ 2022 年度苏州市民兵工作先进单位
沙溪镇人民武装部

◎ 第二批苏州市传统村落
庄西村

◎ 苏州市级企业技术中心
信立泰（苏州）药业有限公司
鸿基伟（苏州）汽车零部件有限公司
思睿观通科技（江苏）股份有限公司

条线部门表彰荣誉

◎ 苏州市特色小城镇
沙溪镇

◎ 2022 年度苏州市农村人居环境长效管护先进镇
沙溪镇

◎ 2022 年度苏州市（家庭健康保障）优秀乡镇（街道）
沙溪镇

◎ 2022 年度苏州市劳动关系和谐乡镇街道
沙溪镇

◎ 苏州市法治政府建设示范地区
沙溪镇人民政府

◎ 2022 年度政务公开工作先进集体
沙溪镇人民政府

◎ 苏州市公共机构生活垃圾分类工作先进单位
沙溪镇人民政府

◎ 2022 年度苏州市征兵工作先进单位

沙溪镇人民武装部

◎ 苏州市政务服务系统（双争双创）主题活动为民服务工作先进集体

沙溪镇行政审批局

◎ 2023 年劳动人事争议示范巡回仲裁庭

太仓市劳动人事争议仲裁院沙溪仲裁庭

◎ 2023 年金牌劳动人事争议调解组织

沙溪镇劳动人事争议调解中心

◎ 苏州市养老服务机构办学先进集体

沙溪镇综合为老服务中心

◎ 苏州市三星青年文明号

沙溪镇综合执法局市容管理分队

◎ 苏州市企业关工委优秀单位

太仓市生物医药产业园

◎ 苏州市劳动教育特色学校

江苏省沙溪高级中学

◎ 2023 年度苏州市特色精品乡镇

半泾村

◎ 苏州市（双零）建设优秀单位

半泾村

◎ 苏州市首批“枫桥式村（社区）”建设示范单位

半泾村　中荷村

◎ 2022 年苏州市乡村旅游重点村

香塘村

◎ 2023 年苏州市乡村休闲旅游农业精品村

香塘村

◎ 2022 年度苏州市农村人居环境长效管护先进村

香塘村

◎ 苏州市“三全”家庭教育指导服务示范点

半泾村　东市社区

◎ 苏州市儿童友好社区

东市社区

◎ 苏州市科普教育基地

香塘村农业科普园

◎ 2023 年度苏州市新时代文明工作示范站

沙溪镇中荷村新时代文明实践站

◎ 苏州市第一批五级社区居家养老服务设施

松南村老年人日间照料中心

◎ 2022—2023 年度苏州市优秀委员工作室

太仓市生物医药产业百军委员工作室

◎ 首批苏州市基层统战工作创新项目

“聚沙汇溪”沙溪统战之家项目

◎ 2023 年度苏州市新时代文明实践工作优秀项目

“新风起沙溪，乡俗化民心”移风易俗品牌项目

◎ 苏州市“三扶两创”示范基地

太仓福田家庭农场

◎“最苏州”文旅指数 TOP10

沙溪古镇

◎ 2023 年度苏州乡村旅游精品民宿

布朗熊之家

◎ 2022 年度苏州市“园林杯”最美小微绿地

沙溪镇生药园小微绿地

◎ 2023 年度苏州市“园林杯”优质工程奖养护类

2021—2023 年沙溪镇印溪大厦周边绿化养护工程

◎ 2023 年度苏州市独角兽培育企业

苏州百因诺生物科技有限公司

江苏零一汽车科技有限公司

核欣（苏州）医药科技有限公司

◎ 2023 年度苏州市总部企业

昭衍（苏州）新药研究中心有限公司

◎ 2023 年度苏州市新兴服务业领军企业

昭衍（苏州）新药研究中心有限公司

◎ 2023 年苏州瞪羚企业

亿鸿环保机械（苏州）有限公司

太仓红马机械设备制造有限公司

思睿观通科技（江苏）有限公司

太仓奥林吉汽车零部件有限公司

安佑生物科技集团股份有限公司

苏州联桓汽车紧固件有限公司

苏州富合创兴汽车科技有限公司
华亚工业塑胶（太仓）有限公司
苏州艾航激光科技有限公司

◎ **2023 年苏州市示范智能车间**

艾普零件制造（苏州）股份有限公司
鸿基伟业（苏州）汽车零部件有限公司
苏州悠远环境科技有限公司

◎ **2023 年苏州市服务型制造示范企业**

艾普零件制造（苏州）股份有限公司

◎ **2023 年苏州市工业设计中心**

苏州悠远环境科技有限公司

◎ **2023 年苏州市新型研发机构**

苏州思萃临床药理研究所有限公司

◎ **2022 年生物医药产业潜力地标企业**

赛业（苏州）生物科技有限公司

◎ **2023 年苏州市五一劳动奖和工人先锋号**

信立泰（苏州）药业有限公司
苏州华益美生物科技有限公司

◎ **2022 年度苏州市“推动数字经济时代产业创新集群发展工作”先进集体**

昭衍（苏州）新药研究中心有限公司
康辉医疗科技（苏州）有限公司
苏州百因诺生物科技有限公司
苏州市商业秘密保护示范点
昭衍（苏州）新药研究中心有限公司

◎ **2023 年度苏州市科技成果转化（生物医药）项目**

新型抑酸药物 X842 完成反流性食管炎三期临床试验（江苏太瑞生诺生物医药科技有限公司）
特立帕肽注射液产业化［信立泰（苏州）药业有限公司］

◎ **2023 年第一批姑苏创新创业领军人才（创业类）**

亚历山大［特姆威（苏州）医学影像有限公司］

◎ **2023 年第一批姑苏创新创业领军人才（创新类）**

谢万坤［昭衍（苏州）新药研究中心有限公司］

◎ **2023 年第一批姑苏创新创业领军人才（重点产业专项）**

邵　颖［弘星相和（太仓）生物科技有限公司］

◎ **2023 年第一批姑苏创新创业领军人才（区域重点产业专项）**

黄泽铧（江苏零一汽车科技有限公司）

太仓市级荣誉

市委、市政府表彰荣誉

◎ 2020—2022 年度太仓市文明镇

沙溪镇

◎ 2023 年度征兵工作先进单位

沙溪镇人民政府

◎ 2022 年度武装工作先进单位

沙溪镇人民武装部

◎ 2020—2022 年度太仓市文明单位

沙溪镇行政审批局

◎ 2020—2022 年度太仓市文明单位

太仓市印溪农文旅发展有限公司

中广核新材料集团有限公司

◎ 2020—2022 年度太仓市文明校园

江苏省沙溪高级中学

太仓市沙溪第一中学

太仓市沙溪镇第一小学

太仓市沙溪镇第三小学

太仓市沙溪镇直塘小学

太仓市沙溪实验中学

太仓市沙溪镇岳王学校

太仓市沙溪镇第二小学

太仓市沙溪镇归庄小学

◎ 2020—2022 年度太仓市文明村

涂松村　印北村　洪泾村　半泾村

中荷村　泥桥村　虹桥村　泰西村

胜利村　松南村　凡山村　香塘村

渠泾村　项桥村　庄西村　太星村

岳星村　新建村　塘桥村　岳镇村

◎ 2020—2022 年度太仓市文明社区

东市社区　西市社区　利泰社区　新北社区

直塘社区　岳王社区　归庄社区　沙东社区

◎ 2022 年度民兵营（连）全面建设先进单位

沙溪镇半泾村民兵营

沙溪镇凡山村民兵营

沙溪镇胜利村民兵营

◎ 2023 年度突出贡献奖

昭衍（苏州）新药研究中心有限公司

◎ 2023 年度工业高质量发展贡献奖

苏州元亮食品有限公司

太仓久本机械科技有限公司

◎ 2023 年度人才科技工作高质量发展贡献奖

安佑生物科技集团股份有限公司

赛业（苏州）生物科技有限公司

江苏零一汽车科技有限公司

◎ 2023 年度外资外贸贡献奖

苏州悠远环境科技有限公司

◎ 2023 年度载体平台高质量发展贡献奖

太仓市生物医药产业园有限公司

平谦（太仓）现代产业园有限公司

◎ 2023 年度产业创新集群建设奖

苏州百因诺生物科技有限公司

◎ 2023 年度科技人才扶持奖

苏州睿熠金科技有限公司

◎ 2023 年度科技创新专项奖

信立泰（苏州）药业有限公司

江苏零一汽车科技有限公司

核欣（苏州）医药科技有限公司

◎ 2023 年度金融发展改革专项奖

安佑生物科技集团股份有限公司

思睿观通科技（江苏）有限公司

◎ 2023 年第一批太仓科技领军人才（创业类）

邓　洋（苏州熙萃医药科技有限公司）

◎ 2023 年第二批太仓科技领军人才（创业类）

黄泽铧（江苏零一汽车科技有限公司）

陈　喆［基点生物科技（苏州）有限公司］

樊俊杰（江苏泰济生物技术有限公司）

喜　庆（江苏瑞庆诊断技术有限公司）

Yu Joseph（江苏慧肽生物科技有限公司）

刘伟华（苏州长锜医疗科技有限公司）

卢　洪（苏州超素营养科技有限公司）

王　洪（苏州爱乐智能科技有限公司）

◎ 2023 年第二批太长科技领军人才（创新类）

YONGBIN ZHANG［昭衍（苏州）新药研究中心有限公司］

郑良宏（苏州至简生物医药科技有限公司）

条线部门表彰荣誉

◎ 2021—2022 年度法治太仓建设工作先进集体

中共太仓市沙溪镇委员会

◎ 2022 年平安稳定工作“先进集体”

沙溪镇人民政府

◎ 2022 年度太仓市创新型企业培育工作先进地区

沙溪镇人民政府

◎ 2022 年大数据工作先进单位

沙溪镇

◎ 2022 年度网络综合治理工作优秀单位

沙溪镇

◎ 2023 年度太仓市农村人居环境整治提升工作年度评价第一等奖

沙溪镇

◎ 2023 年度内部审计工作先进单位

沙溪镇

◎ 2022 年度太仓市网络安全工作责任制落实先进单位

沙溪镇

◎ 2022 年度统战系统宣传信息工作先进集体二等奖

沙溪镇

◎ 2022—2023 年度太仓市“我市冬训主讲人”项目优秀组织单位

沙溪镇

◎ 2023 年太仓市网络安全宣传周活动优秀组织单位

沙溪镇

◎ 2022 年度“廉砖·我爱廉”系列活动优秀组织奖

沙溪镇

◎ 2022 年度太仓市“数字工会”建设优秀组织奖

沙溪镇总工会

◎ 2022 年度太仓市共青团工作先进单位标兵

沙溪镇团委

◎ 市“无有五好”基层关工委优秀单位

沙溪镇关工委

◎ 2022 年度太仓市“巾帼文明岗”

沙溪镇社会事业局卫计办

◎ 2022 年度“太仓市五四红旗团支部”

白云幼教中心团支部

◎ 第二届“太仓青年五四奖章”集体

太仓市生物医药产业园有限公司

◎ 2023 年太仓市飞第孵化器

太仓市生物医药产业园有限公司

◎ 2022 年度三星级基层党建示范点

沙溪镇塘桥村党委

◎ 太仓市优质校外教育辅导站

沙溪镇东市社区校外教育辅导站

沙溪镇归庄社区校外教育辅导站

◎ 2022 年度太仓市十佳文明“最美窗口”

沙溪古镇

◎ 太仓市第二十届（2022 年度）精神文明建设十佳新事

“喜事连连”链出新俗

◎ 太仓市第十二届（2022 年度）精神文明建设十佳新人

邱蓉芬

◎ 2022—2023 年度优秀委员工作室

太仓市生物医药产业百军委员工作室

◎ 2022 年度太仓市青年文明号

南沿江城际铁路项目部

◎ 2023 太仓市民营企业 20 强

昭衍（苏州）新药研究中心有限公司

◎ 2023 太仓市民营企业创新榜单上榜

苏州百因诺生物科技有限公司

◎ 2022 年度太仓市青年安全生产示范岗

苏州百因诺生物科技有限公司

◎ 2023 年太仓市科技企业孵化器

太仓星药港产业发展有限公司

◎ 太仓市质量管理优秀奖

昭衍（苏州）新药研究中心有限公司

*本章“荣誉”收录自2024年中共太仓市沙溪镇委员会、太仓市沙溪镇人民政府发布的《光荣册》

附 录

组织机构及负责人名单

中共沙溪镇委员会

书　记：王晓红

副书记：王永伟　郑　珑

委　员：季春芳　周丽清　王建宏　吕春燕　陈　承　吴　越

沙溪镇纪律检查委员会

书　记：季春芳

副书记：施蓉蓉（10月免）朱　澄（10月任）

沙溪镇人大主席团

主　席：秦建刚

沙溪镇人民政府

镇　长：王永伟

副镇长：苏益初　张宗庭　尹旸艳　钱　路　马晓东

沙溪镇下属机关部门

总工会

主　席：沈建中

副主席：曹　斌

团委

书　记：施梦雅（12月任）

副书记：朱予楠（12月免）　倪　欢（12月任）

妇女联合会

主　席：刘　晶

副主席：杨　静

武装部

部　长：陈　承

副部长：陈雨国

党政办公室

主　任：曹　静

副主任：马文韬　孙　静（12月任）

社会治理局

副主任：谈正飞　陈　磊

组织人事和社会保障局

局　长：唐　军（10月任）

副局长：周　瑛　姚雪初（4月任）　卫　青　钱盛顺（12月免）

经济发展局

局　长：戈志丹

副局长：王苏婷（4月任）　李　翼　唐　亮

财政和资产管理局

局　长：冯慧华（11月免）　钱　坤（11月任）

副局长：张廷波　孟初莉（3月免）

建设局

局　长：王哲峰（10月任）

副局长：施蓉蓉（10月任）　陆　熠（4月任）　徐惠宝　周晴涛

农村工作局

局　长：沈　怡

副局长：陆建清　于　洋（12月任）　王　峰　史　勇

社会事业局

局　长：吴晓英

副局长：黄　渊　闻燕华（4月任）　吴蕴珠

综合行政执法局

局　长：刘　浩

副局长：汤　磊（12月免）　周　游

行政审批局

局　长：陆　婷（12月任）

副局长：包琮皓

2023年沙溪镇村（社区）党组织书记、主任

涂松村

书记、主任：龚利江（12月免）　樊志祥（12月任书记、主任人选）

印北村

书记、主任：张永彬

洪泾村

书记、主任：孙燕红

半泾村

书记、主任：沈建国（12月免）　钱盛顺（12月任书记、主任人选）

中荷村

书记、主任：徐建新

松南村

书记、主任：刘文涛

胜利村

书记、主任：汤庆丰

泥桥村

书记、主任：蒋洪彬

虹桥村

书记、主任：周志杰

泰西村

书记、主任人选：王　健

太星村

书记、主任：陆志豪

岳星村

书记、主任：王秋明

新建村

书记、主任：闻 斌（4月免） 丁宇洁（4月任书记、主任人选）

岳镇村

书记、主任人选：张 俊

塘桥村

书记、主任：王丹涛

项桥村

书记、主任：朱利兵

庄西村

书记、主任：徐 健

凡山村

书记、主任：洪 庆

香塘村

书记、主任：龚志昌（4月免） 郭 蕾（4月任书记、主任人选）

渠泾村

书记、主任：奚卫明（4月免） 夏益峰（4月任书记、主任人选）

新北社区

书记、主任：张 维（4月任书记、主任人选）

东市社区

书记、主任：王晓婷

西市社区

书记、主任：查卫东

利泰社区

书记、主任：蔡志敏

直塘社区

书记、主任：张卫彪

归庄社区

书记、主任：江晓明

岳王社区

书记、主任：张建新（4月免） 闻 斌（4月任书记、主任人选）

沙东社区

书记、主任：王耀斌

条线部门

太仓市生物医药产业园

主　任：王晓红

副主任：王建宏

岳王管理区委员会

主　任：苏益初

副主任：龚　敏（12月任）　陶　涛（12月任）

归庄管理区委员会

主　任：顾烨婷

直塘管理区委员会

主　任：孙　军

印溪投资发展集团

董事长：龚利江

总经理、董事：曹　峰

董　事：严海月

印溪农文旅公司

总经理：严海月

沙溪人力资源公司

总经理：严海月

印溪置业公司

副总经理：朱　净

印溪城市更新发展公司

副总经理：周洪兵

印溪资产管理公司

总经理：曹　峰

仁泰商品房开发公司

副总经理：陆解良

太仓市公安局沙溪派出所

所　长：顾晓红

指导员：刁日强

副所长：邢　进　杨武昌　孟　亮　孙剑枫

太仓市公安局岳王派出所

所　长：张晓峰

教导员：陈孝争

副所长：乔　龙　杨银锋

太仓市公安局交通警察大队沙溪中队

中队长：杨武昌

副中队长：孙石磊

指导员：蒋晓峰

副指导员：潘运费

太仓市国土资源规划局沙溪分局

副局长：（主持工作）沈沁睿

副局长：徐建峰

太仓市市场监督管理局沙溪分局

分局长：王　臻

副分局长：王　勇　衡忠兵　唐　宏

太仓市税务局沙溪分局

局　长：刘　蔚

副局长：赵晓峰　陈伟辉

太仓市法院沙溪法庭

副庭长：王　月

太仓市广电网络有限公司沙溪广电站

站　长：郑爱祥

副站长：金建东

太仓市沙溪人民医院

书记、院长：朱建国

副书记、副院长：吴亚荣

副院长：王红仙　王　伟　陈旺军　张华东

直塘卫生院

书记、院长：胡春江

副院长：吴　俊　徐　健

归庄卫生院

书记、院长：徐宏生

副书记：夏建强

岳王卫生院

院　长：朱建国

副院长：陆　霆

副书记：宋莉萍

沙溪高级中学

校　长：张　敏

书记、副校长：王红方

副校长：蔡留忠　杨秋萍

沙溪镇第一中学

书记、校长：严卫中

副校长：杨健亨　唐晓挺　颜文天　聂传虎

沙溪镇第一小学

书记、校长：屈雅倩

副校长：刘怡蕾　秦秋霞　叶晓英

沙溪镇第二小学

书记、校长：沈肖冰

副校长：叶　梅　张　宇

沙溪镇第三小学

书记、校长：徐　利

副校长：徐振新　徐锦花

沙溪镇实验中学

书记、校长：朱晓静

副校长：凌晓东　郑志豪　龚流芳

沙溪镇岳王学校

书记、校长：周国强

副校长：王晓峰　吴金花　陈益峰　徐　英

沙溪镇直塘小学

书记、校长：徐　玲

副校长：黄　瑛　郁黛嫔

沙溪镇归庄小学

书记、校长：李　燕

副校长：沈小奇

沙溪镇白云幼教中心

书记、主任：王剑玫

副主任：陆静芬　朱程程

沙溪镇印溪幼教中心

书记、主任：陈黎冰

副主任：徐美芳　何　逸

太仓市沙溪专职消防中队

队　长：何龙雁

副队长：徐雪松

岳王专职消防中队

队　长：朱鸣远

副队长：王胜国

太仓市供电局沙溪供电所

所　长：曹建国

书　记：周　健

副所长：张　历

太仓市自来水有限公司沙溪管理站

站　长：徐　瑜

太仓市沙溪邮政支局

局　长：陆　俊

中国电信股份有限公司太仓分公司沙溪分局

局　长：刘希平

副局长：薛静叶

中国移动通信集团江苏有限公司太仓分公司沙溪分局

局　长：周　泽

副局长：张　乐　钱　东

中国联合网络通信有限公司太仓分公司沙溪分局

局　长：严　俊

中国银行太仓沙溪支行

行　长：胡　斌

中国建设银行太仓沙溪支行

行　长：孙　强

中国农业银行太仓沙溪支行

行　长：顾晓叶

副行长：黄潇潇　冯志军

中国工商银行太仓沙溪支行

行　长：高　庆

太仓农村商业银行沙溪支行

行　长：朱志刚

沙溪商会

会　长：顾振其

直塘商会

会　长：刘建中

岳王商会

会　长：赵小丰

重要文献

牢记嘱托　感恩奋进　走在前列
精心织好传统与现代深度交融的“双面绣”

——在中共沙溪镇第十四届委员会第四次全体（扩大）会议上的讲话

王晓红

2024年1月22日

同志们：

这次全会的主要任务是，高举习近平新时代中国特色社会主义思想伟大旗帜，深入学习贯彻党的二十大、二十届二中全会精神和习近平总书记对江苏、苏州工作重要讲话重要指示精神，全面落实省委十四届五次全会、苏州市委十三届六次全会、太仓市委十四届六次全会部署要求，回顾总结2023年工作，研究部署2024年任务，动员全镇上下更加坚定自觉地牢记嘱托、感恩奋进、走在前列，坚定不移拼出“太仓速度”、搏出“沙溪精彩”，在推进中国式现代化中精心织好传统与现代深度交融的“双面绣”。

下面，我受镇党委委托，向全会报告工作，并就做好2024年工作讲三个方面意见。

沙溪镇党委十四届三次全会以来，镇党委坚持以习近平新时代中国特色社会主义思想为指导，全面贯彻党的二十大、二十届二中全会和习近平总书记对江苏、苏州工作重要讲话重要指示精神，落实党中央决策部署和省委、苏州市委、太仓市委工作要求，一体推进三件大事，突出抓好四方面工作，推动全镇经济社会发展和党的建设各项工作取得新成绩。

一体推进三件大事：把深入学习宣传贯彻党的二十大精神，习近平总书记对江苏、苏州工作重要讲话重要指示精神，和开展主题教育紧密结合起来，作为贯穿全年工作的主题主线，引领推动沙溪现代化建设新征程开好局、起好步。

深入学习宣传贯彻党的二十大精神。我们坚持把学习宣传贯彻党的二十大精神作为首要政治任务，兴起学习宣传贯彻热潮，举办宣讲团宣讲报告会，镇三套班子、村（社区）党组织书记深入一线开展专题宣讲，切实以党的二十大精神统一思想、统一意志、统一行动。

深入学习贯彻习近平总书记对江苏、苏州工作重要讲话重要指示精神。2023年

1月，习近平总书记在江苏全票当选第十四届全国人大代表，3月5日参加江苏代表团审议并发表重要讲话，提出“四个走在前”重大任务。围绕学习贯彻总书记重要讲话精神，镇三套班子进行专题学习交流，带头开展重点课题调研。7月初，总书记亲临江苏考察，明确“走在前、做示范”重大要求和“四个新”重大任务，我们及时传达学习研讨，认真落实省委、苏州市委和太仓市委相关会议要求，增强做好学习宣传贯彻工作的思想自觉、政治自觉、行动自觉。12月，总书记亲临盐城考察并作出重要指示，镇党委及时进行传达学习，与主题教育相结合，推动学习宣传贯彻往深里走、往实里抓。

深入开展学习贯彻习近平新时代中国特色社会主义思想主题教育。召开专题会议部署开展主题教育，围绕学思想、强党性、重实践、建新功，持续深入推进以学铸魂、以学增智、以学正风、以学促干，把“牢记嘱托、感恩奋进、走在前列”贯穿始终。明确不同领域党组织主题教育任务清单，实现92个参学单位5200余名党员主题教育学习全覆盖。全员实行“3+3”走访，累计解决企业和群众诉求超400个。机关职能部门建立“接诉即办”“跟踪督办”机制，村（社区）推动每个党组织至少解决1—2件民生实事，切实将主题教育成果转化为高质量发展实际成效。

在习近平新时代中国特色社会主义思想的指引下，我们牢记嘱托、感恩奋进，全力以实战实绩描绘“经济强镇、最美古镇、幸福名镇”的现实图景，全镇高质量发展再获佳绩，突破性进入全国千强镇百强，中国镇域高质量发展百强和中国乡镇综合竞争力百强位次均实现再跃升。突出抓好四个方面工作：

一、全力推动经济回升向好，打造发展“强磁场”

镇党委始终坚持把高质量发展作为首要任务，着力抓经济、拼项目、优服务，全镇经济运行整体好转。2023年实现一般公共预算收入11.77亿元，增长24.8%；一般公共预算税收收入10.44亿元，增长23.3%；规模以上工业产值238.31亿元，增长4.5%；全社会固定资产投资59.96亿元，增长6.7%，其中工业投资31.29亿元，增长16.3%；实际使用外资6001.66万美元，年度任务完成率超150%。

*在招大引优上实现新突破。*聚焦重点领域、关键产业，赴欧洲、北京、上海等地开展招商考察、进行专项推介，举办融资路演、论坛洽谈等活动26场。全年新签约项目90个、总投资154.3亿元，其中基点生物、零一汽车等超亿元项目40个；新引进注册资金2000万元或300万美元以上项目47个。提前介入、全程保障重点项目建设，全年开竣工开业重点项目88个、总投资179.9亿元，总投资151.8亿元的28个市级以上重点项目完成年度投资35.1亿元、纳统投资24.0亿元，任务完成率均居全市首位。

*在产业发展上取得新进展。*生物医药、先进材料、高端装备制造等新兴产业持续壮大。着力打造“太仓药谷”，思萃免疫所等2家大院大所正式开业，临床药理所获认苏州新型研发机构，太仓生物医药（上海）创新飞地启用，“长三角医药产业服务发展联盟”办公室揭牌成立，产业园获评国家级科技企业孵化器、2023年最佳生物医药产

业园区 TOP10，新增生物医药企业 106 家。

在科技创新上集聚新优势。加速推动智改数转网联，获评工信部工业互联网试点示范项目 2 个、省大数据产业发展试点示范项目 1 个。强化创新企业梯队建设，新认定高新技术企业 69 家，有效高新技术企业数达 185 家，新增国家级专精特新“小巨人”企业 1 家、省级专精特新中小企业 4 家、苏州市级及以上企业技术中心 4 家、苏州市工程技术研究中心 4 家、示范智能车间 3 家，入选省潜在独角兽企业 2 家、苏州独角兽培育企业 3 家、瞪羚企业 9 家，较上年实现大幅突破。加大人才引育力度，新增苏州市级以上各类“人才计划”人才 6 人；新增太仓市级“人才计划”人才 11 人。

在企业服务上构建新生态。打造全市首个镇级企业服务中心，通过“一个中心”统筹协调全镇审批、建设、人社、执法等所有条线涉企工作，建立企业画像、形成需求清单，为项目落户、企业发展提供精准化的全生命周期服务。持续擦亮营商服务品牌，推动政务服务提质增效，“15 分钟政务服务圈”进一步延伸，“15 分钟医保服务圈”省级示范点建设持续深化。

二、扎实推进美丽沙溪建设，提升城镇“魅力值”

镇党委坚持统筹推进、内外兼修，加速展现城乡和美新画卷。

空间布局进一步优化。按照市国土空间规划编制方向，完成镇级详细规划单元划分成果，加速推进控规全覆盖。坚持以国土空间全域整治优存量、促集约，统筹开展产业用地更新“双百”行动、超期未开发土地处置等工作，完成拆旧复垦 266 亩，拆迁“清零”地块 8 个，拆违超 26 万平方米、总量保持全市第一，沙东社区获评无违社区。推动存量空间自主更新，新增产业载体 32.28 万平方米，为项目引建、企业壮大提供更大发展空间。

功能配套进一步完善。新镇区白云大厦续建项目完工、溪亭商业中心主体竣工，培远实验学校等重点项目加速建设。浦南片区城市更新稳步推进，一期地块由印溪投资集团与中铁一局集团合作开发高品质商住项目，七浦文旅商业街区项目启动。老镇区河南街老旧小区改造等项目完工，沙东市集入选苏州市文明菜场。城乡交通路网持续优化，项桥中心线南延等道路建成通车。

环境面貌进一步提升。持续推进生态保护和修复，建设生态河道 4 条、幸福河湖 20 条，17 个高质量发展水环境断面水质优Ⅲ比例 82.4%。实施大气污染防治项目 39 个，空气优良天数比例达 81.6%，PM2.5 和臭氧平均浓度分别为 29.4 和 162 微克 / 立方米。“两治一提升”和“散乱污”企业专项整治行动深入开展。新增省级绿色工厂1 家。获评全市首个省级生态宜居美丽示范乡镇、苏州市“生态环境保护工作”先进集体、农村人居环境长效管护先进镇。

文旅活力进一步增强。不断完善以古镇为核心的“七浦运河文旅带”建设，香塘野邻露营村一期项目获得全国金选旅行住宿奖、获评省乡村旅游业态创新示范项目，国际卡丁车中心、香塘野邻露营村二期项目等即将建成开业。沙溪古镇有机更新深入推进，橄榄岛风貌提升二期项目、沿河沿街景观亮化工程基本完工，“七浦文脉”创新文旅业态提升项目启动建设。承办第七届太仓乡村旅游节开幕式、举办沙溪古镇端午民俗嘉年华等活动，游客吸引力进一步增强。全年累计接待游客170万人次，实现旅游总收入1800万元。

文明实践进一步丰富。持续推进文明城市常态长效建设，完成全国文明村镇创建、复评。构建“1+N”志愿队伍体系，开展志愿服务活动200余场，举办各类文明实践活动6400余场，文化惠民工程开展戏曲、演唱等各类文化活动超350场次。获评苏州市文明实践工作优秀项目、文明实践示范站各1个。获评苏州时代新人3名，太仓好人5名。

三、持续提升民生保障水平，增强百姓“幸福感”

镇党委始终坚持以人民为中心的根本立场，全力推动发展成果转化为生活品质。

强化优质公共服务供给。民生实事项目建设高标准推进，利泰幼儿园、直塘卫生院等多个项目完工投用。区域“医共体”建设迈出关键步伐，沙溪人民医院和苏州斯丹德医学检验实验室共建全市首家院企合作联合实验室。健全多层次保障体系，发放尊老金、各类社会救助金、双拥慰问金等3359.3万元。坚持就业优先导向，累计提供岗位4022个。获评苏州市劳动关系和谐乡镇。项桥村、庄西村获评省健康村，东市社区获评苏州市儿童友好社区。

加大强村富民推进力度。保障粮食和重要农产品稳定安全供给，提档升级高标准农田6650.85亩，“沙溪大米”入选全国名特优新农产品名录。省级现代农业高质量示范园等9个片区化发展项目开工建设。新增示范家庭农场苏州市级3家、太仓市级27家，福田家庭农场获评江苏“百佳家庭农场”。金溪人才公寓项目完成验收，金溪智能制造产业园项目开工。村均集体经营性收入1101万元。

深化社会治理创新实践。镇集成指挥中心获评电子信息数字政府行业年度优秀解决方案、数字孪生城市潜力案例。打造镇级网络综合治理指挥平台，探索“网络+网格”双网融合共治路径。创新“信溪通”信访处置模式，高效运转“矛调分中心”“矛调工作站”，镇人民来访接待中心获评省“人民满意窗口”建设质量提升工程先进单位。承办苏州市“法治小区”建设现场推进会，获评首批“苏州市法治政府建设示范地区”。沙溪派出所获评苏州市公安系统标杆派出所。半泾村、中荷村获评苏州市首批“枫桥式村（社区）”建设示范单位。

筑牢国家安全坚固防线。全面落实总体国家安全观，守牢安全稳定底线。深入开展安全生产专项整治巩固提升年行动，全力守护人民群众生命财产安全，未发生较大及以上和有重大影响的生产安全事故。常态化开展扫黑除恶、反邪禁毒、防范电信网络诈骗等工作，群众安全感测评位居全市前列。

四、坚定不移全面从严治党，筑牢党建“主心骨”

切实加强党的政治建设。坚决扛起管党治党政治责任，始终把严的要求落实到党的建设全过程和各方面，推动全面从严治党向纵深发展。严格落实“第一议题”学习制度，及时学习习近平总书记最新重要讲话和重要指示批示精神，以实际行动坚定拥护“两个确立”、坚决做到“两个维护”。坚持和加强党的全面领导，严格落实党管武装各项制度。

持续深化思想理论武装。坚持用党的最新理论凝心铸魂，强化学习宣传、推广普及。创新打造“理响柜台”冬训服务项目，依托29个新时代文明实践站（点）和“有理有剧”飞燕轻骑兵宣传队，深入田间地头、书场广场等开展党的二十大精神宣讲。全面落实意识形态工作责任制，扎实推进意识形态工作基层建设，加强舆情监测预警，营造和谐稳定舆论氛围。

不断夯实基层组织基础。深入贯彻新时代党的组织路线，紧抓基层党组织规范提升、“印溪红韵”党建矩阵提质、党务干部提能三大行动，迭代升级“1+28+N”党群服务体系，全域建强83个网格行动支部，新建流动党员之家1个、企业党群服务点3个、村（社区）海棠邻里驿站2个，特色化开展“党建强链e企行 药攀新高向未来”等活动100余次，党建赋能发展质效不断提升。

着力加强干部队伍建设。创新学习交流方式，在产业发展、项目建设、城市更新等中心工作中深度释放干部能力，不断完善“揭榜挂帅”“书记点题”等培养平台，持续深化“青年干部上火线”“中层干部冲前线”“退线干部返一线”机制，全链条提升干部能力素质。强化“三项机制”运用，推动干部“能上能下”，干事创业氛围更加浓厚。

全面落实党风廉政建设。严格执行中央八项规定精神，推进作风建设常态化长效化。紧盯重要节点、关键环节，常态化开展“清风行动”。深化运用“四种形态”。以省委巡视整改为契机，进一步补短板、强弱项、促提升，已办结转办问题线索5件。常态化用好“太仓沙溪”微信公众号“印溪廉话”专栏，进一步提高广大党员干部拒腐防变和抵御风险意识。拓展“一村一品”清廉村居文化阵地，建好廉洁阵地，基层政治生态不断优化。

过去一年丰硕成果的取得，根本在于习近平总书记掌舵领航和深切关怀，根本在于习近平新时代中国特色社会主义思想科学指引，是全镇人民团结奋斗的结果，也离不开全镇各级党组织和广大党员干部的辛勤奉献。在此，我代表镇党委向同志们表示衷心的感谢！

同时我们清醒认识到，对照“走在前、做示范”重大要求，对照高质量发展这一首要任务，提升沙溪产业能级、城镇能级的步伐仍需加快，党员干部队伍攻坚克难的精气神还需提振、能力水平还需提升，等等。对此，我们将高度重视，在下一步工作中切实加以改进。

2024年是中华人民共和国成立75周年，是实施“十四五”规划的关键一年，做好今年工作意义重大。今年全镇工作总的要求是：坚持以习近平新时代中国特色社会主义思想为指导，全面贯彻党的二十大、二十届二中全会精神和习近平总书记对江苏、苏州工作重要讲话重要指示精神，认真落实省委十四届五次全会、苏州市委十三届六次全会、太仓市委十四届六次全会精神，坚持稳中求进工作总基调，完整准确全面贯彻新发展理念，全面落实“四个走在前”“四个新”重大任务，服务构建新发展格局，统筹扩大内需和深化供给侧结构性改革，统筹新型城镇化和乡村全面振兴，统筹高质量发展和高水平安全，巩固和增强经济回升向好态势，持续推动经济实现质的有效提升和量的合理增长，加快建设“经济强镇、最美古镇、幸福名镇”，坚定不移拼出“太仓速度”、搏出“沙溪精彩”，在推进中国式现代化中精心织好传统与现代深度交融的“双面绣”。

谋划落实好今年各项工作，要重点把握好以下三个方面。

一、牢记嘱托、感恩奋进，坚决扛起走在前、做示范的责任担当

2023年习近平总书记两次亲临江苏考察、三次对江苏工作作出重要讲话重要指示，为江苏奋进新时代把脉定向、指路领航。我们要把这三次重要讲话重要指示精神与党的二十大精神和党中央重大决策部署结合起来，一体领会把握、坚决贯彻落实。

要在深学细悟中强化使命担当。习近平总书记和党中央对江苏、苏州工作高度重视、寄予厚望。习近平总书记在考察苏州时，指出“苏州在传统与现代的结合上做得很好，不仅有历史文化传承，而且有高科技创新和高质量发展，代表未来的发展方向”。作为苏州的一部分、太仓的重要板块之一，我们要牢牢把握推进中国式现代化这个最大的政治，牢牢把握坚持高质量发展这个新时代的硬道理，坚定信仰、信念、信心，树立领先、率先、争先的强烈意识，扎实推进“四个走在前”“四个新”重大任务，以沙溪的实践成效充分展示中国式现代化的光明前景。沙溪拥有深厚的历史文化底蕴，也拥有扎实的产业发展基础，叠加长三角一体化、长江经济带等多重战略机遇，必须始终胸怀“两个大局”，以更高站位、更强担当，找准融入和服务大局的切入点着力点，确保

习近平总书记和党中央的重要要求在沙溪不折不扣落实到位，以实际行动坚定拥护“两个确立”、坚决做到“两个维护”。习近平总书记在中央经济工作会议上强调，经济大省要真正挑起大梁，为稳定全国经济作出更大贡献。省委要求经济大市要带头在高质量发展上能快则快、挑起大梁。苏州市委要求太仓要为苏州发展作出更大贡献。我们要切实增强责任感使命感，聚焦经济增量、发展质量、创新能量，做到立足实际、主动作为，全力以赴争先进位、为全市发展多挑担子。

要从学习领会中找到科学方法。通过这段时间的主题教育，我们愈发深刻感到，习近平新时代中国特色社会主义思想是一座丰富的思想宝库，谋划开展各项工作首先要把握好这一伟大思想的世界观和方法论，坚持好、运用好贯穿其中的立场观点方法。我们要深入学习习近平总书记对江苏、苏州工作历次重要讲话重要指示精神，增强学习的针对性和实效性，创造性抓好贯彻落实，确保各项工作最终效果符合党中央决策意图。当前，特别是要深刻领会“五个必须”，不断深化对经济工作的规律性认识，坚持稳中求进、以进促稳、先立后破，处理好速度与质量、宏观数据与微观感受、发展经济与改善民生、发展与安全的关系，不断巩固经济回升向好态势。

要从体悟情怀中站稳人民立场。“人民”二字贯穿习近平总书记今年三次对江苏工作重要讲话重要指示，12月在盐城参观新四军纪念馆时，习近平总书记强调，民心向背决定着历史的选择。我们要更加自觉践行以人民为中心的发展思想，部署工作、制定政策、推动发展始终站稳人民立场，设身处地站在群众角度想问题、办事情，完善意见收集、响应、处置闭环机制，让

群众有地方说话、有渠道表达，事事有回应、件件有反馈。要充分尊重基层首创精神，充分激发和凝聚各方智慧和力量，推动形成齐心协力建设现代化的生动局面。

二、争先领先、突破跨越，奋力谱写走在前、做示范的崭新篇章

自觉把沙溪工作放在太仓、苏州、全省发展大局中来谋划和推动，将“挑起大梁”的要求落实到工作各方面，全力以赴拼增速、拼增量、拼质量，奋力交出发展和安全两张高分报表。

（一）稳经济、添动能，让发展的综合实力更加强劲

一是抓产业发展，筑牢经济发展强根基。坚持把发展经济的着力点放在实体经济上，围绕太仓“3+3”现代产业体系构建，加速壮大以生物医药、先进材料、高端装备为代表的新兴产业，加快推进新型工业化，努力推动产业能级实现更大提升。要加快提升生物医药产业综合竞争力，精心绘制生物医药产业图谱，集中力量推进产业强链补链延链，大力引进产业链“链主”企业，牵引推动更多上下游关联配套企业落地，全力做大主导产业“基本盘”。要结合特色园区打造，加快发展先进材料、高端装备、食品预制菜等特色产业。要加快传统产业焕新，坚持固底盘促转型，持续深化智改数转网联，支持纺织、化工等传统企业革新技术、迭代产品、扩展市场，向价值链高端攀升，打造一批智能制造示范标杆。加快安佑、思睿观通等优质企业上市步伐。要加快壮大国有企业，推动镇级国资更大力度参与产业载体、城市建设、农文旅融合等项目开发，持续提升国有企业投资运营能力，增强对全镇发展的贡献度。

二是抓项目引建，汇聚经济发展强动能。统筹抓好“扩产投产、引进推进”，持续扩大有效投资。要营造“大抓招商”的浓厚氛围，高频次“走出去”洽谈、“请进来”对接，打好产业招商、科技招商、载体招商、资本招商、以商招商“组合拳”，做到“周周有客商接待、月月有项目签约、季季有重大活动”。要紧抓在手项目的沟通对接，推动德国温控设备、日本半导体阀门等超70个在谈重点项目尽早落地，加速同辐辐照、斐济天然矿泉水等项目的注册落户，形成项目滚动接续的良好局面。要形成大抓项目的强大攻势，坚持一切围着项目转、一切盯着项目干，紧盯瀚诺馨等29个市级以上重点项目建设，全面拉高投资完成率、入库纳统率、竣工投产率，确保全社会固定资产投资、工业投资取得更大突破。

三是抓创新驱动，锻造经济发展强引擎。统筹抓好创新企业培育壮大、创新载体建优建强、创新创业人才集聚等工作，全力推动各类创新资源高效汇聚、充分聚合。要加速培育创新型企业，在梯度培育链主企业、专精特新企业、中小微企业上持续取得新进展。要用好生物医药国家级众创空间、国家级科技企业孵化器，抓好太仓生物医药（上海）创新飞地、慧溪科技企业孵化器等科创载体运营，导入更多高水平研发型、科创型、总部型项目。要不断做优人才生态，集聚更多科技领军人才和创新团队，确保人才工作实现有效提升。

四是抓营商环境，夯实经济发展强支撑。坚持有效市场和有为政府同向发力，大力推进重点领域和关键环节改革，全力构筑最优营商环境和最佳比较优势。要持续提升服务精准度，常态化开展服务企业

大走访，落实落细重点企业、重点项目挂钩联系制度，切实做到“无事不扰、有求必应”。进一步优化镇级企业服务中心运行，健全企业服务机制，建立企业白名单，减少对企业“打扰”频次，并积极收集企业原料、产品、潜在客户等信息，推动建立产业链微循环，以更精准的企业全生命周期服务凝聚高质量发展动能。要不断提升政务服务便利度，积极推进投资项目促产“一件事”改革，深化“15分钟政务服务圈”建设，持续擦亮沙溪最贴心营商服务品牌。要加大要素保障力度，围绕土地、金融等要素，不断提升配置效率，更大力度优存量、挖潜力、拓空间，让好项目落户不缺土地、好产业发展不缺空间。

（二）优功能、促融合，让沙溪的品质标识更加鲜亮

一是全力优化功能布局。要依据“三区三线”、工业保障线等划定成果，抓紧完成沙溪镇国土空间规划编制，加速推进控规全覆盖。要加快南部新镇区建设，推动城市综合体项目早日开工、溪亭商业中心尽快投用，分级分类、因地制宜抓好老镇区和三个撤并镇管理区提档升级，构建各片区协同互补的发展格局。要以精品思维抓好城镇立面、公共空间、景观风貌等规划设计，打造更多家门口的“口袋公园”，统筹推进地下管网、农贸市场、背街小巷等改造提升，抓好物业管理、“厕所改革”、垃圾分类等工作，以“绣花”功夫提升城镇精细化管理水平。高质量推进文明城市常态长效建设。

二是深入推进文旅融合。要积极探索传统文化在现代社会中的创新表达，扎实推进戚畔书场建设，用好文化活动中心，拓展“童承非遗研习社”，开展文艺精品创作，讲好沙溪故事，传播沙溪声音。要积极参与长江国家文化公园建设，推动国际卡丁车中心、香塘野邻露营村二期项目尽快开业，加快推进沙溪一号公路、七浦水岸文旅商业街区等项目，打造更多有新意、有品质、有人气的旅游打卡地。要加强沙溪古镇有机更新，结合文化遗产研学活动让文物在保护中发展、在发展中保护，打造“沙溪古镇江南文化数字艺术广场”，开发“奇遇·千年沙溪”沉浸式数字文化体验馆，同步建设江南文化戏台、中医文化体验馆等内容，形成集文化、休闲、娱乐、养生等于一体的综合旅游产品，增强场景体验。

三是不断厚植生态底色。要深入推进蓝天、碧水、净土三大保卫战，特别是聚焦水环境治理这一重点问题，坚持点面结合、标本兼治、水岸共治，扎实开展污水处理提质增效达标区建设“回头看”，强化黑臭水体“动态清零”，确保劣Ⅴ类水体全面消除。要坚持山水林田湖草沙一体化保护和系统治理，强化国土空间规划和用途管控，严守生态保护红线、永久基本农田、城镇开发边界三条控制线。系统推进耕地、湿地、绿地、林地生态修复。要加快发展方式绿色转型，积极稳妥推进碳达峰碳中和，积极发展新能源、科技环保等绿色低碳产业，建设更多绿色工厂，在发展中降碳、在降碳中实现更高质量发展。

（三）惠民生、善治理，让百姓的幸福感受更加具体

一是切实增进民生福祉。要始终把为民造福作为最大政绩，努力让民生愿景变成幸福实景，全力推动发展成果由人民共

享。矢志不渝抓好民生福祉增进，切实让沙溪百姓感到“很有福气”。要持续优化公共服务供给，高质高效推进民生实事项目，努力让群众在“家门口”享受高品质生活。聚焦“一老一小”等重点群体，加大教育、医疗、养老等方面供给，抓好培远实验学校、区域医共体等建设进程。要聚焦功能配套完善，加快浦南一期高品质住宅项目建设，有序推进浦南二期地块更新工作。

二是全面推进乡村振兴。要坚持把产业振兴作为重中之重，抓好全域高标准农田建设，大力发展现代农业，做好做足“土特产”文章，培育壮大“新农人”队伍，全面提升农业综合效益和竞争力。高效统筹高标准农田改造提升等跨市域、跨镇域、跨村域片区化项目。要学习运用浙江“千万工程”经验，优化农村人居环境整治机制，着力打造宜居宜业和美乡村。要深化村集体经济抱团发展，进一步拓展村级经济增收渠道，持续提升村级经济实力。

三是着力加强社会治理。要坚持和发展新时代“枫桥经验”，抓好重点领域信访突出问题专项攻坚，及时把矛盾化解在基层、化解在萌芽状态。要高水平筑牢安全防线，巩固树立总体国家安全观，坚决捍卫政治安全，守牢意识形态主阵地，高度重视地方债务、金融、房地产等各类风险，坚决做到“六个不发生”。要压紧压实安全生产责任，完善企业分级分类监管，扎实开展危化品、城镇燃气、既有建筑等领域安全生产风险专项整治，全面落实企业主体责任，坚决防范各类安全事故。扎实做好极端天气等自然灾害应对，提升城镇安全运行保障能力。

三、守正创新、强基固本，全面凝聚走在前、做示范的强大合力

扛起“走在前、做示范”责任使命，关键在党。我们要深入学习贯彻习近平总书记关于党的建设的重要思想，坚持以党的政治建设统领党的建设各项工作，以永远在路上的执着推进全面从严治党，推动组织工作向中心聚焦、为大局聚力，努力以高质量党建保障高质量发展。

一是强化思想铸魂，永葆绝对忠诚的政治本色。巩固深化主题教育成果，坚持不懈用习近平新时代中国特色社会主义思想凝心铸魂，坚持和完善“第一议题”制度，推动党的创新理论深入基层、深入人心，始终把坚定拥护“两个确立”、坚决做到“两个维护”作为最大政治责任，紧扣“四个走在前”“四个新”等重大任务推进政治监督具体化、精准化、常态化，确保各项事业始终沿着

习近平总书记指引的方向笃定前行。加强党对人大、政协、统战、群团等工作的领导，全面落实党管干部人才、党管政法、党管经济工作、党管意识形态、党管武装等各项机制，把党的领导全面、系统、整体地落到实处。积极推动宣传思想文化工作守正创新，切实弘扬主旋律、传播正能量。

二是突出强能提素，锻造堪当重任的干部队伍。树牢重实干、重实绩的鲜明用人导向，以选贤任能和育才聚才为突破点，全面构建干部培养体系，努力打造一支政治过硬、堪当重任、能打硬仗的高素质干部队伍。鼓励干部特别是年轻干部到产业发展、项目建设、城市更新等改革发展主战场、维护稳定第一线、服务群众最前沿磨砺成才，让能担事、善成事成为优秀干部的鲜明特质。推动常态化、多层次、宽

领域干部轮岗交流。利用好“三项机制”，推动干部能上能下常态化，最大限度激发党员干部拼的意识、闯的劲头、创的勇气，让干事创业的导向更鲜明、动力更强劲、活力更充沛。

三是聚焦强垒增能，筑牢坚强有力的基层根基。牢固树立大抓基层鲜明导向，建强引领基层治理的组织体系，全域开展党建联建行动，发挥好“大党委”作用，巩固拓展“红色物业”“海棠议事厅”等品牌内涵，积极推进28个党群服务中心、63个党群服务点功能化再提升，推动基层党组织全面进步、全面过硬。聚焦增强党组织政治功能和组织功能，深入实施“党组织规范化提升”“海棠合伙人计划”“金仓湖现代农业示范片区融合发展”三项工程，不断强化“头雁”带富能力，拓展村集体经济产业发展途径，把组织优势转化为发展优势。

四是坚持从严治党，打造人民满意的廉洁沙溪。压紧压实管党治党政治责任，推动全面从严治党一贯到底、落到实处。严格落实中央八项规定精神，驰而不息纠“四风”树新风，坚决纠治形式主义、官僚主义，严肃整治拈轻怕重、躺平甩锅、敷衍塞责、得过且过等消极现象。落实巡视巡察反馈意见整改，突出举一反三、标本兼治，在堵塞漏洞、源头治理、推动改革、促进发展上取得更大成效。坚持一体推进“三不腐”，从严惩治权力集中、资金密集、资源富集领域的腐败，加强新时代廉洁文化建设,让廉洁“清风”更浓、“正气”充盈。

同志们！风正时济，自当破浪前行，任重道远，更需快马加鞭。让我们更加紧密地团结在以习近平同志为核心的党中央周围，全面学习贯彻习近平新时代中国特色社会主义思想，牢记嘱托、感恩奋进、走在前列,坚定不移拼出“太仓速度”、搏出“沙溪精彩”，奋力为描绘中国式现代化太仓新图景作出更大贡献！

政府工作报告

——2024 年 1 月 23 日在沙溪镇第十九届人民代表大会第五次会议上

王永伟

各位代表：

现在，我代表沙溪镇人民政府，向大会报告工作，请予审议，并请列席人员提出意见。

2023 年政府工作回顾

过去一年，全镇上下坚持以习近平新时代中国特色社会主义思想为指导，深入学习贯彻党的二十大精神和习近平总书记对江苏、苏州工作重要讲话重要指示精神，在市委、市政府和镇党委的坚强领导下，立足“经济强镇、最美古镇、幸福名镇”目标定位，与全镇 15 万干部群众同心携手、拼搏奋进，不断推动各项事业开创新局面、取得新成效。完成一般公共预算收入 11.77 亿元、其中税收收入 10.44 亿元，分别增长 24.8%、23.3%；实现全社会固定资产投资 59.96 亿元、增长 6.7%。位列中国镇域高质量发展百强第 89 位、中国乡镇综合竞争力百强第 92 位、全国千强镇第 100 位。

一年来，我们全力抓项目、谋发展，综合实力持续提升。

经济运行回升向好。坚持以新发展理念引领高质量发展，统筹推进开局一季度、奋战二季度、决战三季度、决胜四季度，全方位加强经济运行调度。全年完成工业投资 31.29 亿元、增长 16.3%。完成“四上”企业年度入库 39 家，全镇工业总产值达 317.7 亿元，225 家规模以上工业企业实现产值 238.31 亿元、增长 4.5%，其中企业利润、利税分别增长 36.56%、34.86%，增速均位居全市前列。实际使用外资 6001.66 万美元、年度任务完成率超 150%。限额以上贸易额 70.06 亿元、增长 23.72%。积极帮助外贸企业抢订单、拓市场、保份额，完成进出口总额 4.89 亿美元。

项目引建提质增效。始终把招商引资摆在重要位置，组建 6 支招商小队，以赛马比拼的竞争机制，统筹打好产业招商、科技招商、资本招商、以商招商“组合拳”。赴欧洲、北京等地进行招商考察，成功举办融资路演、集中签约等活动 26 次。新引进注册资金 2000 万元或 300 万美元以上项目 47 个、总投资 70.3 亿元，增资项目 12 个、新增注册资金 28.6 亿元，签约项目

90个、总投资154.3亿元，其中基点生物等超亿元项目40个，零一汽车等超10亿元项目6个。总投资151.8亿元的28个市级以上重点项目年度投资完成率超100%，平谦产业园（三期）等9个项目已投产，芯溪产业园等6个项目已竣工。

创新资源加速集聚。瞄准高端化、智能化、绿色化方向，深入实施创新驱动发展战略，实施智改数转项目32个，完成智能制造诊断企业25家、中小企业生产要素数字化采集7家。累计培育太仓市级及以上专精特新企业43家，久本机械获评国家级专精特新“小巨人”企业、实现零的突破。新认定高新技术企业69家，累计有效高新技术企业达185家。2家企业获评工信部工业互联网试点示范项目。新增省星级上云企业27家、潜在独角兽企业2家，华益美获评省企业技术中心，宏达制酶获评省绿色工厂，安佑获评省大数据产业发展试点示范项目。新增苏州市独角兽培育企业3家、瞪羚企业9家、企业技术中心3家、工程技术研究中心4家、示范智能车间3家。获评太仓市级及以上各类人才计划17人。新增有效发明专利135件，累计1106件。

一年来，我们全速拓增量、促转型，产业集群持续壮大。

生物医药构筑新优势。新注册生物医药企业106家，园区企业总数超400家。与中国医药保健品进出口商会、省生产力促进中心等签订战略合作协议，与省药监局苏州检查分局常态化开展业务对接服务活动，长三角生物医药产业服务发展联盟办公室等机构揭牌成立，太仓生物医药（上海）创新飞地投入运营。思萃免疫所等2家大院大所正式开业，临床药理所获评苏州市新型研发机构。生物医药企业孵化器获评国家级科技企业孵化器，昭衍新药设备保障部获评全国工人先锋号，园区获评省现代服务业高质量发展集聚示范区、2023年度生物医药特色产业园5强等荣誉。

文化旅游注入新动能。加速建设“七浦运河文旅带”，沙溪古镇入选省文化和旅游厅“水韵江苏　长江百景”。香塘野邻露营村获评全国金选旅行住宿奖、省乡村旅游业态创新示范项目、获批省文化和旅游发展专项资金，香塘村获评苏州市乡村旅游重点村、乡村休闲旅游农业精品村，庄西村获评苏州市传统村落。新桥、安里街等5个地名纳入苏州市地名文化遗产保护名录。七浦水岸文旅商业街区项目启动，沙溪古镇沿河沿街景观亮化工程、橄榄岛风貌提升项目（二期）基本完工。成功开展“夏日溪游季”等促进消费和节庆活动8场。全镇接待游客170万人次，其中春节假期超12万人次、五一假期超16万人次、中秋国庆假期超20万人次，均创历史新高。

营商环境展现新气象。在全市率先成立镇级企业服务中心，横向打破部门壁垒、纵向下沉企业一线，实现招商洽谈、审批建设、投产运营、执法监管等涉企环节的高效衔接，累计汇总招商数据超500条，走访企业247家，协调处理企业诉求166件，整合企业供应链和产业链信息275条，统筹产业载体25个。全方位破解“用工难”，与河南杞县、固始县、新县等地签订劳务合作框架协议。深化商事登记便利化改革，企业开办各环节累计8小时内办结率100%，发放全市首张民宿行业许可证。深耕“助企服务专窗”建设，编制生物医药、农文旅行业审批服务手册。新增产业载体32.28万平方米。“五经普”清查工作圆满完成。

一年来，我们全域促融合、提品质，城镇面貌持续焕新。

规划建设高标准推进。大力推动空间重构、资源重组、品质重塑，年度供地17宗、总面积1303.3亩，完成镇级详细规划单元划分成果，调整控规单元5个。全面推进节约集约用地，消化批而未供土地299.73亩，完成产业用地原地更新237亩。拆迁“清零”地块8个、腾地989.35亩。镇区配套不断完善，白云大厦续建项目完工，溪亭商业中心主体竣工，培远实验学校等项目加速建设。完成政府投资建设类项目110个、总投资2亿元，项桥中心线南延、洞星路等5条道路实现通车，604省道沙溪段建设工程施工单位已进场。获评苏州市“特色小城镇”。

城镇管理高效率落实。违建治理纵深推进，拆除违建图斑1013块、面积超26万平方米，沙东社区创成无违社区。建成“城商协作”样板道路3条、覆盖商户400家。沙东市集启用并入选苏州市文明菜场，归庄市集竣工投用。打造“星火映绿　绣美沙溪”垃圾分类品牌，获评苏州市公共机构生活垃圾分类工作示范单位，韵湖豪庭获评苏州市垃圾分类五星小区、累计获评5个五星小区。长寿路店招改造工程已完工。南院路口袋公园竣工投用，中市街、印溪湿地公园入选太仓市“席地而坐”城市客厅。

乡村振兴高质量开展。严守耕地红线，上报增减挂钩项目404.68亩、耕地占补平衡项目315.51亩，恢复基本农田167.31亩。提档升级高标准农田6650.85亩，水稻、小麦产量4.2万吨，“沙溪大米”获评全国名特优新农产品，中溪食品获评农业农村部生猪屠宰标准化建设示范企业。岳王管理区环卫“三位一体”覆盖5个村，获评全市首个省级生态宜居美丽乡村示范镇、苏州市首批农村人居环境长效管护先进镇，香塘村获评首批省级生态宜居美丽乡村示范村，半泾村获评苏州市特色精品乡村。完成农房翻建验收686户。新增苏州市级示范家庭农场3家、太仓市级示范家庭农场27家，福田家庭农场获评省“百佳家庭农场”称号。村均集体经营性收入1101万元。

生态环境高水平保护。实施大气污染防治项目39个，空气优良天数比例达81.6%，PM2.5和臭氧平均浓度分别为29.4和162微克/立方米。17个高质量发展水环境断面水质优Ⅲ比例达82.4%。完成冬春水利河道整治34.8公里，建设生态河道4条、幸福河湖20条，完成劣Ⅴ类河道销号5条、整治2条。常态化开展“散乱污”企业（作坊）整治，纳入重点管理点位123个、完成整治41家。镇政府获评省公共机构能效领跑者、苏州市“生态环境保护工作”先进集体。

一年来，我们全心办实事、强治理，民生福祉持续增进。

公共服务不断优化。始终坚持民生优先，把90%以上的一般公共预算支出投入到民生领域，总投资7.4亿元的8大类民生实事项目基本完成，直塘卫生院、利泰幼儿园等项目已投用，河南街老小区改造（二期）、归庄幼儿园翻建等项目已完工。深入实施文化惠民工程，大力开展全民阅读春风行动，组织戏曲进乡村、公益数字电影放映等活动358场次。成功举办首届沙溪镇全民健身运动会，项桥村、庄西村获评省健康村，太星村幸福里公园获评省最美乡村健身公园。东市社区获评苏州市儿童友好社区。

民生保障不断深化。落实落细就业优先政策，开展常态化招聘会72场、进场企业230家，累计提供岗位4022个。推进社保扩面提质，新增社保开户435户、缴纳社保总人数3.24万人。稳步扩大住房公积金制度覆盖面，新增公积金开户435家、新增缴纳1411人。开展居家养老服务5644名，适老化改造192户，发放尊老金1870.9万元。发布“融创‘溪’望”社会救助品牌，发放各类社会救助金961.3万元，提供集中特困人员生活保障金115.1万元。提档升级退役军人服务站，发放双拥慰问金412万元。

基层治理不断强化。深化网格化服务管理，处置联动案件4.3万件，处置率达99.99%、满意度达98.29%。创新打造“信溪通”信访处置模式，人民来访接待中心获评省“人民满意窗口”建设质量提升工程先进单位。扎实开展信访突出问题攻坚化解年行动，高效运转“矛调分中心”“矛调工作站”，调处矛盾纠纷2728件、调处成功率98.75%。承办苏州市“法治小区”建设现场推进会，半泾村、中荷村获评苏州市首批“枫桥式村（社区）”建设示范单位。扎实做好根治欠薪工作，妥善解决69起工程类和125起企业类欠薪问题，194条全国欠薪线索全部办结，获评苏州市劳动关系和谐乡镇，劳动人事争议调解中心获评苏州市金牌劳动人事争议调解组织，沙溪仲裁庭获评苏州市劳动人事争议示范巡回仲裁庭。深入开展安全生产专项整治巩固提升年行动，整改隐患1926处，查处违法违规行为21件。抓好城镇燃气安全管理工作，完成“瓶改管”“瓶改电”51家。沙溪派出所获评苏州市公安系统标杆派出所。

一年来，我们全面转作风、优服务，政府效能持续强化。

依法行政全面深入。不断提升政府依法履职能力，开展镇长办公会学法12次，获评首批“苏州市法治政府建设示范地区”。切实推进“两降一升”工作，行政机关负责人出庭应诉率始终保持100%。丰富提升“印溪蓝盾”执法服务品牌，处理行政处罚案件4651起。加大政府信息公开力度，通过微信公众号、政府网站等平台全年发布政务信息1446条，获评苏州市政务公开工作先进集体。自觉接受人大法律监督、工作监督和政协民主监督，办复市人大、政协交办建议、议案5件和镇人大代表建议24件。加强数字政府建设，集成指挥中心获评电子信息数字政府行业年度优秀解决方案、数字孪生城市潜力案例。

服务惠民全面提升。着力打造“15分钟政务服务圈”，推进170项政务服务事项向村（社区）便民服务站集中。加快基层医保“就近办”“规范办”“贴心办”，获评“15分钟医保服务圈”省级示范点建设单位。全面实行“不见面”交易服务，节约各级资金430万元。深化“一件事”集成改革，41个“一件事”持续扩大“就近可办”范围，累计办结2625件。加快建设现代政务服务体系，办理行政审批、公共服务和便民服务类事项19.5万件，综合好评率达99.99%。

作风建设全面加强。深入开展学习贯彻习近平新时代中国特色社会主义思想主题教育，大兴调查研究之风，扎实做好“千村万企、千家万户”大走访。严格落实全面从严治党要求，加强政府系统党风廉政建设，认真配合做好省委巡视及反馈问题整改。坚持常态化过“紧日子”，严格控制“三公”经费和一般性支出。成立国有企业管理领导小组，进一步强化国资国企领导。对15家单位开展财务收支审计，切实提升单位财务管理水平。

与此同时，妇女儿童、人民武装、机关事务、市场监管、民族宗教、统计、档案等工作成效明显。

各位代表，过去一年取得的成绩来之不易，发展历程令人难忘，收获经验弥足珍贵，这是市委、市政府和镇党委坚强领导的结果，是镇人大和社会各界有效监督的结果，更是全镇广大干部群众共同奋斗的结果。在此，我代表镇人民政府向全镇广大干部群众，向人大代表，向离退休老同志，向所有参与、关心和支持沙溪发展的海内外朋友，表示衷心的感谢和崇高的敬意！

在看到成绩的同时，我们也清醒地认识到，当前沙溪经济社会发展还面临一些困难和问题：收支矛盾突出，财政运行压力较大；头部企业总体偏少，新兴产业规模能级仍需提升；生态环境保护、安全生产等各方责任还需进一步压紧压实；少数干部攻坚克难、担当作为、狠抓落实的积极性主动性还需提升。对此，我们已经采取一系列有效措施，今后将进一步加大工作力度，努力推动各项工作迈上新台阶。

2024年目标任务和主要工作

今年是新中国成立75周年，是完成“十四五”规划的关键之年，做好今年工作意义重大。根据镇党委十四届四次全体（扩大）会议部署安排，今年政府工作的总体要求是：坚持以习近平新时代中国特色社会主义思想为指导，全面贯彻党的二十大、二十届二中全会精神和习近平总书记对江苏、苏州工作重要讲话重要指示精神，坚持稳中求进工作总基调，完整准确全面贯彻新发展理念，全面落实“四个走在前”“四个新”重大任务，服务构建新发展格局，统筹扩大内需和深化供给侧结构性改革，统筹新型城镇化和乡村全面振兴，统筹高质量发展和高水平安全，巩固和增强经济回升向好态势，深入推进“经济强镇、最美古镇、幸福名镇”建设，充分展现“走在前、挑大梁、多作贡献”的责任担当，坚定不移拼出“太仓速度”、搏出“沙溪精彩”，在推进中国式现代化中精心织好传统与现代深度交融的“双面绣”。

全镇经济社会发展的主要预期目标：一般公共预算收入增长2%左右，完成全社会固定资产投资60亿元，其中工业投资32亿元，规模以上工业产值增长2.8%左右，完成上级下达的约束性指标任务。

为此，我们将切实把握好以下原则：

——要坚决扛起“首要任务”，聚力推动经济高质量发展。毫不动摇坚持“项目为王”“招商为要”，坚定不移走好以创新转型为引领、项目引建为支撑的发展之路，全力壮大高端装备、先进材料、生物医药三大产业创新集群，加速培育文化旅游、食品预制菜等新兴产业，加快推进新型工业化，持续提升“太仓药谷”竞争力和影响力，更好推动经济质的有效提升和量的合理增长，不断彰显经济重镇、发展强镇的时代风采。

——要坚决抓牢“工作主线”，聚力促进城乡高水平融合。坚持“人民城市人民建、人民城市为人民”重要理念，充分挖掘利用古今交融的历史底蕴和移步见景的田园风光，精准精细优化国土空间格局，内外兼修提升城镇能级，多措并举推进乡村振兴，集中力量建设南部新镇区，统筹抓好老镇区和撤并镇管理区更新升级，着力增强城镇综合承载力和辐射力，让城镇生活更加美好、农村生活令人向往。

——要坚决树牢“最大政绩”，聚力创造人民高品质生活。深入践行以人民为中心的发展思想，坚持尽力而为、量力而行，把更多财力投向教育医疗养老等民生领域，用心用情解决群众急难愁盼问题，形成优质均衡的公共服务体系，健全覆盖全面的社会保障举措，切实兜住、兜准、兜牢民生底线，统筹抓好发展和安全两件大事，带动全镇人民以共同奋斗促进共同富裕，让发展更有温度、幸福更有质感。

——要坚决服务“中心大局”，聚力锻造硬核高素质队伍。自觉把沙溪发展放到全市大局中谋划推进，主动抢抓历史机遇、勇担使命跨越发展，鲜明树立“干与不干不一样、快干慢干不一样、干多干少不一样”的干事创业导向，尽最大努力争取最好结果，提升真抓实干的能力，展现马上就办的作风，不折不扣抓落实、雷厉风行抓落实、求真务实抓落实、敢作善为抓落实，努力让每一件工作都出彩、每一项指标都跃升、每一步发展都向前。

新的一年，我们将重点做好以下七个方面工作：

一、更加有效促进经济增长，在激活发展动能上取得新突破

跑出项目引建加速度。完善招商机制、建强招商队伍、做优招商平台，高频次、高效率“走出去”招商，多举措、多渠道“请进来”对接，精心办好对外招商推介、金秋看沙溪等活动，做到“周周有客商接待、月月有项目签约、季季有重大活动”，深入推进德国温控设备、日本半导体阀门等超70个在谈重点项目，着力引进一批10亿级以上项目，全力以赴在30亿级、50亿级项目上实现突破。强化项目全生命周期管理，全力推动瀚诺馨等29个市级以上重点项目建设，紧盯项目开工率、投资完成率、入库纳统率，确保全社会固定资产投资、工业投资取得新突破。

提高企业发展竞争力。加强对225家规模以上工业企业的动态跟踪和分析研判，做好21家规模以下样本企业指导服务，密切跟踪水电能耗、订单、开票等情况，及时解决数据变动背后的问题症结，助力企业释放更多产能，完成规模以上工业产值245亿元。加大“个转企、小升规”支持力度，推动昭衍等龙头型总部型企业做大做强，力争产值超亿元企业、超5亿元企业数量持续攀升，税收超千万元企业规模日益壮大。引导企业用好资本市场增强综合实力，全流程为企业上市保驾护航，加快安佑、思睿观通等企业上市步伐。

稳住外资外贸基本盘。全方位深化开放合作，发挥莱茵长三角运营中心、曼胡默尔等德企赋能作用，积极引导外资企业向产业链重点领域聚集，在沙溪设立地区

总部和功能性机构，鼓励优质外资企业加大利润再投资力度、研发投入强度和总部化基地化发展程度，实际使用外资完成市级下达任务。全力以赴稳住外贸大盘，密切关注外贸进出口前10强企业，积极鼓励外贸企业参加境内外展会，巩固传统市场、开拓新兴市场，全面提升贸易份额，推动进出口总额超5亿美元。

二、更加注重强链补链延链，在壮大实体经济上取得新突破

提升生物医药产业集聚度。坚定“招引亿元项目、培育十亿企业、打造百亿产业”的目标志向，对标国内外一流生物医药产业基地，聚焦医药服务外包、医疗器械、生物制药等领域，持续强化与上海张江、苏州工业园区的协同发展，全面提升6平方公里生物医药产业园功能业态和运营水平，完善公共实验室、专业孵化器、专项基金等综合配套，力争引进亿元以上项目20个、5亿元以上项目5个、细分领域行业龙头项目5个。

提升文化旅游产业知名度。积极参与长江国家文化公园建设，推动国际卡丁车中心、香塘野邻露营村二期项目尽快开业，加快推进沙溪一号公路、七浦水岸文旅商业街区等项目，打造更多有新意、有品质、有人气的旅游打卡地。加强47处文物保护单位常态化巡查，开工建设江南文化数字艺术广场，开发“奇遇·千年沙溪”沉浸式数字文化体验馆等项目，重点谋划“民俗嘉年华”“舒心夜沙溪”等系列活动，不断创新推出更多文旅新业态新产品新场景，努力让沙溪成为八方来客常来常往、常来常想的旅游胜地。

提升企业投资兴业便利度。着力营造市场化、法治化、国际化一流营商环境，让国企敢干、民企敢闯、外企敢投。强化资源要素保障，年内新建产业载体超15万平方米。不断优化升级镇级企业服务中心，常态化开展企业走访，推出更多集成式、一站式服务功能。持续放大经济发达镇改革优势，深化“放管服”改革，加快推进政务服务标准化、规范化、便利化，实现更多事项集成办、免证办、掌上办。坚持柔性执法、理性执法，进一步清理规范涉企处罚收费，持续降低企业发展负担，让市场主体切实感受到政策落实有力度、政府服务有温度。

三、更加强化科技自立自强，在推动创新转型上取得新突破

全面壮大创新主体。积极实施智能化改造、数字化转型、网络化联接，梯度培育链主企业、专精特新企业、中小微企业，支持链主企业组建跨区域创新联合体、实施协同创新项目，引导传统产业、中小企业加快装备升级、加大创新投入、提升研发能力，加强知识产权保护和运用，力争全年新认定高新技术企业63家，规模以上工业企业研发经费投入达7.8亿元。

全力构建创新平台。完善“众创空间—孵化器—加速器—总部基地”全链条创新孵化体系，用足用好生物医药国家级众创空间、国家级科技企业孵化器，做优做强生物医药分析检测公共服务中心等平台，抓好太仓生物医药（上海）创新飞地、慧溪科技企业孵化器等科创载体运营，强化思萃免疫所、临床药理所两家大院大所对创新资源的集聚作用，全方位推动与省生产力促进中心、省跨国技术转移中心等平台合作，为企业提供资源链接和技术服务

支持。高水平运营沙溪人民医院与苏州斯丹德医学检验联合共建院企实验室，推动更多科研成果在沙溪落地转化。

全速集聚创新人才。完善全链条、全周期人才政策体系，加强科技领军人才、创新团队、卓越工程师及青年人才的“引育用留”，加快金溪科创服务中心、七溪生物硅谷等1988套人才公寓建设，推动双创中心等人才公寓尽快开工。力争获评太仓市级人才计划6人、苏州市级以上人才计划8人。深化产业工人队伍建设改革，大力弘扬工匠精神，加快建设一支知识型、技能型、创新型产业工人队伍。

四、更加抓牢城乡融合发展，在优化功能形态上取得新突破

提升规划建设精度。依据“三区三线”、工业保障线等划定成果，抓紧编制完成沙溪镇国土空间规划，加速推进控规全覆盖。深入促进土地节约集约利用，大力实施产业用地原地更新，扎实做好批而未供消化、低效用地再开发等工作。以更高视野、一流标准加快南部新镇区建设，推动城市综合体项目早日开工、溪亭商业中心尽快投用。分级分类、因地制宜抓好老镇区和三个撤并镇管理区提档升级，有序推进浦南二期地块更新工作，加快浦南一期高品质住宅项目建设。谋划建设高标准交通路网，加快推进西环路北延、604省道沙溪段等重大交通工程建设，统筹推进沙徐线、邢巷线等4条道路新建改造。

保持城市管理温度。常态长效创建文明城市。实施银行弄、长寿路两侧等老旧小区改造，持续推进荆溪苑既有建筑增梯工作。打造无缝覆盖、高效联动的防违控违网络，推动新增违建早发现、早制止、早拆除。常态化巩固国家卫生镇建设成果。投用岳王农贸市场，智能化改造浦南、直塘农贸市场，加快推进大型生活垃圾压缩中转站建设进度，启动镇环卫所搬迁工作。做优“路段长工作制”，重点做好白云路等3条示范路的秩序管理。

加快乡村振兴速度。深入落实粮食安全责任制，坚决遏制耕地非农化、防止非粮化，创建泰西村综合农事服务中心省级示范基地。高效统筹高标准农田改造提升等24个总投资13.14亿元的跨市域、跨镇域、跨村域片区化项目。深化集体经济抱团发展，加快推进金溪科创服务中心、金溪智能制造产业园项目建设，新增示范家庭农场15家、农业龙头企业2家，力争村均集体经营性收入超1150万元。学习借鉴浙江“千万工程”经验，优化农村人居环境整治机制，以点带面、连片组团打造宜居宜业和美乡村。

五、更加扎实推进共同富裕，在增进幸福感受上取得新突破

提高富民增收带动力。实施就业优先战略，落实“企业需求”“人才底数”两张清单，完善“家门口”就业服务站点建设，开展“小规模、多频次、精匹配”的就业帮扶活动，保障高校毕业生、农民工、就业困难人员等重点群体就业。扎实推进社医保参保扩面提质，稳妥推进公积金均衡覆盖，进一步增强群众政策知晓度、提升业务办理便捷度。优化困难群众动态监测、主动发现和急难救助等长效机制，扎实做好最低生活保障、残疾人关爱、困境儿童帮扶救助、慈善公益等工作。

提高公共服务供给力。小切口、高质量推进8大类民生实事项目建设。加快推

进沙三小改扩建、直塘小学风雨操场等项目，竣工投用培远实验学校，新增小学学位2160个、初中学位1200个，持续探索与中南东洲教育集团跨区域合作办学模式。做好基层医疗卫生机构改革，进一步整合沙溪区域医疗共同体。不断完善源份饭堂和日间照料服务中心，积极发展老年助餐服务，为80周岁以上老年人家庭开展适老化改造。投入使用归庄残疾人之家。开展农民读书节、农民丰收节等活动。深化退役军人数智平台运用，保持退役军人就业率100%。

提高生态环境吸引力。深入打好污染防治攻坚战，全力攻坚冲刺空气质量高水平达标，做好工业减排、扬尘管控、秸秆禁烧等重点工作。持续改善水生态环境质量，全面消除主要河道劣V类水质，建设幸福河湖22条，投用沙溪工业污水处理厂，不断提升高质量发展水环境断面水质优Ⅲ比例。推进拟上市重点建设用地分类安全利用，落实土壤污染重点监管单位责任，完善危险废物全生命周期管理，加强重点行业企业关闭搬迁遗留地块土壤污染风险管控。把好建设项目环境影响评价准入关，坚决遏制高能耗、高排放、低水平项目盲目发展。扎实做好生态空间管控区域保护工作。持续深化全民环保宣传教育。

六、更加主动防范化解风险，在建设平安沙溪上取得新突破

严把风险化解关。聚焦重点领域、重大风险，坚决防止“黑天鹅”“灰犀牛”事件发生。扎实开展“保交楼、保民生、保稳定”工作，积极落实房票安置政策，做好印象溪境雅苑项目保交楼，持续推动房地产市场平稳健康发展。认真做好政府性债务管理，推动国有企业转型和平台公司规范经营。强化意识形态工作责任制，坚定维护意识形态安全。加强应急力量建设，做好防汛抗旱和极端天气应对，提升防灾减灾救灾能力。

严把基层治理关。丰富拓展“大数据+网格化+铁脚板”治理机制，持续发挥“矛调分中心”“矛调工作站”运行实效，依托“阿贾”“老班长”等品牌工作室，“三官一律”、平安志愿者等多方力量，不断满足人民群众矛盾多元化解需求。坚持和发展新时代“枫桥经验”，持续巩固信访突出问题攻坚化解年专项行动成果，依法依规化解信访突出问题。常态化开展扫黑除恶，依法严厉打击电信网络诈骗、养老诈骗等违法犯罪，让群众安全感更加充实。

严把和谐稳定关。按照“六个不发生”要求，更好统筹发展和安全，时刻绷紧安全生产这根弦。聚焦“人、火、楼、车、化”等重点领域，严格落实安全生产责任制，深化“三办”实体化一体化运作，加强“九小场所”消防能力建设，深入排查解决危化品、既有建筑、城镇燃气等领域安全隐患，全力推进安全生产治本攻坚三年行动，不断提升保安全、护稳定的能力水平。加强食品药品安全监管，保障群众舌尖上的安全。

七、更加严格加强政府建设，在提升履职效能上取得新突破

旗帜鲜明讲政治。坚持把政治建设摆在首位，始终以习近平新时代中国特色社会主义思想武装头脑、指导实践、推动工作，深刻领悟“两个确立”的决定性意义，不断增强“四个意识”，坚定“四个自信”，做到“两个维护”。始终把党的领导贯穿到政

府工作各领域全过程，严格党内政治生活，确保上级和镇党委各项决策部署不折不扣贯彻落实。

依法行政守规矩。始终把法治理念融入政府工作全过程，自觉运用法治思维和法治方式推动工作，坚持科学决策、民主决策、依法决策，严格贯彻落实重大行政决策程序规定，全面推进政务公开。主动接受镇人大法律监督、工作监督，高质量办好市镇两级人大代表议案建议和政协提案。主动接受社会舆论监督，让权力运行更阳光更透明。

提升效能强服务。大力弘扬和践行“四下基层”等优良作风，紧紧围绕群众天天有感的关键小事，以钉钉子精神把一张张“民生清单”变成“幸福账单”，把一件件“需求问卷”干成“满意答卷”。深化学习型政府建设，营造比学赶超氛围，努力提升勇开“顶风船”、善打“主动仗”、敢啃“硬骨头”的本领，不断增强人民群众的获得感幸福感安全感。

清正廉洁作表率。坚定不移推动政府系统全面从严治党向纵深发展，持之以恒落实中央八项规定精神，持续深化纠治“四风”，加强廉洁政府建设。坚持政府过紧日子、群众过好日子，切实管好用活财政资金。强化重点领域全程管控和审计监督，一体推进不敢腐、不能腐、不想腐，切实加强作风建设，增强党员干部廉洁从政意识，营造风清气正的良好从政环境。

各位代表，时间长河奔涌向前，奋斗脚步永不停歇。让我们更加紧密地团结在以习近平同志为核心的党中央周围，坚持以习近平新时代中国特色社会主义思想为引领，牢记嘱托、感恩奋进、走在前列，在市委、市政府和镇党委的坚强领导下，激发争先率先、攀高比强的豪情，拿出闯关夺隘、攻城拔寨的拼劲，同心协力、同舟共济，一鼓作气、一抓到底，在以中国式现代化全面推进中华民族伟大复兴的新征程中书写更加精彩的沙溪篇章！

沙溪镇人民代表大会主席团工作报告

——2024年1月23日在沙溪镇第十九届人民代表大会第五次会议上

秦建刚

各位代表：

我受沙溪镇第十九届人民代表大会主席团的委托，向大会报告工作，请予审议。

2023年主要工作回顾

2023年，镇人大主席团在镇党委的正确领导和上级人大的悉心指导下，认真学习贯彻党的二十大精神，认真学习领会习近平总书记对江苏、苏州工作重要讲话重要指示精神，紧紧围绕建设“经济强镇、最美古镇、幸福名镇”目标，进一步增强大局意识和服务水平，依法履行宪法和法律赋予的职权，入脑入心悟思想、善作善成办实事、真抓实干开新局，全年共召开人民代表大会2次，主席团会议5次，组织代表开展专题视察15次、工作评议1次，组织开展代表统一接待日2次、代表讲坛1期，听取和审议各类工作报告6次，督办镇代表建议、批评和意见24件，补选市人大代表1名，较好地完成了镇十九届人大历次会议确定的各项任务。

一、聚焦政治引领，始终坚持党的全面领导

一是牢牢把握人大工作的政治属性。始终把加强政治建设摆在首位，坚定政治立场、把准政治方向、保持政治定力。镇人大及其主席团坚持以习近平新时代中国特色社会主义思想统揽、谋划和推进人大各项工作，迅速传达、递进学习党的二十大精神，切实增强捍卫“两个确立”的思想自觉和行动自觉，准确领会习近平总书记对江苏、苏州工作重要讲话重要指示精神，学深悟透习近平法治思想，增强坚持和完善人民代表大会制度的自觉性和坚定性。

二是始终坚持党的全面领导。把坚持党的全面领导这一最高政治原则贯穿于人大工作各方面、全过程和各环节，充分发挥党委把方向、管大局、保落实的领导作用，坚决贯彻落实镇党委的各项决策部署，按照镇党委和市人大常委会对人大工作的各项要求，找准人大依法履职的切入点、着力点，认真履行法定职责，确保人大工作沿着正确的政治方向不断前进。

三是全面把握以人民为中心的发展思想。深入学习贯彻中央和省、市人大工作会议精神，围绕坚持和完善人民代表大会制度，加强和改进新时代人大工作，对基层人大工作进行全面安排部署，认真抓好贯彻落实。坚持人民至上，认真落实全过程人民民主要求，着力搭建参与平台，不断完善工作机制，将保障代表和群众的知情权、参与权、表达权、监督权落实到人大工作中。

二、聚焦中心大局，更好助力经济社会发展

一是全力助推经济健康平稳发展。听取和审议政府工作报告、经济和社会发展情况报告以及财政预决算报告，并作出相关决议。市、镇两级人大代表主动融入“服务企业零距离”大走访活动，76 名人大代表实地走访全镇 214 家规模以上企业，认真研究解决企业生产经营中遇到的各类诉求，积极宣传涉企项目申报及政策奖励，收集上报各类问题 25 个，以实际行动关心、支持和激励企业做大做强，推动沙溪镇实体经济高质量发展。

二是全力助推乡村振兴走在前列。组织动员人大代表深入践行“四敢”要求，围绕发展壮大村级集体经济、农村人居环境整治进行调研，开展“加快农产品销售升级”大讨论，打造古镇景区首个乡村振兴人大代表实践点——戚溪地沙溪镇特色产品展销馆。镇人大牵头开展古镇集体资产清查，清理排查承租面积共计 38823.13 平方米，入户排查 801 户次，排查率达 99.5%，及时汇总并掌握古镇集体资产公房的物权现状、租赁关系等情况。组织开展上海企业家走进沙溪暨“临海汇溪”农文旅合作发展联盟成立活动，引进 40 多家上海金融、文旅、餐饮企业走进沙溪，赋能我镇农文旅发展，助力乡村振兴工作走在全市前列。

三是全力助推生态文明再上台阶。在镇十九届人大四次会议上听取和审议了沙溪镇生态文明建设和环境保护工作报告，督促政府牢固树立绿色发展理念，深入推进“1234”绿色工程，通过强化“绿色担当”、开展“绿色行动”、厚植“绿色底色”、提升“绿色水平”，坚决守住生态环境质量一条主线，突出抓好“两治一提升”和“散乱污专项整治”两项重点工作，全力打好气、水、土环境质量持续提升三大战役，实现生态环境高水平保护和经济高质量发展。

三、聚焦代表履职，不断推进全过程人民民主

一是持续督办民生实事。坚持把督促办好民生实事作为重点任务抓实抓好。在广泛征求代表选民意见的基础上，镇十九届人大三次会议，全体代表票决交通基础设施建设项目、人居环境整治工程、教育文体提档工程等 8 项镇政府民生实事工程。项目实施过程中，镇人大全程跟踪督办，常态化组织代表开展视察、审议，督促政府按照时间节点抓好项目推进，以高质量的建设成果回应民生关切。截至目前，所有民生实事工程均按时序稳步推进和完工。

二是建言献策传递民生。积极发挥代表作用，找准代表工作的切入点和结合点，针对性提出意见建议，做好党委的参谋助手。结合镇人大主席团制定的年度工作目标，紧紧围绕加快发展主题，聚民意、解民忧，用好用活人大代表广泛联系群众的桥梁纽带作用，组织代表深入村居，积极参与群众工作，及时排查化解各类矛盾纠纷，共收集上报“惠民生”工作意见建议 82 条，为全镇经济社会发展作出了积极的贡献。

三是切实回应群众关切。市、镇两级人

大代表聚焦市十七届人大二次会议“一号议案”，通过发挥人大代表作用，多举措助力沙东市集、归庄菜场、岳王菜场等农贸市场改造升级，督促政府把民生实事项目做实、做好、做出成效，确保群众受益。连续两年把如何推进归庄地区黄酒酿造产业高质量发展列入人大代表履职清单，与庄西村黄酒小作坊开展结对，建立提前介入、跟进服务制度，5 家黄酒小作坊均顺利拿到了太仓市第一批黄酒小作坊登记证，2023 年黄酒产量同比增长 30%，达 1085 吨，与上海餐饮企业签订归庄黄酒上海市场拓展协议，进一步做大做强黄酒产业。

四是求深求实丰富代表活动。持续开展“人大代表网格化履职”工作。153 名市、镇两级人大代表进入全镇 83 个网格中开展履职，以“就近联系、便利易行”为原则，着力推动人大代表队伍下沉、力量下沉、资源下沉，实现服务群众“零距离”。组织开展市、镇人大代表统一接待日活动，139 名市、镇两级人大代表通过接待选民收集意见建议 61 条。做深做实“牢记嘱托　感恩奋进”学习实践活动，组织代表前往高新区、张家港、浙江宁波等地调研和视察，引导人大代表敬业奉献、勇挑重担，在增进人民群众福祉中更好发挥代表作用。

五是有序推进履职平台建设。为有效响应民声、广集民意、汇聚民智、服务于民，镇人大持续完善民主民意表达平台和载体，2023 年新建全过程人民民主实践中心，在古镇街区、胜利村、岳镇村等地打造“人大代表驿站”，围绕乡村振兴建立人大代表行动阵地、人大代表实践点和示范点，同时加强信息化建设，把“数字人大”理念融入代表履职建设中，探索打造线上服务平台“代表 e 站”，通过采集、整合、分析、运用大数据，构建“线下 + 线上”的代表履职新格局，让代表履职准备更充分、履职方向更明确、履职质量更高效。

六是切实提高人大监督实效。镇人大主席团坚持以增强监督实效为核心，紧紧围绕全镇重点项目、重大事项和群众的“急难愁盼”问题，定期组织代表开展监督检查，把全镇 28 个村社的 101 名廉情监督员纳入“联督问政”队伍，充分发挥监督“探头”作用，激活基层监督“神经末梢”。全年先后对国土空间全域整治、人居环境整治工作、重点企业、信访维稳、乡村振兴片区化发展等专题工作开展督查，协调解决农房不动产证办理等热点难点问题，对 8 个民生实事在建工程、5 个重点项目进行跟踪监督，既抓工作推进又抓责任落实，既注重发现问题又聚焦从严问责问效。

四、聚焦自身建设，全面提升履职能力水平

一是有序推动人大规范化建设。坚持围绕中心、服务大局，努力做到全镇工作重心在哪里，人大工作就跟进到哪里，作用就发挥到哪里，为经济社会高质量发展贡献人大力量。镇人大按照《中华人民共和国地方各级人民代表大会和地方各级人民政府组织法》及相关法律法规和市人大的相关要求，制定和完善了全年人大工作的任务、目标，进一步明确了镇人大主席团成员的职责分工，主席团联系代表、代表联系选民制度等。镇人大主席在人代会上报告履职情况，55 名人大代表向选区选民述职，扩大代表接受选民监督范围，强化履职为民担当。加强新闻宣传引导，在省、苏州、太仓人大网站，《人民与权利》《苏

州人大》《苏州日报》等媒体发表文章50余次，宣传沙溪人大工作、展示代表风采。

二是高质高效抓好建议办理。坚持“内容高质量，办理高质量”，严把交办关、督办关、答复关，推动代表建议办理由“答复型”向“落实型”转变。各级人大代表围绕原选区行政区域内的社情民意、群众诉求，深入调查研究，广泛听取意见，在认真研究、深入思考的基础上提出意见建议。镇十九届人大三次会议上，共收集代表意见建议24件。在督办过程中，以“提高代表满意率、狠抓办理落实率”为目标，逐件跟进，提醒督办。截至目前，所有意见建议均按规定时限向代表作出书面答复，办复率达100%，代表满意率或基本满意率达100%，实现了问题解决率和代表群众满意率“双提升”。

三是强化履职服务保障。积极探索工作方式方法的创新，努力为代表履职提供服务保障。定期组织人大代表学习政治理论、法律和人大业务知识，组织人大代表对党的二十大精神、习近平总书记在中央人大会议上的讲话、习近平总书记考察江苏、苏州重要讲话重要指示精神，《宪法》《代表法》《选举法》等内容进行学习，组织省人大代表陶煜东进行全省“两会”精神宣讲，开展“代表讲坛”活动，使代表们进一步深化对人大性质、地位和作用的认识，清晰了解代表权利和义务。完善代表线上履职系统，常态化更新代表履职动态和活动信息，促进代表高效便捷履职。

各位代表，一年来，镇人大各项工作所取得的成绩离不开镇党委的正确领导和镇政府的密切配合，离不开社会各界的大力支持，更离不开在座各位代表和全镇人民的共同努力。在此，我谨代表镇人大主席团，向各位代表，向所有关心、支持、帮助我镇人大工作的同志和社会各界人士表示崇高的敬意和衷心的感谢！

在认真总结成绩的同时，我们也清醒地认识到工作中的不足。主要表现在：人大工作思路需要进一步拓宽，工作主动性、创新力需要进一步提高；代表履职能力、为民服务意识还需进一步提升；监督工作的实效性还需进一步增强。面对这些问题和不足，我们将在下一步的工作中认真研究，积极探索采取有力措施，聚力改进，不断开创人大工作新局面。

2024年主要工作任务

2024年，镇人大将按照中央要求和省、苏州、太仓统一部署，以习近平新时代中国特色社会主义思想为指导，全面学习、全面把握、全面落实党的二十大精神，深刻领悟“两个确立”的决定性意义，坚定把牢人大工作的正确政治方向，全面把握中国式现代化的本质要求，在推进全镇经济社会高质量发展中凝聚人大力量、发挥代表作用。

一、强化政治引领，在对党绝对忠诚上更加坚定自觉

党的领导是人民代表大会制度的本质特征和最大优势。只有坚持用习近平新时代中国特色社会主义思想统揽人大工作，把党的领导贯穿于依法履职全过程各方面，才能确保人大工作始终沿着正确政治方向前进。镇人大主席团将牢牢把握根本原则，始终坚持党对人大工作的领导，全面落实习近平法治思想，深入学习习近平总书记对江苏、苏州工作重要讲话重要指示精神，

深刻领会新时代人大工作的新使命，切实发挥代表作用。依照宪法和法律赋予的职责，始终对标镇党委中心工作，使人大工作与党委工作时刻同频共振、同向发力，在新征程上体现人大新担当，展现人大新作为，树立人大新形象。

二、聚焦中心大局，在助推高质量发展上更加担当有为

围绕中心、服务大局是人大的使命所系、职责所在。只有坚持在大局中思考、在大局中行动，发挥优势，主动作为，人大工作才能更好向中心聚焦、为大局出力。镇人大将完善监督机制，突出监督重点、强化监督举措，进一步加强和改进人大工作。一是围绕镇党委重大决策部署，组织代表积极开展调查研究、建言献策，协助党委推进各项决策的落实。二是运用调查、视察、听取和审议政府工作报告等方式方法，加强对全镇经济社会运行态势的调查和分析，积极提出高质量的建议和意见，确保突出重点，抓住关键。三是围绕公共服务提升开展监督，聚焦教育、医疗、就业等群众关切及社会高效治理的重点领域，坚持正确监督、有效监督、科学监督，积极探索和创新监督方式方法，增强监督实效。

三、坚持守正创新，在践行全过程人民民主上更加有力有效

守正创新是推动人民代表大会制度生动实践的必然要求。只有坚持在法治框架内积极探索，在传承中开拓创新，以更高站位、更宽视野谋划和推进人大工作，才能在与时俱进中丰富人民代表大会制度的实践特色和时代特色。镇人大要进一步突出问题导向，更加广泛听取人大代表和人民群众的意见建议，以解决问题的成效体现全过程人民民主的成果，把人民民主的真实性、优越性更加充分地体现出来；要加强阵地建设，把人大代表履职阵地打造成代表学习交流的重要阵地、联系选民的重要渠道、参政议政的重要场所和展示形象的重要平台，不断丰富代表履职活动形式，激发代表履职活力，以更多有益探索和更多实现形式，实现人民民主服务范围全方位、服务内容全覆盖。

四、着力强基固本，在强化自身建设上更加扎实过硬

强化代表履职服务保障，坚持代表主体地位，进一步完善代表履职相关工作制度，加强代表培训，支持和保障人大代表依法履职，充分发挥代表作用。精心组织代表活动，推进闭会期间代表履职活动常态化，坚持开展“人大代表接待选民日”“人大代表向选民述职”“代表讲坛”等活动，把密切代表与选民的联系作为重要基础工作来抓，组织代表围绕全镇经济社会发展，推动基层治理，助力乡村振兴等方面开展调查研究，积极献计献策。认真督促2024年民生实事项目落实和代表意见建议办理，提升问题解决率和代表满意度。加强代表工作能力建设，开展“人大代表在行动”主题活动，不断丰富代表联系群众的内容和形式，努力做到民有所呼、我有所应。

各位代表，人民群众对美好生活的向往是我们的奋斗目标，人民群众生活更加幸福是我们的不懈追求。新时代赋予人大工作新的使命，让我们更加紧密地团结在以习近平同志为核心的党中央周围，在镇党委的领导下，认真践行全过程人民民主，踔厉奋发踏新程、笃行不怠向未来，共同书写基层人大工作砥砺奋进新篇章。

《沙溪年鉴2024》审稿人、撰稿人名单

审稿人名单

王晓红　王永伟　秦建刚　郑　珑　季春芳　周丽清　王建宏　吕春燕　吴　越
陈　承　苏益初　张宗庭　尹旸艳　钱　路　吴晓英　陆　婷　王哲峰　冯建华
龚文彬　王建春　张国华　徐解民　冯建良　周雪忠　沈玉峰　熊晓东　沈建忠
曹　静　戈志丹　钱　坤　沈　怡　马晓东　刘　浩　唐　军　杨月初　顾烨婷
刘　晶　谈正飞　樊志祥　王　立　王耀斌　张永彬　孙燕红　沈建国　徐建新
刘文涛　汤庆丰　蒋洪彬　周志杰　陆志豪　丁宇浩　闻　斌　王晓明　张　俊
王丹涛　朱利兵　徐　健　洪　庆　郭　蕾　夏益峰　张　维　王晓婷　查卫东
蔡志敏　张卫彪

撰稿人名单

倪　欢　华若男　周　易　周之帆　陆李洁　高　扬　谭梦婷　施梦雅　刘　晶
陈　健　陆　艳　朱　彦　高天一　黄　平　刘秦麟　何龙雁　朱鸣远　杨宽宽
倪婷婷　严海月　盛晓伟　朱　雯　王晓玲　施慧琳　吴天宇　沈新慧　顾怡君
张廷波　徐曼诗　钱建宏　王　蓉　李　炎　徐　楠　许　琳　黄雅倩　王凤丹
吴晓娇　顾晴艳　吴　敏　张　瑜　包志春　龚思佳　陆敏艳　陆培红　陆正烨
李冰清　陈友红　甄跃跃　章利杰　苏梦娜　陈漪雯　周佳佳　周晓佳　朱　健
张媛媛　宋逸薇　朱晓伟　吴菊芳　顾　晔　王晓丹